幸福と仁愛

生の自己実現と他者の地平

Glück und Wohlwollen
Robert Spaemann

ローベルト・シュペーマン 著
宮本久雄／山脇直司 監訳

東京大学出版会

Glück und Wohlwollen:
Versuch über Ethik
by Robert Spaemann

Translation Supervised by MIYAMOTO Hisao and YAMAWAKI Naoshi

University of Tokyo Press, 2015
ISBN 978-4-13-010115-8

凡　例

一、本書は、Robert Spaemann, *Glück und Wohlwollen*（Klett-Cotta, 1989）の抄訳（全体の約三分の二）である。訳出にあたっては、フランス語版、英語版を参照した。本書の巻末に、著者の思想について、また本書の用語および内容について述べた二つの解題（山脇直司、宮本久雄）を掲載した。特に、本書での邦訳語については、「解題2」を参照されたい。

一、原文の強調は、傍点で示した。

一、本文での訳者による補記は〔　〕で示した。

一、注は章末にまとめ、原注と訳注とに通し番号を付した。訳注の場合はその旨を断り書きした。但し、出典の邦訳文献の追加はいちいち訳注と表記していない。

一、本書の最初の訳出にあたっては、監訳者の宮本久雄が組織したチームが担当した。翻訳を担っていただいた、鈴木順子、柳澤田実、安井寛明、三河隆之ほかの各氏に感謝する。

一、本書の編集にあたっては、金泰昌、岩田靖夫（故人）、中島隆博、片岡龍の各氏のご協力を得た。御礼を申し述べる。

一、本書の刊行にあたって、一般財団法人京都フォーラム（矢崎勝彦理事長）の支援を得た。その仁愛に感謝する。

目　次

第四部　現代倫理思想の課題

監訳者はしがき

山脇直司

本書は、ドイツを代表する哲学者ローベルト・シュペーマン（一九二七―）の代表作の一つ *Glück und Wohlwollen—Versuch über Ethik*（1989）の翻訳と、著者と作品をめぐる解題からなっている。著者の思想については、解題1の「シュペーマンの哲学思想」（山脇直司）を参照していただくことにして、ここでは、原著が大部であるためにその約三分の二に縮小して翻訳した本書の内容を簡単に説明し、読書の手引としたい。

本書が目指すのは、ヨーロッパにおける倫理学の二大潮流、アリストテレスの徳倫理学とカントの義務倫理学の乗り越えである。アリストテレスの徳倫理学は、古代ギリシアで大きなテーマであったエウダイモニア（幸福）を、「徳に即しての自己実現」という観点で捉え直し展開した公共的倫理学と言える。他方、カントの義務倫理学は、倫理の根本動機としての幸福という考え方を退け、倫理の根本動機として「他者と自己への義務」のみを認める思想であった。現代においても、この二大潮流の対立は、たとえば「新アリストテレス主義ないしコミュニタリアニズム（共同体主義）」対「カント的正義論ないし討議倫理学」といった形で表れている。そしてそれに加えて、十八世紀末以降に登場した功利主義が特に英語圏で有力となり、現代倫理学はこの三大潮流からなっていると言ってよい。

このような状況で、古代・中世哲学にも、近・現代哲学にも精通しているシュペーマンが試みるのは、ドイツ語の Wohlwollen（ヴォールヴォレン）という概念を導入しての徳倫理と義務倫理の対立を突破し、さらに功利主義、討議倫理学、システム論などの現代思潮と対峙しつつ、責任や赦しなどの今日的テーマに応えようという壮大な企てである。ラテン語の benevolentia（ベネヴォレンチア）に由来するドイツ語の Wohlwollen は、「実践的な人間愛」という意味合いを有しており、カントは『人倫の形而上学 徳論 §二三―二八』の中で、それを「すべての人間に対する義務としての徳」とみなした。徳を人間の自己実現とみなしたアリストテレスと異なり、カントにとって徳は、目的としての他者への義務意識から生じるのであり、それは一切の感情を抜きにした道徳法則への意識として理解されなければならなかった。しかし、自己実現としての幸福（エウダイモニア）を最高善とみなしたアリストテレスは、他者への友愛（ピリア）という徳を善き共同体（コイノニア）に必須なものと考えていたし、カントに先立つ近代哲学の泰斗ライプニッツにとって、他者の幸福は自己の喜びであった。したがって、カントの言うような義務意識ではなく、自然を含めた存在者全体の知覚こそが Wohlwollen（実践的な人間愛）の基礎と考えなければならないのであり、その意味で、幸福と Wohlwollen は、二者択一のものではなく、補完し合わなければならない。このような倫理思想が、本書を貫く基本モチーフを成している。

ところで、この「実践的な人間愛」を意味する Wohlwollen をより簡潔な日本語で表記できないであろうか。これが監訳者を悩ませた大きな問題であった。「思いやり」「善意」「慈悲」「慈善」「慈愛」などが候補に挙がったが、最終的に我々が決断したのは、「仁愛」である。というのも、この言葉は、儒教の「仁」とキリスト教の「隣人愛」と仏教の「慈悲」を統合したような意味合いを持っているからである。ちなみに、ドイツ語のインターネット・サイトでは、ヨーガの研究グループが Wohlwollen という概念についてかなり詳細な解説を載せているし、日本でも仏教系の某大学名でこの用語が採用されている。いずれにせよ我々は、本書で用いられる仁愛がラテン語の benevolentia そしてドイツ語の Wohlwollen の訳語であることを強調するとともに、逆にこの訳語によって、読者の方々が仁愛というやや曖昧な日本語を（文化横断的に）より深く考えるきっかけを得ることを、祈念している。

本書の原著は、六章から成る第1部「幸福」と十章から成る第2部「仁愛」で構成されているが、日本語の本書は、まず監訳者の一人（宮本久雄）が中心となって全体を訳出した後に、我々が比較的重要ではないと判断した部分を削除し、またその構成内容を明確にするために、原著第2部の後半部を第3部「現代倫理思想との対峙」と第4部「現代倫理思想の課題」とに分け、四部立て全14章に再編集した。また、本書の趣旨をより明確にするために、副題として「生の自己実現と他者の地平」をつけ加えた。

巻末の「解題1」は、長らく反原発の立場を鮮明にし、最近では東日本大震災にも言及しているシュペーマンの哲学思想の全体像と本書がどう関連するのか、について論じ、「解題2」は、日本を代表するキリスト教哲学者が本書のキー概念や根本思想を改めて解説した上で、その日本における意義を論考している。

読者の方々には、ヨーロッパ的伝統に立つシュペーマンが幸福と仁愛をキー概念として、どのように徳論的幸福主義と義務論的普遍主義を乗り越え、どのように現代の倫理思潮と対峙し、倫理的重要課題と取り組んでいるのか、熟読玩味していただきたく思う。

日本語版への序言

ローベルト・シュペーマン

哲学的な諸思想を他の文化的文脈に翻訳することは、哲学的問題に直面するばかりではありません。というのも、哲学的思考は、厳密な科学とは違って、それが根源的な思考であるがゆえに、何らかの思考の伝統に根ざしているからです。すべての哲学的議論は、ライプニッツが記したように、「人間に向かって」の議論です。哲学的思考は、既定の問いを所与として、既定の諸命題を承認されたものとして、既定の諸概念を定義なしに、前提にしています。けれども、そうした諸前提は、どういう所でもみな同じとは限りません。それらは、諸文化の違いをはっきりさせます。そうした違いは人間固有のものです。すべての人間はみな他者です。しかしそうした違いは、克服不可能なものではありません。異質なものを克服することも、同じく、人間の深い欲求なのです。異質性は、私たちが他者の存在、思考、感情の中に何らかの可能性、人間の自然本性の可能性を発見することによって克服されます。

この本の中で論考される問いは、ヨーロッパ的な対《つい》思考の特定な構図に基づいています。アリストテレスとカントが、二律背反の関係にあることが、この本のテーマになっています。けれども、個人的な（私的な）幸福を絶対的に追い求めることが、他者に対する絶対的な義務やわれわれが属する公共的なものに対する絶対的な義務と一体どのように関わるのか、という問いは、すべての人間にとって理解でき、すべての人間の心を揺さぶる問いなのです。その問いに対する答えとして、私はブッダの「目覚め」という比喩を、自らの指針としたいと思います。目覚めた存在者にとって初めて、双方の対立が見せかけにすぎないことが明らかになるでしょう。

序　文

倫理についての探究には、一般的に何も新しいことが含まれていない方が望ましいだろう。正しい人生が問題となるとき、間違ったことだけが実際に新しい場合がありうるからだ。しかし、人間がすでに知っていることといえども、折に触れて新しく考え直さなければならない。なぜなら、人生の現実的な諸条件やわれわれが自己理解に用いる諸概念は、時と共に変化するからである。倫理的な反省が立ち向かう挑戦は、紀元前五世紀以来、基本的には変わっていない。だからこそ、少なくとも高度に文化が発達したあらゆる地域において、われわれは変わらざるものについて語る機会を持たなければならないのである。

テーマとなるのは、二重に絡んだ挑戦である。その一つ目は、人間にあっては、部分的な衝動が成功した人生全体の中に自ずと統合されるわけではないという点にある。人間はそれぞれ自分たちの人生を送っており、また人生を学び続けなければならない。直接の衝動充足と幸福の間には、必ずしも予定調和が存在しない。古典的倫理学の焦点は、まさにこのテーマ、すなわち、人生の実現としての幸福、ギリシア語で言うエウダイモニアであった。それは、誰もが欲するけれども、多くの人にとって、その幸福が一体どこにあるのか明らかでない。だから、古典的倫理学は、生きる術としてそれを追究したのである。

二つ目は、人生の実現という関心や利害をめぐっても、人々の間に予定調和がない点にある。ある人にとって梟にすぎないものが、別の人にとってナイチンゲールであるかもしれない。寄生的な振る舞いも、高度に文化が発達した複雑な社会では、とがめられないどころか、利益になることすらある。また、自分の利害関心を引っ込めない限り、「他人の幸福」や「共通善」に関与できないこともある。この点こそが、近代倫理学の焦点である。自分自身の幸福は、カントにとっても、功利主義倫理にとっても、討議倫理学にとっても、「幸福に値すること」という高次の基準に従属したものとなっている。

幸福主義的なタイプの倫理学にとって難しいのは、他人の福祉に関する根本的な利害関心を根拠づけることであり、さらに、「自分がかかえる」責任のみならず、「自分自身に対する」責任という考えを意義づけることである。他方、すべての普遍主義的な義務倫理学にとって難しいことは、すべての人がそれを欲することが善いものごとについて、個々人もそれを欲するように動機づけることである。

ここ数年、幸福主義的な賢いモラルの復権が行なわれた。しかしそれは、普遍主義の論理に対して、一種の行き詰まりを乗り越えられなかった。この行き詰まりに対しては、次の二つの反応がみられる。その一つは、乗り越えを諦める反応である。それは倫理的な人生の方向づけの相互に還元できない二つの源泉（幸福主義と普遍主義）を並列的に認めることで終わっている。これは哲学的倫理の断念にほかならない。二つの別々な道を示す道標は、われわれがその違いをはっきりさせる第三の道標を発見しない限り、無いも同然である。

もう一つの反応は、幸福主義と普遍主義のどちらかを他方に組み込んで統合する試みにうかがえる。すでに古典的倫理学は、他人に対する義務を充たすことが幸福（エウダイモニア）の構成要素だと考えようとした。それとは逆に、カント倫理学や功利主義倫理学にとって、自分の幸福を気遣うことは、条件つき義務、定言命法の一つの掟、世界の最適化の一部とされた。それどころかカントにとっては、倫理と幸福の収斂という最高善への希望を自分の中に育むことが、その希望が慰めとなるからではなく倫理的行為を促進するという理由で、一つの倫理的義務なのである。けれども、この二つの統合の試みは、幸福主義と普遍主義の二元論を克服せずに、それぞれの高次の次元で二元論を再生産させるに留まっている。

本書での熟考は、このような幸福主義と普遍主義の二元論を超える根拠（理由）を探る試みである。その根拠（理由）の解明によって、幸福主義と普遍主義のそれぞれ固有の意味も明らかにされるであろう。そのような根拠（理由）は、発見されたとしても、恐らく口で言い表されるものではないだろう。人はそれを指し示すことができようとも、説明することはできない。「なぜ道徳的なのか」という問いは、問い自体が非道徳的なので答えることができない。その問いは、理由（根拠）に留まらずに、理由（根拠）を超えた虚空に対して問いを投げかけている。理由（根拠）に耳を傾けるべき理由（根拠）を聞きたいと思うことなどできない。

幸福主義的な応答は、倫理の無条件さを失わせるような仮定的な賢い規則へ至るだけである。他方、普遍主義化の要請に対しては、すでにディドロが自分自身と幸福への欲望から離れられない「動揺するひと」を対置して反論している。幸福主義者が持ち出す規則と普遍主義者が持ち出す命令法は、最初に生じるものではない。それらは知覚を前提としている。そしてその知覚は、知覚できる誰かを前提としている。トマス・アクィナスが言うように、「働き・作用は存在に随伴する」のであり、また「各自が在る在り方に従って、目的もまたそのように彼に見える」のである。大体同じように、フィヒテも、人間を人間にする知覚とは、存在の知覚であると述べた。エマニュエル・レヴィナスは、「存在」を、近世的な意味で対象性として理解した。だから彼にとっては、「存在の彼方」から他者が顕現することになるのである。

しかし、古典的な意味でも日常的意味でも、存在は何よりも自己存在を意味し、したがって、あらゆる対象性の彼方をすでに意味している。存在のパラダイムとは人間存在であるがゆえにこそ、存在は、人間への「対象としての」関係によっては、すなわち主観性への対象としての関係によっては定義されない。形而上学なくして倫理学は存在しない。しかし、倫理学が第一哲学としての存在論に先行することも、存在論が倫理学に先行することもありえない。存在論と倫理学は、存在を、——自分自身及び他者の——自己存在として直観することによって、「一挙に」構築される。実践哲学と理論哲学の分裂に先立つこの直観について、本書の後半は、「仁愛」というタイトルの下で論じている。幸福という思想に含まれる二律背反は、覚醒した生活者にとってのみ解決されるのである。

第1部　古典的倫理学の基本テーマ——幸福

第1章　生の自己実現に関する思想としての倫理学

生の自己実現を構成する実践的諸要因を初めて統合し提示したのは、アリストテレスである。彼は、この生の自己実現を「理性的実践」と呼び、それを描写し提示するために新しい用語を生み出した。それが「倫理学」である。この語はギリシア語の「エートス」(ethos) から作られ、われわれが普段いる場所のことを指す。が、またそれは、われわれの行為を導く習性と風習の拠り所のことでもある。さらにこのエートスは、逆にわれわれの行為によって再生産され改変されうるものでもある。アリストテレスは、この倫理学を、理論的哲学から区別するべく「人間的な事柄に関する哲学[1]」と呼んでいた。

しかし同時にアリストテレスは倫理学を「政治学的《ポリティケー》な研究[2]」とも言っている。なぜだろうか。彼は、共通感覚と合致しつつ、少なくとも以下のように考えていた。すなわち、生の自己実現は個人の行為、個人の基準、個人の行為傾向だけに関係するのではない、ということである。生の自己実現は、幸運に恵まれた状況に依存し、そうした幸運は、その偶然的な性格ゆえに、学知の対象にはならない。例えば、健康、何不自由なく暮らせること、自己決定の可能性があることなどはすべて、こうした幸運に恵まれた状況にほかならない。そしてアリストテレスは、奴隷は自らの行為の方向に関して何の影響力も持つことができないので、奴隷の生は決して自己実現しない、と言う。生の自己実現は、人間の行為の可能性および方向づけの拠り所となる共同体的生の構造、公的制度の構成にも左右されるのである。そうしたわれわれの行為傾向が教育によって形成されているとしたら、教育という分野は、生の自己実現と決して無関係ではない。またこう考えると、風習や慣習、法律など、教育の基礎となり、かつ教育によって受け継がれてゆくものも、生の自己実現と決して無関係ではない。これらの制度なくして、理性的な行為は不可能である。理性的行為が既成の制度内の一機能としてのみ理解されるとしたら、なおさら（a fortiori）理性的行為は不可能である。なぜなら、それはもはや語本来の意味における行為ではないだろうからである。この場合、意識的な生は、より大きな全体の一部に過ぎなくなり、それ自体で完結する一つの全体ではもはやない。生はそもそも、自己実現という観点から判断されうるような一つの全体でなければならないのであり、そうである以上、個人は生の制度的構造を、生の自己実現の条件として理解しなければならない。また個人はそうした構造に関して、同胞たちと共通理解していかなければならないのである。そしてこれは、「ポリス」すなわち自由な市民の共同体の中でのみ可能となることである。だからアリストテレスは次のように言ったのである。「ポリスこそ理性的存在としての人間が、自分にふさわしい生に到達でき、自分の「本性」の実現に到達できる唯一の場である」と。アリストテレスには他にも、「人間は政治的な動物である」という有名な言葉があるが、これは、「人間は社会的な場において蟻とか蜂のように生きるものである」という意味ではなく、「人間は、共に生きるというポリスの流儀によってしか、自らの本性の実現が出来ない存在である」ということを言っているのである。そのようにして共に生きること、ただそれこそが——少なくともほとんどの人間にとって——自己実現した生と言えるのである。ポリスは、「完全で自足的な生活を目的に、家族や氏族がよき生をおくるために営む共同体」である。[3] したがって、アリストテレスにとって政治学とは、政治的制度が生の自己実現の条件として適切か不適切かの研究であり、また、それらの制度が自然に適合しているか否かを知るための研究であった。そうした研究である以上、政治学は常に倫理学の傍らにあるべきものであった。

さらに、アリストテレスは、ポリスを統一体としての個人の共同体として定義するのではなく、「家政」や「部族」の共同体として定義している。これこそ、生の自己実現の第三の要素であり、倫理学と政治学の間を仲介する第三の要素である。例えば、「家政」、「部族」、経済的活動、家族といった、個人の寿命を越えて永続する諸領域がそうである。

ここで導入的に行った考察の目的は、自由な社会にとって不可欠な、仲介的役割を果たすそれら各領域の意味を探求することにあるのではない。しかし、もしこれらの領域を「社会」における「社会化の諸要因」として単純化するならば、それら各領域の持つ特殊性や権利を認めないことになるであろうし、また、「全体主義」という語で言われているような、社会生活の歪曲化を助長することになるだろう。経済的領域としての家政（oikonomia）の理論は、ペリパトス学派（＝アリストテレス学派）によって「実践哲学」の名のもとにまとめられたあの有名な学問的諸分野の、三番目に挙げられている。

すでに古代後期において、そしてふたたび近代において、政治と経済は、よき生の教えとの連関から、切り離されて自立した。その理由は後に述べることにしたいが、そのように政治・経済が自立することにより、結果的に倫理学に対する理解も決定的に変化した。その倫理学に対する理解の変化は、古代ではストア派において、また近代ではカントにおいて、論理的一貫性をもって表現されている。道徳的行為としての行為は、もはやエートスを構成する関係の中に組み入れられることもなければ、またそれらの関係によって支えられもしない。行為は、もはやそれらの関係の再生産や改変を行なうものとしては理解されず、またそれらの関係に対する責任によって定義づけられることもない。行為にとって政治・経済的関係は、「自然から生じたもの」、外的なものになった。そして行為は、現実に影響を及ぼさないものとして、自分自身の内に閉じこもるようになった。こうして倫理学は、「心術の倫理学」となったのである。よき行為を「よく」しているものは、行為者のよき意志のみとされるに至った。また、行為者は、友情、家族、職業的つながり、政治的共同体、宗教的共同体といった、所与の「倫理的諸関係」の中には、もはや自分の行為内容の方向性を見出せない。彼が自分の行為内容の方向性を見出すのは、想像上の観念的な立法の中において以外にはない。そうした想像上の観念的立法との一致こそ、行為の個人的格率の道徳性を形成するのである。

　このような推移は、古代後期以降にすでに見られる。当時の状況下においてはじめて、倫理的動機の分離独立化が可能となったかに思われる。アリストテレスにとって貴族とは、金や快楽よりも貴族同士の間での名誉や尊敬を重んじる人たちのことをまだ指していたし、そうした貴族のあり方は、「左手がすることを右手に知らせるな」[4]という新約聖書の教えとは対照的だった。だが、結局のところアリストテレスは、すでに時代遅れの懐古主義者であった。なぜなら、かれ以前にすでにプラトンが、道徳的動機の純粋性という概念について思索を重ねており、完全に正しいのだが完全に不正義であるように思われてしまって磔にされる罪人という観念を描いていたからである[5]。果たして、このような人間の生は自己実現したといえるのか。「自己実現した」と言いうるために、プラトンは、死という限界の向こうに視野を広げなければならなかった。プラトンのやり方は、カントが「至高善」について語る時のやり方とよく似ている。しかし、そのやり方にしたがうと、生の自己実現すなわちエウダイモニアは、善悪の識別基準ではなくなってしまうのである。善悪は、生の自己実現という基準とは別の何かによって知られなければならず、生の自己実現は、こうして知られた「よき生」の条件にあとから結びつけられなければならないことになる。しかし、このような倫理学は、その核心において、生の自己実現についての教えと呼べるのだろうか。確かにカント以降、生の自己実現という概念によって導かれた倫理学はすべて、道徳に特有の次元をその出発点からして有さないのではないかという疑いをもって見られるようになった。実際、カントは、幸福主義的倫理学を単なる道具的な理論とみなし、「それはどのようにして特定の目的を達成できるかを教えてはくれるが、しかし、正当に欲することが許されているのはいかなる目的なのか、とか、また、どれほどの代価ならば支払ってもよいのか、ということについては教えてくれない」と言ったのだった。

これまで見てきた幸福主義的理論においては、道徳的過ちはすべて、思い違いによって犯された過失が原因とされていた。しかし、それは明らかに、われわれが一般に「道徳的過ち」といわれて理解するところのものとは異なる。また、ある人の行なったことすべてが、じつはその人自らの幸福の希求を満たす手段にすぎないものであったとしたら、われわれはその人に対していかなる理由から感謝しなければならないのだろうか。したがって、「幸福主義的倫理学はすべて自己中心的だ。なぜなら道徳特有の現象とは、誰かが私心のない立場に立って行為することにあるのだから」という批判は確かに可能だろう。また、私心なき立場や私心なき動機がもたらす効果は、このような動機からの行為が、行為者の利益に反してしまう時にこそ最も強い印象を生むのである。ライプニッツは愛のことを「他人の幸福に対して人が抱く喜び」と定義し、道徳的行為とはそのような利他的傾向を満たすものである、と考えたが、しかしこのようなライプニッツの定義に対して、われわれはカント的立場から、当然反論を加えることができるだろう。すなわち「この定義によると、道徳性は偶然的な一定の傾向性に従属することになってしまう。もしそうでないとしたら、自分の中の利他的傾向性を育まねばならないという義務が存在することになってしまう」という二種の反論である。もしそのような義務が存在するとしたら、その義務の根拠は利他的傾向そのものの中には求められないし、またそうした利他的傾向を持ちたいという願望は、当然利他的傾向性の結果として解釈できない。カントによれば、願望とは、個々人の幸福追求からではなく、実践理性から生まれなければならないのである。このような反幸福主義的主張は、〔カント以後〕現在まで基本的に変化はない。われわれの行為についての討議的合意が、カント的実践理性に、すなわち良心に取って代わっただけである最近のいくつかの道徳的理論〔ハーバーマスやアーペルなど〕においても、全く変化はない。そのような合意に対する心構えは、個人的な幸福を増大させるための手段としてわれわれに提案されるものではなく、各自の幸福への願望を正当に追求するための条件として理性的存在者すべてに対して要求されるものである。だから、他人の幸福要求に対する承認を、自らの幸福要求の充足手段とのみみなすような人は、「承認」という言葉が意味していることを全く理解していないのである。

幸福主義的倫理学に対するカント的立場からの第一の反論は、幸福状態を生み出すという目的のために倫理学が一種の心理学的な技術に変質したことへの反論である。この変質は、古典的概念であったエウダイモニアが、快楽の追求という概念に還元されたこと、すなわち幸福主義の快楽主義への還元に伴って起きたとされる。しかし、このような誤解は、「生の自己実現」という用語を用いることで回避できるはずである。また、「生の自己実現」において問われているのは、われわれがそれを欲しないことも可能であるような個別的行為目的である」というような別の誤解も回避しうるはずである。確かに、幸福と一般に呼ばれているものは、他の重要に思われる目的のために、もしくは他人のために、あきらめることが可能である。だが「生の自己実現」という概念は、厳格に形式的な性格をもつのである。「生の自己実現」という概念が示すのは、生を全体性として肯定的に考慮する方法、および、全体性としての生を何らかの「正しい」やり方で見出す方法だけである。まさにそうした理由から「生の自己実現」というこの用語は、倫理学の道具的理解を示唆しないのである。生の自己実現は、それを考慮すると他のさまざまな欲望の内容が単なる手段のレベルに引き下げられてしまうというような特定の目的ではない。生の自己実現は、反省によって獲得された特定の総括的概念であり、さまざまな望ましい個々の目的を多様性の中で望ましい一つの全体性へとまとめるものである。

しかし、ここで第二の反論が起きる。それは、「このような反省的全体は、われわれの道徳的行為にとって問題となっている事柄とは一切関係がない。自分自身の生の自己実現についての反省は、それだけですでに自己中心的なものであり、したがって、道徳的見地をその無条件的生において視野に入れることには全く不向きである」という反論である。このような反論については、われわれは今の段階では議論を深めることはできない。われわれが今すべきは、まず「生の自己実現」という概念について明らかにすることである。目下重要なのは、倫理学の出発点に幸福（エウダイモニア）をおくというわれわれの新たな選択を、一時的であれ正当化することにほかならない。この選択は、生の自己実現の問題からの脱却、および道徳的見地の厳格な分離化を図った倫理学のタイプが、ニーチェ以降、その疑いを容れないはずの信頼性を失ってしまったという事実に基づいてなされる。カント自身は、道徳性の見地と生の自己実現が最終的に一致しないならば、その道徳性の見地は、現実の生においてまったく出番がなくなるだろうということには気づいていた。そして彼は、この〔道徳性と生の自己実現の〕一致を、「至高善」の観念を通して考えたのである。しかしその至高善は、徹頭徹尾道徳的見地をもとにして考えられていた。すなわち、カントは「幸福は、幸福に値しているという尊厳に対する報酬であり、そしてその尊厳こそが道徳性である」と考えたのである。だが、道徳性は、いかなる幸福主義的要素からも独立して定義されなければならなかったはずである。〔その点〕シラーは、「美的教育書簡」の中で、人に対してなされた道徳的判断と「完全に人間的な」判断とを明確に区別している[6]。またショーペンハウアーは、その革新的思想の中で、幸福主義的見地と道徳的見地とを区別することを徹底して行なっている。ショーペンハウアーはカントを軽蔑していた。なぜなら、カントは私心のなさという道徳を教え諭すことから始めつつ、最後には報酬を乞い求めて、手を差し出したからである[7]。だがそのような「純粋で」かつ独立した道徳性がどのような結果に終わるかを示したのも、ショーペンハウアーにほかならなかった。すなわち、彼は生に対する道徳性の敵意を認め、これを肯定した。つまりショーペンハウアーにとっての正しい生とは、生の意志を否定することであった。ニーチェは、この道徳に関するショーペンハウアーの理解を受け継ぎつつ、反道徳となるように捻じ曲げた。ニーチェは、生の自己実現の概念を、諸道徳とみなされている伝統的諸要素から、また何よりも普遍化思考および「正義」の要請から純化させようとした。ニーチェが主張したのは、「少なくともプラトン的―ストア派的―キリスト教的直観に基づく伝統的な理性的道徳は、生の自己実現にとって有害であった」ということである。だが、ニーチェのこの批判は、ショーペンハウアーが生を呪詛していたのとは異なり、道徳に向けられている。

哲学的倫理学は、プラトンによって、〈美しい〉(kalón) と〈よい〉(agathón) の統合の上に基礎づけられたが、この二つの概念が再分離したことについて、ここでその歴史的・概念的理由を考察することはしない。カント的伝統においては、両者の分離によって道徳性の本質がくまなく照らし出されるとされる。しかし、現実の生との関係すべてを捨象したこの理性的倫理学は、外部からさまざまなイデオロギー的批判を受ける公準になってしまう。まさに理性の見た目の純粋さの背後に隠されていた利益が暴かれたのである。カント自身でさえ、倫理的なものの「生における座」を明らかにすることはできなかった。彼は、定言命法による演繹という虚しい試みの後で、最終的に、道徳的良心を、演繹不可能な事実として、また「理性の事実」として、さらに、他所では別様に構造化されているわれわれの生の不安定な塊のようなものとして、考えるに至ったのだ。

行為の間主観的正当化という見方と、生の自己実現という見方に別れたこれら二つの見方を、どちらか一方を損ねることなく再統合することが可能かどうか、現段階では判断すべきではないだろう。だが、次のことには注目しておかなければならない。すなわち、幸福（エウダイモニア）という観念から独立して自らを構築することを追求してきた哲学的倫理学の「自律性」は、常に見かけだけのものだったということである。じつは、哲学的倫理学の自律性は、この幸福（エウダイモニア）という概念によって、常に不可避的に、それも破壊的なやり方で捕捉されつづけている。そのおかげでこれまで、哲学的倫理学の幸福（エウダイモニア）からの自立は、自らを誤解するイデオロギーとして、あるいは生に奉仕するイデオロギーとして、あるいは生と敵対するイデオロギーとして、等々、さまざまに理解されてきた。このような解釈は、道徳的次元を破壊する。なぜならこれによって、生から純化された道徳がいまや、道徳以前の生、または道徳外の生、すなわち自然主義的に理解された生への関係によってあらたに定義されるからである。確かに、道徳の被岸点から道徳的次元を考察することは、ニーチェの大きな要求であった。ただ、そのような還元の試みにおいては、生の自己実現が中心的問題であること、また生の自己実現が何に基づくのかということをあらかじめ知っていることが、常に前提とされる。しかし、生物主義やニーチェ主義は、それらをまったく知らないのである。生の自己実現について、生物主義は非常に散漫な観念しか持っておらず、それらの観念は、ひとたび明確にされるや否や、たちまち偽の観念であることが明らかになるであろう。だから、道徳を擁護するにしても告発するにしても、いずれにせよ、道徳の次元を、生や生の利害関心の概念から機能的に構築することはできない。生の概念の中に、道徳の次元はいつも含まれているわけではないからである。この種の再構築を行なおうとすると必ず、道徳的次元以外の何かが打ち立てられることになってしまう。なぜなら、このような再構築は、この道徳的次元に特有の無条件的性格を消してしまうからである。

われわれは、お互いが生の自己実現という語によって何を理解しているのかを正確に把握しなければ、正当化された行為が、われわれの生の全体的状況においていかなる意味を持っているのか、また何がそのような正当化の基準となりうるのかということについて、理解が一致することはないだろう。さらに、正当化を巡っての他者との討議が、個々人の生においていかなる意味を持っているのかも理解されることはないだろう。義務は生の一部にすぎず、義務との一致も、広義においては、われわれの行為あるいは不行為の一局面でしかないのである。この義務の局面の意味を明らかにするためには、これを全体性としての生に、また生の自己実現という包括的局面に、関係づけて考えてみなければならない。

義務という局面は、生の自己実現という局面から厳密な意味において導出されうるのか、前者はじつは後者と同一か、あるいは両者は解決不能な対立関係にあるのか、などの問いは、いまのところ未解決のままである。しかし、これらの問いに対する答えがいかなるものであろうとも、「人はいかに生きねばならないか」というソクラテスの問いの方が、「何が私の義務か」とか「私は何をすることが許されているのか、何をするように命じられているのか」といった問いよりもより一層包括的であり、それゆえ優先されねばならないのである。

［注］

（1）『ニコマコス倫理学』第十巻、第九章一一八一b一五。
（2）『ニコマコス倫理学』第一巻、第二章一〇九四b一一。
（3）『政治学』第三巻、第九章一二八〇b、三〇―三五。
（4）「マタイによる福音書」六・三。「施しをしたことを人に知らせるな」の意。
（5）『国家』第二巻三六〇以降。
（6）『人間の美的教育について』小栗孝則訳、叢書ウニベルシタス七七五、法政大学出版局、二〇〇三（一九七二）。
（7）例えば、『道徳の基礎について』§三、§四。

第2章　エウダイモニアと快楽主義

I　エウダイモニアという地平

「人は誰でも皆、幸福になることを望む」。古代には正しい生に関してさまざまな教説があったが、それらの教説はすべて共通して、この信念に基づいていた。人は皆、自分の生が自己実現する生であってくれるように願う。ここから一歩踏み込んだ第二の教説は、「人が何かを欲するとき、その欲せられたものはすべてこの生の自己実現という目的のためだ」というものである。第三の教説は、狭義の意味で「幸福主義的」な説で、「人間の行為は、生の自己実現という目的の実現に寄与しうるか否かによって、その正当―不当が最終的に判断される」というものである。これら三つの説に対して、近代になって異議が唱えられた。

第一の教説に対しては、マックス・シェーラー(1)をはじめとする哲学者たちが、以下のように反論した。すなわち「自分の幸福は、自分の行為における道徳的価値と同様、行為の動機にはなりえない。なぜなら自分の幸福や道徳性は、両方とも、自らがそれら以外のものを直接目的として志向しつつ行為した際に、その行為の『裏面に』生まれるものにすぎないからだ」というものである。第二の説に対しては、次のような反論がなされた。すなわち「この説は、少なくとも経験的には示すことができない内的統一を、人間の欲望の中に想定している」というものである。そもそも、すべての欲望には最終的な共通目的がある、と想定することは本当に必要なのだろうか。たとえそうだとしても、この目的を〔生の自己実現以外の〕他のやり方で定義することは可能なのではないか。例えば、生物学の機能主義的観点に立って、この最終目的を自己保存と考えることはできないか。また、ニーチェが言うように、その目的は、特定の方向性のない単なる「力の消費」である、と考えることはできないのだろうか。そして、第三の説に対しては、「この説は、道徳的動機特有の性質を見失っている。道徳的動機とは、つまるところ、自分の生の自己実現や幸福とは別のものをこそ重んじる動機にほかならないのだ」という批判があった。確かにわれわれが最大の賞賛を寄せるのは、行為者が他人のために、生の自己実現や成功を犠牲にして行なう行為に対してである。

「われわれの欲望は、行為の諸目的すべてを包括するような最終的な方向性を持っている」という考え方は、いかなる現象に基づくのだろうか。われわれは自分が欲していたものを獲得したとき、「これは、自分が本当に欲していたものではない」という感情を抱くことがある。明らかに、われわれは、その欲しかったものの中に、もしくはその欲しかったものを通じて、実は何か別のものを欲していたのである。この感情はさまざまな形をとって現れる。もっとも単純な例は、ある目的のために手段として欲したものが、結局手段としてふさわしいものではなかったと後で明らかになる場合である。もしあらかじめ、「その手段はこの目的に導いてはくれない」ということをわれわれが知っていたならば、決してそれを欲したりはしなかったはずなのである。われわれは、ごく一般的な意味で、しくじったのである。

このように、一時は絶対的だと考えられていた目的が、事後的に相対化されるということがよくあるのは、当初われわれがこの目的を相対的に見ることを怠ったからである。われわれは、事後的に、無条件的なものにみえていた目的が実際には手段にすぎなかったことに気づくのだが、この手段の価値は、その目的をめざす上でのその実効性によって測られるものにすぎない。だからこそ、例えば革命家は、「革命の結果生みだされる体制はいかなる性格をもつか」と問うことを怠ることがあるのである。また、〔マルクス主義の劇作家であった〕ブレヒトは、炎につつまれた家を逃げ出す人は、外が雨かどうか尋ねたりはしない、と言っている。確かにこれは比喩であるかぎりにおいては正しい。しかし実は多くの場合には、これはあてはまらないのである。ブレヒトがここで想定しているのは、あまりにも深刻でそれ以上深刻になることがありえず、変化があればそれがすべて改良となるような事態である。確かに、われわれはそのような場合、すなわちそうした変化のための闘争においては、あらかじめ想定しうる他の可能性について考えることを免れうる。しかし、実際の多くの場合は、そうではないのである。なぜなら、われわれが通常置かれている状況とは、「雨を避けるために水溜りに飛び込むような愚を犯してはならない」という助言の方がよりふさわしい状況だからである。このような目的の事後的相対化に関しては、また、次のようなことも起こりうるだろう。例えば、われわれがある目的を追求に値すると考え、一心に追い求め、そして最終的にそれを得たところが、その代償があまりに高くついたことが明らかになる場合である。この目的には、じつは部分的な目的としての意味しかなかったのであった。だから、山の頂点を極めたという喜びは、その登山家が下山途中に転落して体に麻痺が残ったりしたら、非常に高くつくことになる。その登山家が部分的に集中したその〔頂上を極めるという〕目的は、明らかに条件つきで、すなわち生の全体性の一部分として欲せられたのであり、その全体性の中に均衡を保って位置づけられていたのである。こうした現象を根拠に、「生の自己実現」という積極的な目的が存在する、と推論したら、明らかに行き過ぎた解釈となろう。したがって次のように言えば十分ではないか。つまり、われわれは通常、いかなる目的のためであろうとも、他の諸目的を追求できる能力、すなわち、将来にわたる行為自由を犠牲にするつもりはない、ということである。したがって、ほぼすべての欲望に伴っているのは、最終目的としての幸福ではなく、諸目的の追求を可能にする限定的条件としての自由の保持である。もちろん目的の中には、人がそのために生を、いわんや（a fortiori）それ以後の自らの行為自由を、意識的に賭けるものもあるが、そのようないわば犠牲に供された生は、失敗した生ではない。

では、自己目的として追い求めていた目的を達成した時に生じるわれわれの不満感という現象について、もう少し考えてみよう。これはすなわち、そのような目的は、達成されてはじめて、その本来の姿をあらわすことがあるということだろう。われわれはその目的を追い求めていたあいだ中、じつは見出されたのとは別のものを欲していたのである。この現象は、強迫観念という神経症の症例としてよく知られている。その場合、行為者は、常に同一の目的を追い求めつづけると同時に、その固着を苦痛としても経験する。行為者がこの苦痛から解放されるためには、「自分は、本当は何か全く別のものを求めていたのだ」ということ、また「自分の行為は、現実には象徴的な代理行為にすぎないのだ」ということに行為者自身が気づかねばならないのである。しかし、もっとごく普通の人生においてさえ、次のようなことは起こりうる。つまり、ある目的を追求したところが、ひとたびそれが得られるや否や、それは追求するには値しなかったと感じられるようになるということである。確かに、すでに持っているものや、達成したものに満足できない、という不幸な性質をもった人はいる。「欲望から欲望へのあゆみ」（トマス・ホッブズ）[2]の中にしか幸福が存在しないような人々である。彼らは、自分自身から自由になっていないので、客観的な価値をもつ真の経験ができない。彼らが経験しているのは、一時的で主観的な満足感にすぎない。そしてそのため、彼らは常に新しい「素材」を消費しなければならない。そして彼らはそれらを、そのもの自体として知覚することも、価値づけることもしないのである。ただ、たとえこうした価値に対する盲目という欠点がなくても、われわれはだれでも、次のようなことは体験するだろう。すなわち、ある物事や状態を追求しているあいだ中は、それらが幸福と生の自己実現の真髄に思えていたが、それらを獲得するや否や、新鮮さが失われてしまうということである。われわれからすると、それらは「約束したはずのものをもっていなかった」。われわれがこうした言い方をするのは、自分が追求し、楽しみ、所有したいと願うものは、「本当のそれら自体」以外の何か別のものを、自分に約束してくれている、ということを前提にしているからである。そうでなければ、以前欲していたものを確かに得たにもかかわらず、「結局欲するものは得られなかった」などといった文句が言えるはずがないだろう。では一体、この物事がわれわれに約束する「別のもの」とは何だろうか。われわれの欲望を喚起する人々や物事は、それら自身とは別のもの、それら自身を超えるものをわれわれに約束するが、しかし原則からいって、それらは、それら自身ではその約束を守ることができない。これは、プラトンの「善そのもの」という教えの根底に存する根本的な経験にほかならない。またこの経験は、アウグスティヌスの有名な言葉、すなわち、「われわれの心は、あなたのうちに憩うまで、安らぎを得ることがない[3]」の根底に存するものでもある。つまり、「それを超える何か」が最終的にどのように定義されようとも、ある包括的な〈究極目的〉によって、われわれの行為の諸目的が相対化される現象が起きることは明らかなのである。たとえ、この最終目的が「欲望から欲望へのたえざるあゆみ」として理解されるとしても。ところで、古代の人々は、このさまざまな具体的な目的すべてを包含する地平を、エウダイモニアと名づけた。われわれは、これを〈生の自己実現〉と呼ぶ。もしこのような地平がなかったとすれば、われわれの行為目的はすべて、目的同士お互いに全く共約不可能であることになってしまうだろう。すなわち、ある目的を他の目的と比較考量することが全く不可能となってしまうだろう。また、ある目的と他の目的を関係づけることも出来なくなるだろう。その結果、目的は実存的な交換価値を全く失い、そして、その価値に基づきつつ、ある目的のために他の目的を理性的に犠牲にする、というわれわれが常に行なっていたはずのことも、不可能になるだろう。つまり、諸目的は、それ以上のもっと先にある目的のための手段として理解される時はじめて、共約可能になるのである。そしてわれわれは、生の自己実現という思考を通して包括的目的を立てつつ、その包括的目的によって、さまざまな個別の行為目的に対するわれわれの態度の自由を確かなものとするのである。

Ⅱ　〈目的そのもの〉としての快楽

生の自己実現という問題の解明にあたっては、体系的考察に先立って、歴史的考察がなされねばならない。なぜならこの問題は、常に存在していたわけでも、自ら現れ出てきたわけでもなく、つまり自然に生じてきたわけではないからである。確かに、〈人間的条件〉(conditio humana) は、常に意味の全体性を志向する様式を含む。自らの有機組織によって決定的に固定化した環境に対して、本能的にではなく結び付いている人は、行為する際に、「なぜ自分はこの行為をするのか」と質問するはずである。しかし、必ずしもこの質問に対する答えは、この質問者の生の自己実現を志向しない。答えは直接的なやり方で、必要不可欠な生きるための欲求に、ただ単に送り返されうる。のどが渇いている人にとって、水場の表示は、自分をそこに向かわせる充分な理由である。生の自己実現の問題が、行為にとって関与性のある観点になりうるのは、この生き延びたいという直接的な願望が行為者のすべての力を使い果たしてしまわない限りにおいてのみである。しかし、もし飢餓状態の強制を、自然に生じたものではなく社会によって媒介されたものとして体験したならば、その社会的強制に対する闘争は、単なる生き延びよりもずっと重要になりうる。「死よりも、悪しき生を恐れる」(ベルトルト・ブレヒト) ことは、昔から常に存在の高次なあり方とされてきた。奴隷制は、奴隷個人の生の自己実現を目指す生の様式ではなく、その奴隷制という枠組みの諸条件を決定する人々の利益を目指す生の様式であるが、しかし、そうした奴隷制度に対する闘争は、しばしば奴隷の生の条件がある程度緩和された後に続いて起きることが多い。この緩和こそ、はじめて奴隷をして意識の獲得に至らせ、主人の目で自分たちを見ることをやめさせるものである。各人の生の自己実現は、生の方向づけのための伝統的、宗教的、社会的諸地平の価値が問われ直されない限り、またそれら諸地平を内面化してきた諸習慣が「第二の自然」の性格を保持しつづける限り、主題化されずにいる。それら諸習慣の強制力が緩むときはじめて、

「第一の自然」が「第二の自然」に対して自らの権利を行使するようになる。そして、それが反省的形式のもとになされるとき、生の自己実現の諸条件という問題が、特にそれらをわれわれ自身の行為が満たしえたり、もしくは損ないえたりするという限りにおいて、現れ出る。

右の状況は、紀元前五世紀のアテナイにおける、哲学的思考の起源の特徴を、明確に示している。この時代に始まり今日に至るまで続いている議論の中心的主題は、当初から、正しい生の問題であった。まずはじめにこの問題は、〈法《ノモス》〉（nomos）の持つ拘束性の根拠への問いという形式をとる。こうした基礎づけの作業は、法・慣習・規範が、第二の自然として機能しなくなったとき、すなわち、それらに背いた者を場合によっては禁止意識だけで殺せたのにそれが不可能になったとき、必要とされる。このようなタイプの法は、「禁忌《タブー》」と呼ばれる。禁忌は、正当化の必要もなければ、またできもしない。民族学者は、外部から、いくつかの禁忌にとっての機能的な存在の基礎づけを見つけ出そうとする。しかし、そうした基礎づけは、それらの禁忌に従っている者にとっては、自分たちの価値の根拠ではない。機能的な基礎づけは、むしろ禁忌の価値を危うくし、機能的な等価物が生じる可能性を開く。例えば、十七・十八世紀における王権神授説の絶対的体現者たちは、トマス・ホッブズという最も優秀な自分たちの擁護者による機能的理論をなぜ自分たちがこんなにも全力で否定するのか、よく知っていた。機能的理性にまして、思い出せないほど遠い昔に根拠をもつ禁忌を維持することは、人間性の一形式でありうる。しかし、こうした禁忌の維持も、やはり機能的理性の圧力の下で、根拠づけというある種の義務からは逃れられない。アンティゴネは、支配的機能に立脚したクレオンの禁止にもかかわらず、死んだ弟に対する憐れみという昔からのつとめを維持しようとしたが、まさにこの彼女の態度こそ、よき生の表れとみなされた。アンティゴネは、古い〈法《ノモス》〉に自分のアイデンティティを結びつけて言う。「私は憎しみを分け合うためではなく、愛し合うために生まれてきたのです」と。(4) この台詞は、言い訳として、つまり敵意を除くためのしかし同時に人でなしの言い訳として言われたのではない。また、「わたしはこうでしかありえないのです」という台詞は、〈生の事実〉（factum brutum）に基づいた言い訳として言われているのではない。この台詞は、生の自己実現の一条件を示すものとして、目的論的に意図されている。アンティゴネが「そこに」存在しているのは、「何かのため」、すなわち愛するためである。彼女の生は、短かろうが長かろうが、彼女が彼女自身であるというこの投企が実現されたときにのみ、自己実現した生となりうる。この投企は、彼女の弟が死者の世界で安らげるよう尽力することを命令する、昔の〈法《ノモス》〉と一致する。アンティゴネは、他の人には、生命を賭してでもこの法を守れと強要することはしない。彼女は、妹イスメネに対しても、自分よりも弱いという理由から、自分と同じ行動をとることを思いとどまらせる。皆が「よりよい方を選ぶ[5]」ことができる状態にあるわけではないのである。しかし、アンティゴネの方がよりよかったということに関しては、ソフォクレスは何の疑いも持っていなかった。ただ、一体だれにとって「よい」のだろうか。ソフィストによる考察が、生の道徳的同一性に直接的価値の実体性を見る見方から抜け出したのは、まさにこの問いを通してである。ギリシア人たちは、生の道徳的同一性の中に、個別的行為の様式を見出した。そして、それらを、「美しい」と形容した。「美しい」という語は、彼らによって、一座[6]の述語として用いられていた。「美しい」は、個別の利害関心の見地に対して、中立的な語であった。ソフィストによる批判は、この利害関心についての疑問の提起である。すなわち「一体だれの利害関心の中に、美しさのさまざまな尺度の価値が存するのか」「一体だれにとって、その美しさの価値はよい〔＝有益である〕のか」という問いである。したがって、「よい」は常に、二座の述語になる。「よい」は、「〜のためによい」を意味する。このようなソフィスト的観点からみれば、アンティゴネの「美しい」態度は、せいぜい彼女の弟ポリュネイケスにとってのみよい〔＝有益である〕ということになろう。なぜなら彼は、彼女のお蔭で魂の安息を手に入れることができるからである。しかし、アンティゴネ自身にとっては、その態度はわるい〔＝有益でない〕ように見える。なぜなら、アンティゴネはそのために自分の生を犠牲にするからである。しかるに、古代の思想は、何人も自分自身にとってわるいことをする理由は持ちえないという点で一致している。そこで、ソフィストと哲学者の論争は「よさとわるさの基準は何か」という問題、すなわち、「真の有利さ」、「真の利益」、エウダイモニア、幸福、ならびに生の自己実現として、一体何を考えたらよいかという問題に向かうのである。

この問題に対するソフィストたちの解答は、共通感覚による解答をラディカルにしたものだった。彼らは、よいことを分割可能なものとして考えた。ある人にとってよいことは、必ずしも他の人にとってよいことではない。よいこととは、〈公共的なもの〉(koinon) への参加に存するのではない。すなわち、ある人が参加して利益を共有しても、他の参加した人から何も奪わないような、そうした公共の内容への参加に、よいことは存するのではない。よいこととはむしろ、他人を犠牲にすることによって得られる私的なよいことを、基本的に個人が占有することに存する。「美しい」やり方で行為する個人が持ちうる利害関心とは、すなわち、すべての人に本質的に開かれている客観的価値の内容からのみ理解することができる行為者の目的のはずだが、しかし、この利害関心はもはやそうした客観的価値の内容からは真に理解されえないのである。それらの利害関心は、実際には個人が客観的価値内容から承認・社会的地位・栄誉・お金という形式の下で受け取る報酬に対して向ける利害関心としてしか理解することはできない。つまり、分割可能なよさという形式、すなわちある人がその分け前を得ると他の人の分け前が減少することを意味するようなよさという形式の下でしか、理解されえないのである。当然、このような見方においては、栄誉という道徳的基準は両義的である。栄誉の中でも特に死後得られる名声は、それ以外のいかなる利益も個人にはもたらさない。その点において、名声に向けられる利害関心は、美そのものに対する、無私無欲の尊重の契機をすでに含んでいる。だからこそ、アリストテレスにとっては、もっとも高貴な人間とは、物質的利益や快楽のためでなく、栄誉のために行為する人だったのである。これと同様の価値ヒエラルヒーは、アウグスティヌスおよびキリスト教の伝統にも見出すことができる。たとえそれが、プラトンにおいてもすでにそうだったように、相対的な優位性しか問題にしていないとしても。「栄誉を愛する人」の動機は、「善それ自体」のために行為する人、もしくは神への愛、隣人愛のために行為する人の動機と比較されると、結局自己の利益を追求する人の動機の近くに追いやられる。なぜなら、栄誉は、結局のところ、他者を排除しつつ、つまり〈公共的なもの〉(koinon)を排除しつつ、各自が個人的に自分のものとしうるよいことだからである。栄誉は違いを創出する。そして栄誉を獲得するためには、プラトンが言うように、徳の実在ではなく、徳の外見だけで充分なのである。[7] 共通感覚は、「美」のそうした概念を知っている。共通感覚は、基本的に無私無欲の行為を賞賛するが、しかし実際にはそれを理解できず、結局事実の中でそれらの行為の仮面を剝ぎたがる。ソフィストたちは、この仮面を剝ぎ取る技術を発達させる。そのラディカルな形式において、彼らは、一見無私無欲に見える人々の仮面を剝ぐだけでなく、個人的利益によって定義されていない美それ自体の概念、倫理的善の概念、個人への要求をできる限り正当化する概念をも露わにする。ソフィストたちは、「そのような要求の背後には常に、他の人々の利益と願望が隠れている」と言う。もし、それら他の人々が、個別に優れていたり、もしくは数的に優位であったりして、彼ら自身の願望の充足を、大多数の人間の願望充足における条件としうるくらい力があったとしたらどうなるだろうか。大多数の人間にとっては、そのことが、それら少数の個人たちの欲求を充足させること、すなわち少数の個人たちに服従することの動機となるだろう。この見方によれば、もっとも大きな権力は教育者に握られているということになる。教育者は、生徒たちが従属させられている欲求を生徒たちの中で内面化させ、そして生徒たちが自分自身に向けて欲求を作るようにさせることができる。もし教育者が、これを達成したとしたら、それはすなわち、「共通善」、「美」の概念を構築することに成功したとはいえないだろうか。なぜなら、もしAという人間が、理由は何であれ、いつもBという人間と同じように欲するのであれば、すべての対立関係は解消されたかに見えるからである。自分の隷属状態に気づかない奴隷は、彼の主人と同じくらい自由であるかのように見えるのである。

もちろん、古代の思想は右のような全体主義的な犬儒派の答えを決して受け入れなかった。古代の思想は、「人は、自ら欲し追求するもののうちに、自分の『真の利害関心』を欠いていることがありうる」という考えから出発していた。そして、ギリシア人たちは、次のような概念、すなわち、真の利害関心と偽の利害関心を区別し、その真の利害関心に照らし合わせて多々の法《ノモス》を判定できるような概念を発展させたのである。それはすなわち、「自然性」という概念である。この「自然性」という概念は、ギリシア人たちにとっては最終基準であり、それ以上問い直すことのできない基準である。この基準は同時に、生の自己実現として妥当とされうるものについても決定する。しかし、自然的なものとは何だろうか。アンティゴネがよりどころとした、思い出せないほど昔に基礎をおく神の法が、自然なのだろうか。ソフィストたちは、この問いには否定的に答えた。そして、その代わりに、倫理学的理論の端緒ともいうべき答えを提示した。われわれはそれを、快楽主義的解答と名づけたい。この快楽主義的解答によれば、生きるものすべての努力を自ずと決定し、その努力に内的なまとまりを与えるような〈究極目的〉が存在するということである。この〈究極目的〉は、いかなる正当化も必要とせず、それ自体のうちに明証性がある。その明証性こそ、自らを最終目的として証しするものだが、では一体その明証性とは何かといえば、それは快楽である。すべての生けるものは、自ずと自分自身の幸福を追求する。しかし、すべての生けるものが、この事実に気づいているわけではない。われわれを動かし行為させるものの内容から、毎回その原因となっている契機・動機を、蒸留のように抽出するための反省が必要である。われわれは、快楽の追求によって明らかになる自らの自然《ピュシス》(physis) について反省することによってのみ、自分自身に帰ることができる。それによって、われわれの行為は、踏み外されることのない一貫性を獲得し、そしてわれわれは、焦燥から逃れられるだろう。その焦燥は、所有・栄誉・物質的快楽・権力などといった内容に対してわれわれが執着している限り、また、「目的そのものが大事なのではなく、快楽という唯一の目的のための使用可能な手段が大事なのだ」とわれわれが気づかないでいる限り、現れ出てくるものである。心地よく感じている人の生は、成功している生だ。なぜならその人は、自分が欲しいと思いこんでいるものを単に持っていないだけで、真に欲しているものは持っているからである。ところで、実際には、誰も「自分は本当に気持ちがよい」とは言わずに、「この心地よさには約束されていたはずのものが含まれていない」と言い、また、「いずれにしても自分は不満なままである」と言うだろう。「不満である」ということは、厳密にいえば、実際は「心地よく感じていない」ということである。この点において、快楽主義の真実は、つまらぬことの真実、懐疑主義的反省などと同じものに（また、同じ理由から反駁不可能に）思われる。懐疑主義は、私が考える思考ごとに、「この思考を考えているのは私だ」という思考をつけ加える。カントの見解によれば、この「私が考える」は、われわれのすべての表象に伴いうるものでなければならないということだが[8]、これは、彼の思考の行程が懐疑的反省を経ていることを実証的に示しているにすぎない。また、ヘーゲルは、真の哲学とは「自己実現した懐疑主義」にほかならない、と言う。それと同じ流儀で言えば、エウダイモニアの哲学的概念は、快楽主義的反省を通してしか構築されない。あることがわれわれにとって動機となるためには、われわれ自身がそれに利害関心を持ち込まなくてはならない。そのあることは、別の所では「それ自体（即自的）」でありえようとも、しかしわれわれには「われわれに対してよいもの」として現れることができなければならない。だが、懐疑主義が懐疑の立脚点をさらに疑うことで自己崩壊するのと同様に、実は快楽主義も、快楽主義的反省が快楽主義的反省それ自身に向けられ、「最高の心地よさは、果たして本当に心地よさを感じることだけが唯一大事にされているときに得られるものか」と自問することで、自己崩壊するのである。この最後の問いに対する答えは、確実に否である。

Ⅲ　快楽主義の矛盾

快楽主義の矛盾は、快楽主義の立場自体に内在する矛盾ではなく、快楽主義の立場が、理論的に定式化されるときに、すなわち、普遍的妥当性の要求に応えて定式化されるときに、明らかになる矛盾である。快楽主義的立場からは、「人は、自ら行なうことはすべて、自分自身の心地よさを目的として行なう」とか、「人は、自分自身の心地よさという目的のために自ら行なうときにのみ、分別をもって行為する」といった主張がなされる。矛盾は、「快楽主義的命題の主張という行為は、それ自体が主張者の幸福を増す唯一の手段であるのか」という疑問が提起されたときに露わになる。また、「この快楽主義的命題は、われわれの意図が有する真の自然本性に関してなされた理論的言表である」ということが意味されている時にも、矛盾は現れてくる。さらに、「快楽主義的命題は、一貫性があり人を満足させるような特有の生の様式を勧めるものであって、それは生きる技術である」と意味されているときにも、同様に矛盾は現れてくる。

もし、その快楽主義的命題の主張が主張者の幸福を増す手段にすぎないのだとしたら、そのような命題は、真理に向けてなされるはずの言表に正しい方向づけをすることは不可能であろう。要するに〔快楽主義においては〕、言表や言表システム、理論などは、それらを表明する人の幸福増進のための諸手段にしかすぎないのである。それら言表・理論が「正しい」か「誤っている」かは、それら自体の正しさ、誤りによるのではない。それら言表・理論が「正しい」か「誤っている」かは、それらの考案者もしくは宣伝者が、それらによって、賛成や物質的利益、もしくは快楽の源泉となるさまざまな他のものを、得られるか否かによる。実際には考案者か宣伝者は、真の知識から快楽を得ているのかもしれないが、しかしそれは単なる偶然にすぎないかもしれないのだ。別の言い方をすれば、快楽の原因は基本的に交換可能だということである。たとえ、実際には、快楽原因がある人にとって、偶然的な仕方で交換不可能であったとしても――われわれにはそれを知ることはできないが――、現実には、それは交換可能なのである。これに対しては、「重要なのは、その理論を主張する人間の意図ではない」との反駁が可能かもしれない。確かに、われわれは原則として、主張者の意図を全く知らずに、その理論の内容が真実かどうかを検討することができるだろう。人は真実に対して無関心な意図を抱いていても、真なる物事をうまく擁護することができる。これは確かに正しい。しかし、万が一、快楽主義の理論が真実であったとしても、結局その真実性を検証することは、不可能である。なぜなら、その真実性を本物とみなすか、見せかけと思うかは、判断を下す人にとって、それを真正とした方が快適か、もしくは見せかけとした方が快適かのどちらかで決まるからである。快楽主義者は、それで十分ではないか、と答えるだろう。「理論というものは、満足感の保証以上のことを求めないのだ」と。しかし、これは、快楽主義的理論の主張を断念するのと同じことである。快楽主義は、快楽主義信奉者が実際の感情的状態について語る以上のことはしない。「そうしていると彼らは心地よく感じる」ということを言うだけである。つまり快楽主義は、他人の行為における意図の方向づけについて、場合によってはそれには全く異なる方向づけがありうるにもかかわらず、実際に感じている状態以上のことが何も言えないのである。

快楽主義を生きる技術として推奨しつつ、すべての人の真の動機については何も言おうとしないような人についても、事情は同じである。われわれは、彼が快楽主義を勧めるのは、その教えを人に広めることによって彼自身満足感が得られるからだ、と推測しなければならない。では、なぜ快楽主義を広めることが、彼に満足をもたらすのか。もしかしたら、彼は利他的な気質を持っていて、他の人も自分と同じくらい連続的な仕方で生を喜ぶ術を知っている、という事実に満足感をおぼえるのかもしれない。しかし、彼の最終目的は――彼が信奉する教えによれば――他人が感ずる生の喜びではなく、彼自身が感ずる生の喜びであるから、その彼自身の喜びのため――再び偶然的な仕方で――他人の喜びは彼にとって都合のよい手段になるのである。しかし、いかにして、われわれはそれを知ることになるのだろうか。もしかしたら、彼にとって快楽主義の教えは、人の気を引く手段でしかないのかもしれない。また、もしかしたら、快楽主義の教えは、遺恨《ルサンチマン》の表現ですらあるのかもしれない。つまり、彼自身は熱情、愛情、魅惑、献身を経験できず、当然それらから得られる喜びを生きることもできないでおり、また、そのような喜びを他人に授けることもしようとせずに、ただ、すべての人が自らの個人的状態と同じ卑小な喜びに追いやられるのを見たいと思っているのではないか、ということだ。このような軽蔑的な解釈に対して、快楽主義者である彼は抗議したがるだろうが、逆にわれわれは彼に、「あなた自身は、個人的な快楽追求に根拠をもたない務めが存在することを認めていない」と気づかせなければならないだろう。彼が、何かを自分の満足感を増進させる手段とみなせば、それでその手段は正当化されたことになる。だからわれわれは、「もし彼が助言をしてくれたとしても、それは彼自身にとって役に立つからに違いない」ということしか原則的に知ることはできないのである。「自分の助言行為は、相手にとっても有益だ」ということを、彼がその行為の中に含めているかどうかは、快楽主義の定義上、われわれの判断の外に逃れてしまう。たとえそうであったとしても、それは偶然にすぎないかもしれない。もし彼自身が「あなた方に有益だからこそ私はあなた方に助言しているのだ」とわれわれに保証したとしても、彼の快楽主義の理論によれば、その保証もやはり彼自身の満足感のためにほかならない。

このように、快楽主義は、「普遍的な要求に応じて矛盾なく定式化されることはありえない」が、しかし、だからといってただちにそれが、「快楽主義は生きるための真の技術ではない」ということを意味するわけではない。ニーチェ以来強く提示された論は、普遍主義を幻想だとして告発するもので、実際のところ、この論は適切だろう。ただし、ここでの「適切」は、「理論的に正しい」という意味ではなく、「有効に破壊的」という点で適切ということである。しかし、快楽主義の弁証法は、単に理論的なだけではない。快楽主義の弁証法は、快楽主義の生きる技術そのものに内在しており、しかも二重の意味においてそうである。主観的な心地よさの中に、行為者が追求しうるかもしくは追求しなければならない最も高い目標を見ることは、志向性およびわれわれの精神状態の方向づけ、その精神状態を構成する「自己に対する超越性」などを、「内省によって」除去することである。人間は本来、自然主義的な仕方では自己理解しない存在だが、しかし、人間のためには、「何かが賭けられている」。人間は、その何かを、心地よさとか不快感のような自分自身の状態の機能として理解することはできない。人間が、この機能的な転換――「自分への再方向づけ」（curvatio in seipsum）（アウグスティヌス）――を果たし、自分自身から超越性を取り除き、そして「単なる自然」として自己理解できるようになるのは、ただ「内省」においてのみである。

快楽主義に内在的な弁証法は、以下の事実に存する。快楽主義にとって、生の自己実現に関する唯一の基準である快楽の諸状態は、第一に、瞬間的な状態として、第二に、主観的な状態としてしか、描写され得ない。それら快楽の諸状態の内在的構造に従えば、それらには二重の超越性、すなわち、一方で、時間的「過去把持」・「未来予持」という意味での超越性、他方で、主体それ自身の状態としては描写しえない何かに対する方向づけという意味での超越性があるにもかかわらず。

はじめに、時間の次元を考えよう。プラトンの対話篇『プロタゴラス』の最も重要な結論は、「生を快楽の諸状態の全体として理解したとしても、生それ自体は快楽の状態ではない」ということである。〔だから〕「生において、最も望ましい快楽の収支結果をもたらす条件は何か」という問いに対する答えは、それ自体が快楽主義のパースペクティブの中で言い表されてはならず、真理の機能において用意されねばならない。それは、われわれにとって最も心地よい答えではないが、しかしわれわれに最も心地よい生を保証してくれるであろう、真の答えである。ところで、最も心地よい生とは何だろうか。単なる瞬間的諸状態は〔確かに〕心地よい。未来の心地よい状態に思いをはせている瞬間的状態、また、過去の心地よかった状態の記憶、さらには、「過ぎ去ったことは苦しめない」ということわざのように、過去の不快だった状態の記憶さえ、同じように心地よい可能性がある。しかし、他方、過去の状態が快適であれ不快であれ、過去の状態の記憶それ自体が不快である可能性がある。

だがわたしは知っていた、

それら純粋な喜びを。
人は苦悩のときでも、
それら喜びを決して忘じえないほどの(9)。

苦痛に満ちた状態にあるとき、過去の喜びの記憶を現在のための慰めの源泉にするのは、一つの技術であり、快楽主義者の中でも最も卓越し思慮深かったエピクロスによる生きるための技術の一面である。また、一般的な仕方でわれわれの感情の志向的な性格を切断すること、すなわちできる限り恐れと希望を未然に防ぐこともまた、このエピクロス的生の技術に属する。なぜなら、恐れと希望は志向的な状態であって、本質的にそれら自体とは異なる他の何かと関係しているからである。この異なる他の何かが、同じ主体の諸状態であっても。これは恐れについては明らかであろう。なぜなら、恐れにおいて重要なのは、苦痛に満ちた状態だからである。だが希望については、そうだろうか。希望は心地よい状態であり、すなわち快楽の最大化という観点から見て望ましい状態なのではないだろうか。例えば、同じ程度に空腹でも、ある人は「空腹で死ぬかもしれない」という観点からそれを苦痛に感じ、ある人は「用意ができて湯気が立っている料理が目の前にある」という観点から、その空腹を「最高の料理人」だと感じることがありうる。両者の立脚点が、幻想にすぎなかった場合でも、彼らの感じ方は右の通りである。ところで、希望が幻想であることが判明するのは、次の二つの場合である。希望が実現する前に人が急死するときと、逆に、希望の非実現という「失望」を人が体験するときである。快楽主義は、前者については、その希望状態を望ましいものと考えるはずである。だが、後者については異なる考え方をするだろう。なぜなら失望は、心地よい状態についての快楽主義的解釈と両立しない顕著なものを生むからである。すなわち、失望状態は、いわば事後的に、希望の心地よい状態を消えうせさせてしまうということである。失望状態にある人は、「私は少なくともあらかじめ楽しんだ」などとは決して言わない。そして喜ばしき希望の対象の消滅は、記憶の中で、事後的にそれまで希望状態だった感情的性格を、まったく正反対のものに変えてしまう。したがってその希望状態はもはや、生の快楽の収支表においてはプラスの要素として現れない。実際、このような希望状態は、われわれと人々との交際において常に響き合うものである。人は、目的論的構造をもった存在として、投企の過程に、また期待という様態の下に常に置かれている。例えば、われわれがある人と友情を結んで交際し、心地よい時間を過ごしたとしよう。だが、実はその人の友情は見せかけで、交際している間もすでに彼はわれわれを裏切っていたということにわれわれが後から気づいたとする。そうした場合に、その心地よかったはずの交わりの時間を、われわれは後日いかに思い出すだろうか。それを考えれば、右に述べたことは明らかであろう。裏切られたという事実の認識は、心地よかった体験の記憶に対して、事後的に毒を盛るのである。〔したがって〕生は、超越のない、現在の状態の連なりではない。すなわち、生は、個々の情緒的価値が中立的な観察者によって一つの総体に固定され同化されうるような、そうした状態の連なりなのではない。むしろ生は、過去と未来が、常に新しくなりつづける現在の中へ結合されていく継続的過程である。この現在こそが、過去と未来の価値を決定するのである。

エピクロスは、このような洞察を知らなかったわけではない。むしろ、彼こそこの洞察を最初に述べた人物であり、また、この洞察にしたがって自らの生の技術を方向づけた人物であった。しかし、エピクロスはただちにこの洞察を、瞬間現在という一種の独我論において再解釈した。彼にとって現在の体験の契機としての過去の記憶および未来への期待は、真理機能的状態ではなく快楽機能的状態であった。そして彼がまさにそうした視点に立っていたからこそ、それら〔過去の記憶や未来への期待〕は操作されねばならなかったのだった。

エピクロスの形而上学は、妨害を受けない、超越のない現在の喜びを保証するために、人々を恐れや希望から解放する、という投企に応えている。現在の快楽の超越性は仮象であり、賢者によってこの仮象は破壊されるのである。こうしてエピクロスは、反省を経た自然主義の生みの親になった。彼の理論は、逆転した目的論であり、すなわち、自分自身の幸福状態をひたすらに目指す自然《ピュシス》（physis）の理論である。したがって彼がこの理論を確かめるために、動物や乳児を観察したこと、すなわち、自分が出会う相手と自分の出会いの体験との間に違いが見出せない存在を観察したことは偶然ではない。動物や乳児は、自らの出会いに委ねられているが、エピクロスは、快楽を増進し苦しみを回避するため自ら意識的に出会いを支配することを学んだのだった。快楽主義的反省は、時間を創設しつつ自分自身を時間化する存在に対して、その存在が自己超越できないようにしようとする。意識化された現在だけが、現実性を有するのだ。だが、志向的性格や「方向感覚」は、生きられた現在の現象に属する。現在は、それにとって過去と未来が対称的な「脱自」であるような、静的な瞬間ではない。われわれには二通りの考え方が可能であり、一方は、「『永遠の今』としての現在は、それを通じて出来事が流れることによって、内容が永続的に変化しつづける」と考える考え方であり、他方は、「現在はその内容から規定され、また、その内容と共に過ぎてゆくものであり、『過去』になりつつあるものだ」という考え方である。後者においては、現在は時間から切り離されていないもの、すなわち時間の起源と考えられているが、現在それ自身は時間的次元であり、また方向感覚によって決定されるものである。現在は、過去における未来だったし、また、未来における過去になるのである。現在は、たえず新たに、ひとまとまりになった「過去」の総体を同化するが、次の瞬間の到来を通じて、現在それ自身が過去の時間の一要素となり、新たなる現在に同化されることになるのである。以上が共通感覚による理解である。したがって、普通の日常的な意識の中では、われわれは自分がいわば「時間の流れの中で」泳いでいるかのように自覚する。われわれは満足感を得る際には、この「流れ」を上ったり下ったりするのであり、それはわれわれの現在の中における感情的状態とは大きく違っている。生の瞬間的な情緒的価値を「幸福の総計」につけ加えるためには、その瞬間がどちらの方向に向かっているかについて考慮する必要がある。それは、ある人の生の道徳的な質を判断する際には、その人がよりよくなろうとして成長しているか、それともより悪くなろうとしているかを考慮しなくてはならないのと同じである。エピクロスは、ベンサムとは違い、生の自己実現というのは、傍観者が中立的観点から生の諸状態を加算して得られる結果ではない、ということを、自らの快楽主義的考察の中でよく見抜いていた。エピクロス的解決とは、瞬間現在を、「永遠の今」に止揚する技術であり、また、すべての時間的次元を統合することによって、瞬間現在そのものを時間から保護することである。それはすなわち、記憶と期待が、超越性なき「生きられた現在」において得られる快楽の単なる契機や機能でしかないようにするために、それら記憶と期待を制御することである。

快楽主義における時間の捉え方が、どれほど神秘神学と近似しているかは、注目に値する。神秘体験においては、快楽主義と同様、時間が意味を失う。すべての有限状態に対する根源的超越性の中で、主体は「永遠の今」の領域に入ってゆく。その領域に対する時間性はすべて、もはや非現実的な仮象でしかない。こうした体験において有限主体は、〔快楽主義が〕生の自己実現の問題を取るに足りないことと考えることでそれを容易にかつ完全に消し去ったような仕方で、自らの限界を超越する。〔快楽主義による〕自己の瞬間的快楽という有限性の中への絶対的自閉は、神秘体験のもつ絶対的超越性と、また、神秘体験に方向づけられている存在様態に固有の、次のような道徳律と、逆説的な類比関係にある。「霊的な生における最大の規則のひとつは、現在の瞬間に自らを閉じ込めそこから外を見ないことである」[10]。しかし、快楽主義の試みは、まさにこの瞬間現在の中への自閉によって、矛盾に陥る。神秘主義の「永遠の今」は、実際に、時間と生の全体をそれが超越するということである。他方、快楽主義の「永遠の今」は、瞬間的快楽であり、意識の喪失という犠牲を払ってはじめて、その前もしくはその後に関するあらゆる思考から切り離されうるのである。しかし、この意識の喪失は、エピクロスが目指す快楽の感情とは両立しえないだろう。もちろん、熱情のままに「我を忘れた」状態になると、人は前も後もわからなくなる。しかしこの場合の認識・意識の喪失は、その人が認識したくないがゆえにそうなったのであり、つまり意識的で志向的な忘却である。この認識・意識の喪失は、常に自らに対する嘘の要素を含む。〔だから〕エピクロス的快楽主義者は、我を忘れないのである。なぜなら、我を忘れてしまうと、有益的快楽の総体に対する制御が失われ、失望のありとあらゆる危険性に身をさらすことになるだろうからである。そして、快楽主義者の計算は、反対の方向すなわち禁欲に向かう。なぜなら、期待度が低くなればなるほど、実現はより可能になり、欲求が制限されればされるほど、満足はより容易に得られるようになるからである。結局、苦痛なき充足が唯一大事なことになる。そして最終的には、苦痛をなくすことをあきらめることすら可能になる。過去の快楽の記憶が、支えとして駆り集められる。幸福（エウダイモニア）という考えを維持することが、幸福そのものの代替になる。灼熱の器にかけられたローランに代表されるキリスト教の殉教者は、「もうすぐ神と一致する」という現実的幸福を強く希望する中に、自らの慰めを見出した。エピクロスも同じことに耐えることができねばならない。しかし、彼にとっては、過去と未来は、現在を中心として対称的に存在する単なる次元にすぎない。彼は、過去における快楽の記憶の中に慰めを見出す。すなわち、単純な考えの中に、その純粋概念の自己超越性なき機能性へと還元された抽象的快楽の中に、慰めを見出す。そして、エピクロスは次のような考慮に値する言葉を残した。「賢人は、たとえ拷問を受けているときでも、幸福であろう。でも、彼も呻き声をあげ、泣き叫ぶであろう。」「ファラリスの牛の中で賢人が焼かれるとき、彼は次のように叫ぶだろう。『これは心地がいい、でも私には無関係である』と。[11]」首尾一貫して考えられた快楽主義は、それ自体が自己崩壊するのである。

〔注〕

（1）『倫理学における形式主義と実質的価値倫理学』第二部、第五章、第九節。

（2）『リヴァイアサン』第一一章。

（3）『告白』第一巻、第一章。
（4）ソフォクレス『アンティゴネ』五二五。
（5）【訳注】「ルカによる福音書」一〇章、四二節。「マルタ、あなたは多くのことに思い悩み、心を乱している。しかし、必要なことはただ一つだけである。マリアはよい方を選んだ。それを取り上げてはならない。」
（6）論理学の用語。
（7）プラトン『ゴルギアス』の冒頭部分を参照。
（8）カント『純粋理性批判』§一六。
（9）ゲーテ『詩集』「月に寄す」。
（10）Fénelon, *Lettres spirituelles*, lettre LXX（XLV）, in *Oeuvres complètes*, Paris, 1851, t. 8, p. 511.
（11）ディオゲネス・ラエルティオス『ギリシア哲学者列伝』第一〇巻、第一章「エピクロス」一一八ほか。ファラリスは、紀元前四世紀のシチリア島の王。焼けた青銅の牛に人を入れて処刑するなど、残虐な行為で知られる。断片六〇一。

第3章　自己保存あるいはストア派の倫理

I　自己保存理論の変遷

エピクロス派は、快楽主義が自己解体に至るほどにこれを推し進めたが、同様にストア派は、自己保存という原則を追求した。したがって、われわれはさし当たりこの自己保存の原則を、エピクロスやストア派のような先鋭化された形態とは独立に、まず自然主義の形態において考察したい。当然のことながら、問題は、自然主義の形態をとった自己保存の原則を、生の自己実現という思想に関係づけることに果たして意味があるのかどうかという点にある。だが、このことに意味がないのは明らかだ。実際この自然主義の原則に基づくならば、生を自己実現させるべきものは、主観的状態ではない。生の自己実現と同一視されるのはむしろ生の自己維持であって、快不快の状態とは、自己維持の成功や失敗の反映にすぎないのである。したがって、自己維持という概念は、実際単に生の自己実現という概念を満たすのではなく、生の自己実現という概念に取って代わることになる。この自己維持と生の自己実現の見かけ上の等しさは、以下のことを示唆している。すなわち快楽主義と異なり、自然主義は、まさに自己保存の観点から、生を一つの全体性として捉えることを可能にするのである。自然主義は、再び、自己保存という統一的原理から快楽追求を引き出すことを可能にする。自己維持の思想は、統一的原理を最終目的として定式化可能にする理論的長所を、快楽主義と共有している。この最終目的との関係において、「正しい」行為が、ある道具的合理性に応じる手段として現れ、その結果これらの行為の正しさを演繹的に決定することが可能になるのである。このような考えは、われわれの直感と一致している。われわれは苦痛を避けようと努めるが、苦痛が生物学的信号の一機能であることを知っている。苦痛が意味するのは、自己保存の危機である。それゆえ、通常われわれは、まさにこうした機能の意味において、苦痛と闘う。すなわち、有機体の生存能力にもたらされた損害、つまり苦痛の原因を取り除くよう努めるのである。われわれのうちの誰も、苦痛を感じる能力を金輪際取り除いてしまう薬を服用しようとはしないだろう。そのようなことをすれば、長生きできないことを知っているからである。したがって、あらゆる生の目的とは、エピクロスが考えたように苦痛をなくすことではなく、苦痛という信号が必要ではない状態、すなわち健康なのである。苦痛を人工的になくすことは、以下の二つのケースにおいてのみ、求められる。一方でそれは、苦痛の目的が自己保存機能だとわかってはいても、苦痛の原因がつかめない場合であり、さらに、信号がそのように機能しなくなった瞬間、信号を消すことに失敗した自然本性を修正する場合である。また他方でそれは、自然本性的には備わっていないような治癒の可能性を有機体の中に介入させることが可能な場合であり、人は、その治療が余りにも大きな苦痛をもたらすものであるために、さしあたって苦痛の中枢を短時間の間眠らせるのである。しかし、あくまでもここで問題になっているのは、有機体を救済するための手段である。われわれは、信号のメッセージを理解しているので、もしくは、そのメッセージを信号から独立して認識しているので、信号を停止するのである。

自己保存を、統一をもたらす中心的行動原理として定めることは、快楽主義思想の論理的帰結である。われわれの感情の志向的構造を度外視し、われわれの努力を、主観的な快楽状態を目指す努力としてのみ解するとき、不可避的にこれらの快楽状態の「客観的」機能が問題になる。この「客観的」機能として理解されるのが、自己保存である。あらゆる志向性とあらゆる〈何ものかへの駆り立て〉を、有機体の諸状態へと還元することこそ、自然主義的選択を決定する。反対に、自然主義的選択が描き出した方法論的手続きを破壊するのは、ある生物が自己以外の何ものかのために存在しうると考えることであり、従って、ある行為が、最終的な分析において、この行為主体（例えば、ある有機体やある個体群）の維持以外の機能を持ちうると考えることである。

　この選択は、かつてアリストテレスが哲学に導入し、われわれが実際日常的に絶えず実行している、ある区別を無効にする。アリストテレスは、すべての高等生物において、単なる生への傾向と善い生への傾向とを区別した。この点に関しては、彼はプラトンと一致しており、ただ単に生きるために形成された都市国家が存続しているのは、よく生きることを可能にするためだと書き記している（『政治学』一二五二b）。実践哲学——すなわち政治哲学や倫理学——は、成立や保存のメカニズムではなく、善い生の内実を構成するものについて扱うものである。しかし、善い生とは、多種多様な「実践」によって成り立つものであり、この実践の内的統一は何らかの原則や最終目的から演繹できるものではない。確かにアリストテレスは、エウダイモニア（幸福）や生の自己実現といった最終目的について語った。しかし、すでに見たように、この自己実現は、目的が手段に関わるように、行為や状態の個々の条件に関係することはない。生の自己実現は、理性的存在者による自己実現の統一性であり、われわれの自然本性に根差した個々の内実の現実化と不可分である。確かに、この全体性としての生は自己保存を切望する。しかし、その内的形態は、固有の自己保存の機能としては定義されないものである。善い生は、単なる剝き出しの生には還元されない。近代哲学は、私が別の場所で[1]「目的論の逆転」と言表したものによって始まる。そこで、単なる生と善い生との差異は均等化される。善い生の内実は、自己保存の機能にほかならないものになってしまう。そして、善い生の内実を、そのような自己保存の機能として演繹し、また呈示することが可能になってしまうのだ。トマス・ホッブズは、「最高善」という概念は在りえないと主張した[2]。彼によれば、果てしない「欲望から欲望へ」の前進しか存在しない。明らかにこの前進は、人間の生に統一性のようなものをもたらすことはできない。ホッブズにおいて、統一性は、むしろ死に対する恐怖から生じるものである。ただこの死に対する恐怖のみが、「自然法」と倫理法則の起源である。この倫理法則とは、自己保存への命令にほかならない。平和への意志こそが至高の命令であり、第二の命令は、保存のための諸条件、とりわけ国家権力に無条件的に従うことである。この国家権力とは、自らが暴力を占有することによって、個々人においては暴力的な死の実現を妨げるものである。そして、いったん国家が存立すると、倫理は、最終的には国家の法への従属へと帰着するのだ。

欲望から欲望への目的のない前進、事柄自体を通じ、また生の自己実現という概念を通じて創設されたある一つの基準を参照することのない選択の無限拡張。このような解釈は、アリストテレス的伝統においては、善い生に反するものとして現れ、善い生の実現としては示されない。内的基準として構想された基準は、限界を措定する。そしてそれは、そうすることによってのみ、方向性・意味のようなものをもたらすのである。ギリシア語のテロス（telos）という言葉は、限界と目的の両方を意味する。しかし反目的論的選択の仮説に従うならば、この二つの意味は、主観的な目的と客観的な限界の二つに分かたれていることになる。主観的な目的すなわち快楽が、生物学的には自己保存の機能として解されうるということ。このことが、衝動の主体である個人を、自己の快楽追求において、この自己保存という「目的」を自分のものにするように駆り立てることは必ずしもないのである。おそらくニーチェは、近代の反目的論主義にあって、目的論の残滓を嗅ぎ取った最初の人物であった。「余計な目的論的原則に注意しなければならない。自己保存の衝動もそのようなものだ。」（『善悪の彼岸』第一章、第一三番）。だからこそフロイトは、「快楽原則」から、保存の条件への従属としての「現実原則」を明確に区分したのである。人間生来の自然本性的態勢とは、快楽追求、すなわちリビドーが拡散した形態である。子供は、物心つくとすぐに、快楽追求とはそぐわないある現実と衝突する。子供は、生き延びるために、そして少なくとも部分的には自分のリビドーを満たすために、この現実に適応して、それらの条件に従属しなければならない。ここで現実は、それなしでは理性的存在者の要求や欲求が満たされえないような要素として想定されてはいない。それは、われわれが受け容れなければならない、充足可能性の限界として理解されている。人間とは、いわば妨害された快楽主義者でありナルシストである。人間の文化が生じるのは、まさにこの妨害からである。そしてそれゆえに、人間の文化は、本質的に幸福に対して敵対的なのである。

エウダイモニア（幸福）においては、本来目的および限界という概念は同じ事柄を意味していたが、このエウダイモニアという目的論的思考の解体によって、快楽と自己保存間の緊張が生じたのである。確かに、快楽原則と現実原則の二元論は、主観性という内的パースペクティブのみから帰結する。この地平におけるリビドーと自己保存努力との統一は、その度ごとに主体によってなされる妥協による統一として考えられている。アリストテレスは、この統一を、一貫して「形而上学的」観点から理解した。すなわち彼は、あらゆる志向性を、ある状態に還元することもせず、またすべての状態を、自己保存機能として解釈することもしない。反対に彼は、あらゆる有限的存在者による自己保存努力を、志向的なものとして解釈する。すなわち、永遠の存在者である神を各人に合った仕方で「分有」しようとする各存在者の努力として解釈するのである。(3)

近代の学問の一元論はこの関係性を逆転させる。つまり近代の学問においては、神という観念自体、人間という種の自己保存のためのフィクションにすぎない。今日のシステム論と進化論は、この新しい一元論を究極まで推し進めた。システム論は、あらゆるシステムの運動を、そのシステムが一線を画す、ある環境世界の自己保存機能として解する。システム機能の内的差異化も、それ自体システム維持のための適応機能である。有機体とはまさにこのようなシステムなのだが、心理構造もしくは社会組織もまた、システム論に基づいて解釈されうるものである。結局進化に関する生物学的理ところで、このシステム論的解釈は、自己保存機能による解釈と同様のものである。

論は、始めからこの自己保存の図式に基づいて作動してきたのだ。もはやこの理論は、所与としての「保存本能」のようなものからは出発しはしない。保存本能は（種の保存と同様に自己保存も）、偶然の突然変異および選択の帰結として理解される。偶然に現れたものの一部が淘汰されずに生き残るのであり、生き残るのにふさわしいものが生き残るのである。また、保存機能の諸構造やシステム的特質のようなものを発展させる複雑な形状は、事実他の複雑な形状よりも安定している。この意味で、三つの小石とスズランの白とビール瓶の並置は、この組み合わせを安定させるのに適した特定の構造が現れない限り、システムではない。もし進化の過程で、特定の行為の図式や道徳的表象および宗教が発展するとしたら、それは明らかに、そこでそのような図式や表象を所有する人々にとって自己保存的機能を果たす集団的利益によるのである。あらゆる生物に対し、学問的に跡付け可能な同一性を与え、また同様にわれわれの行為に対して、われわれの欲望の多様性を貫く内的統一のようなものを与えるのは、部分的な構造や個々の行為が、より複雑なある構造（生命体）との関係において有する自己保存機能なのである。

ここでわれわれは、進化論が、生物の根本的なタイプ分けについてどこまで説明可能なのか、また、われわれが認識によって理解するものを、生存戦略の一機能としてどこまで再構築可能なのかについて問う必要はない。さしあたってわれわれが論じるのは、この目的論の逆転、換言するならば、自己保存という中心的思想によって方向付けられたシステム機能主義によって、果たして行為を方向付ける生の自己実現という思想を、適切な仕方で解釈できるのかという問題についてである。

問いをたてることは、問いに答えることを意味する。自然主義は、システム理論の形態においても他の形態においても、行為の方向付けについて解明することができない。反省することができる存在者が、自己自身の介入なしに「自然本性によって」、特定の振る舞いの様態へと強いられる場合においても、さまざまな根拠に基づいて自己決定できる場合においてもそうなのである。後者の場合、自然主義は、この理性的存在者にそのような自己決定のための根拠を与えることができない。ある行為の仕方が、自己や種の保存に好都合な結果をもたらすということ。この事実が、これらの行為の仕方を弁護するのは、われわれが保存を望むときにおいてのみである。自然主義は理論的に、自己や種の保存本能を、進化の偶然的所産として対象化する。しかし、われわれはこのように本能について反省することができるし、この本能から自由になることができる。それどころか、われわれは、この本能から自由になることはできないと感じるとき、本能を倫理的規範としてみなすどころか、それに束縛されていることを、本能への従属として嘆き悲しむこともできるのである。われわれは自己存在を呪うことができるし、自己存在もろとも自己保存本能をも呪うことができる。また、他の生物と共有されているような他人の自己保存本能は、それだけでは彼らの存在を維持するための根拠にはならない。したがってもし自然主義が、偶然性を超える全ての意味経験を、これらの偶然的形態を保存する機能に還元してしまうならば、個々の生命体の形態、それはすなわちその形態自身のためにあった方がよいのではなく、保存のためにあった方がよい形態のことだが、この形態が、自己保存本能という主観的で自然本性的な関心を自らのものにする理由はもはや存在しなくなってしまう。というのもこの関心が、生命システムの存続の一機能にすぎないのだとしたら、この関心は、反省する理性的存在者にとっては、生命システムの存続理由を根拠付けることはできないからである。すべての価値が保存の一機能のみに帰されるとき、価値づけられたものの価値という性質も、価値づけの主体と共に消滅する。この場合、人類および地上の生命の存続が、行為の動機づけの役割を果たすのかどうかは、あくまでも恣意的な事柄である。これほどに、自然主義と実存主義的ニヒリズムは互いに根拠づけ合っているのである。

Ⅱ　自己保存理論における生の自己実現

自己保存の機能を、初めて内容的に倫理の構成原理として定めたストア派は、以上に述べたような倫理の非自然主義的な性格に気付いていた。実際自己保存本能のようなものは、観察可能な事実として存在しているわけではない。われわれが、飢えや渇きや性的欲求を自己もしくは種の保存機能だと言うとき、われわれは観察結果をそのように解釈しているのである。そして、そのような解釈が可能であるからこそ、われわれは、このような機能を引き受けるか、意識的に排除するかを選択することができる。これらの機能の人間の意志から独立した充足を保証するのは、まさにこの機能の隠蔽性、すなわちその潜在性である。潜在性を解消することは、機能を自由に用いることに帰着する。ストア派が、この保存機能を自由に引き受けるように教示するのは、この自由において、ロゴスすなわち全体としての世界の意味が、自己保存機能へと到来するからである。ロゴスに一致することは、ロゴスを分有する者、すなわち理性的存在者にとって、ただ唯一の意味のある選択である。そのような理性的存在者は、もはや本能に捕われてはいない。それは生命に「執着」しているのではなく、あらゆる生物の自然本性を種の保存機能によって構成されるものとする世界の法を、自由のうちに肯定しているのである。

存在者の抽象的な自己保存のようなものなどは存在しない。保存とは、常にある特定の同一性の保存である。この同一性とは、伝記的もしくは歴史的プロセスの結果である。ストア派は、内化(4)（oikeiôsis）を、人間が徐々に世界を自らのものとしてゆくプロセスとして語っている。この内化において、最初に自分固有の身体が、次にわれわれに「固有な」ものである身近な環境が、自らのものにされる。ここで保存とは、本質的にわれわれに属するものの保存、われわれの同一性を構成するものの保存を意味する。それでは理性的存在者の同一性を構成するものとは何だろうか。これに対するストア派の解答は、宇宙である。人間の内化は、自然本性的な限界をもたない。人間は、思考する存在者である限り、全体を思考する。このように全体を思考し、全体へと同一化する存在者の保存は常に保証されている。というのも、全体は消滅することがないからである。個人は消滅するが、その消滅においても、全体性の秩序は保たれる。これは、理性的人間、すなわち「賢人」が、自然本性的個人としては、自己保存に対する関心を持たないということではない。実際は逆である。全体性の秩序は、以下のことを含意している。すなわち個人は、自然本性的に自己保存に好都合なことを行なうときにのみ、「正しく」行為するということである。しかし個人は、理性的存在者として「正しく」行為する際に、役割を完璧に演じる劇場俳優としての一定の距離を取る。彼は自分の生のために闘い、そして死ぬ。しかし彼がそのために闘う〈究極目的〉は、毎回同じである。すなわちそれは、彼がその中で役割を演じる戯曲なのである。このような全体性への同一化が智恵と呼ばれる。賢人の生以外の生は、生の自己実現ではありえない。かつて賢人が存在したことはあったのだろうか。ストア派がこの問題を解決する必要はない。ストア派が知っているのは、もしかつて賢人が存在したことがないのなら、人間の生の自己実現は未だ存在していないことになるということである。神的全体性への同一化とは、内化、固有化、親密化の運動が、あらゆる限界を超えて拡張することを意味する。というのも、理性は自然本性的に全宇宙的だからである。実践の次元においては、この宇宙的内化は二重の形態を取る。行為に関する場面で内化が意味するのは、行為者が自然本性の目的論的方向付けを自分のものにすることである。そのために行為者は、自然本性的衝動と情念の直接性から解放されなければならない。行為者は、自分の自然本性や、運命によって自分に割り当てられた状況に対して、俳優が自分の役割に対するように関わる。上手く演じるために、行為者は、役である限りの役に同一化するが、役と生の直接性とを混同することは許されない。それは以下のことを意味している。すなわち行為者は、役によって定められた欲求不満や敗北を、真の敗北として生きることは最早なく、それらを、彼が役を演じきらなければならない戯曲作品の一部として肯定するのである。それゆえセネカは、ルキリウスへの手紙において以下のように書いている。「善い人間が曝されている唯一の不幸は、世界のうちに、彼が不幸だとみなす幾つかのことが存在している事実である」（第九六書簡）[5]。彼の正義のための闘いは、事情によっては、この闘いにおける敗北の受け容れと同様に、この戯曲のうちに書き込まれている。賢人が到達したのは、完全な自己充足と成功した自己維持である。

理性的存在者の自己維持は、もはや彼の意志に反しては何も起きえないときに、完全に成功する。しかし、実のところ、彼が原則的に、起こることすべてを自己の意志のうちに受け容れるとき、彼の意志に反して起こりうることは何もないのである。このような思想をスピノザ以上に首尾一貫して展開させた者はいない。彼の倫理の中心的公理は、「自己保存の努力は、事物の本質である」（『エチカ』第三部定理七）というものである。彼の倫理は、「神への知的愛」（amor Dei intellectualis）[6]という全体における現実との思考的同一化、すなわち絶対的にそして無条件的に自らを保存するものとの思考的同一化に帰着するのである。

生の自己実現を、実現した自己維持として理解する思考は、あらゆる仕方で生起してくるものに個人が無条件的に自己同一化するために、自己の有限性を犠牲にするような立場へと行き着く。ストア派は、内的もしくは外的な理由によって理性的生すなわち自己充足的生を営むことができない者にとっての最終的解決として、自殺を推奨しさえした。もはや劇の成功に貢献できなくなったときに、舞台から自発的に退却することは、自己維持の最終形態なのである。エピクロスは、物理的快楽以外に重要なものはないという主題から出発し、以下のような結論に帰着した。すなわち、すべての努力を精神的不快からの解放に限定しなければならないし、また、友人のために自分の生命を犠牲にすることさえ、生の自己実現の一形態とみなさなければならないという結論である。同様にストア派が、あらゆる自然的存在者にとっては何よりも自己保存が重要であるという主題から出発したのは、生の自己実現の最も高次な形態、すなわち生の自己実現の唯一の形態でさえあるそれが、われわれの私欲のない義務の達成のうちにあり、またこれらの義務が不変的なもの〔＝神的ロゴス〕との同一化のうちにあるということを最終的に教示するためであった。ここでわれわれは、すでにエピクロスにおける快楽主義の自己解消に対して語ったものと類比的な、自己保存倫理の弁証法と自己解体に出会うことになる。近代の自然主義的倫理が似たような弁証法に陥らないのは、単に自己自身に無自覚であるからにすぎない。すなわちそれは、生の自己実現やとりわけ正しい行為に関する問題を理解するための方法論的な可能性であるかのように偽っていた。これに反して、生に関するストア派の教説は、ヨーロッパの伝統における最も豊穣な倫理になった。エピクロスやストア派にとって、快楽への渇望、自己保存への渇望は、十八世紀のフランス唯物論者や二十世紀の進化論的生物主義者にとってと同様に、単なる自然主義的な所与ではなく、反省的観点である。この反省的観点において、生は、自己実現したり失敗したりする一つの全体性として理解される。また、これら二つのケースにおいて、自己実現は、人間が自己に対して距離を持っていること、そして、自己自身との間接的な関係に入るということと繋がっている。そして、これらの学派が、この人間の間接的な自己への関係を規定する際に用いた二つの概念が、アパテイアとアタラクシア、すなわち不受動心と不煩心であった。

［注］

（１）R. Spaemann, *Reflexion und Spontaneität*, 1963 ; *Die Frage Wozu*, 1981.

（２）トマス・ホッブズ『リヴァイアサン』第一一章。

（３）アリストテレス『魂について』第二巻第四章。特に以下の箇所参照。「というのはすべてのものはこの永遠なものを欲求し、そしてこのもののために自然的になすところの一切のことを為すのだからである。……ところで可死的なものどもはどれも同じで数的に一つのものとして存続し得ないため、持続という仕方によって永遠なるもの、神的なものに与ることはできないから、それぞれのものが与ることができる仕方で——と言ってもその与る程度に多少の差異はあるが——与る、そしてそれ自身がではなくて、それ自身のような他のものが、数的に一つなるものとしてではなく、種的に一つのものとして存続するのである。」（四一五ａ—ｂ）

（４）「ストア派のいうオイケイオシス、世界に住まうことは、彼が前もって同意しなかったであろう何ものも起こらないならば、完璧である。」ローベルト・シュペーマン、ラインハルト・レーヴ著『進化論の基盤を問う』山脇直司・大橋容一郎・朝広謙次郎訳、東海大学出版会、一九八七年、六六頁。

（5）茂手木元蔵訳『セネカ　道徳書簡集』一九九二年、東海大学出版会、四九〇―九一頁。「この自然の領域には、一人の人間が不幸と考えることがない限り、彼にとって何一つ不幸なことはない。」

（6）スピノザ『エチカ』第五部定理三二。

第4章　アリストテレス的妥協

I　アリストテレス的な自己実現と規範性——善い法

アリストテレスは、哲学的幸福という観念を捨てることを望まなかった。しかし彼は、「善」や「一なるもの」や「無条件的なもの」は人間の個別的な生の自己実現の方向づけを可能にする尺度ではないとして、プラトンに対して反論した。つまりプラトンの考えでは、人間の生とは、無条件的なものによって捕えられることによってのみ自己実現しうるのであり、人間とは、自分自身とは異なるこの無条件的なものにおいて、最高の可能性を実現する。しかし、このような考えをアリストテレスは拒んだのである。アリストテレスは、『ニコマコス倫理学』において、規範性、つまり〈人間的条件〉(conditio humana) によって方向付けられる生の自己実現の解釈学を、すなわち規範性という両義性を分有する生の自己実現の解釈学を描き出した。このことは、主観的安楽における快楽が、エウダイモニア（幸福）にとって、どのような役割を果たすのかが問われる場合に明らかである。幸福とは、主観的な体験と同一のものなのだろうか。それとも幸福とは、実際には外から判断されるしかない「客観的な」自己実現なのだろうか。この問いは以下のような問いに結びついている。幸福とは状態なのだろうか、それとも活動なのだろうか。さらに、幸福が活動なのだとしたら、それは、行為において目指されたものに到達することなのだろうか、それとも正しく行為することそのことなのだろうか。また、そもそも欲求の対象が達せられたかどうかによってでなければ、行為の正しさは何によって量られるのだろうか。最後に、われわれは、全体としての生以外のものとして、生の一部分について「自己実現した」と言えるのだろうか。もし言えるのだとしたら、われわれは、再び、外部からしか生について判断できないということになるだろう。しかしながらこの結論は、生の自己実現に関するわれわれの直観的理解とは一致しない。これらのパラドックスに対するアリストテレスの解答は、他のあらゆる古代哲学の解答とは異なっており、エウダイモニアの二つの形態を区別することであった。一つは、語の本来的な意味における、人間のエウダイモニアである。それは、都市国家の規範性の範囲内に留まるもので、妥協に基づいている。もう一つは、プラトン的な理性の脱自を意味する、根本的なエウダイモニアである。このようなエウダイモニアは、人が「人間的条件」をそぎおとし、二度とそれに取り囲まれないならば、完遂されるだろうが、そのようなことはありえない。いずれにしても、それは、無条件的なもの、完全なものの理性的分有である限りにおいて、無条件的で完全なものと呼ばれうる。しかし、この分有自身も、生全体の単なる部分として条件づけられた不完全なものに留まるのである。

アリストテレスの理解において、人間の自然本性は、深い両義性によって特徴づけられる。この両義性は、理性が人間の生において果たす二重の役割に基づく。一方において、理性は、生を司る器官である。それは、われわれの「実践」（praxis）を方向付け、組織化する器官である。他方で、理性は、真理、善、聖なるもの、無条件的なものの次元の開示である。理性が、種の保存のための生の実践的一機能としてみなされてしまったら、このような無条件的なものの次元は消失してしまうだろう。しかしながら、このような理性による神的なもの、無条件的なものの次元の開示が誘因となり、アリストテレスは、理性について以下のように述べる。すなわち理性は、厳密な意味では人間の魂の一部ではなく、それは「外から到来している」（『動物発生論』七三六ｂ）のだと。

正常な、本来の意味での人間の幸福とは、生の「実践」の自己実現である。この実践においても、理性は、もはや理性的判断を免れた目的に寄与する、単なる道具的な機能を持つのにとどまらない。反対に、アリストテレスによれば、生の自己実現とは、理性によって方向付けられた生においてのみ可能になるものである。しかしこれはどういうことなのだろうか。そのような生は、自らの尺度をどこから引き出すのだろうか。また、そのような生は、自己実現という観念と不可分な内的統一性および全体性をどのようにして獲得するのだろうか。

アリストテレスの解答は、彼にとって倫理学が政治哲学の一部であることを考慮に入れることで初めて理解可能になる。個人の生活は、エピクロスやストア派にとっては、それ自身において完全な全体性であったが、アリストテレスにおいては、このようなことはもはやありえない。むしろ、個人の生活は、ポリスという全体性の一部である。ポリスのみが自足的全体性であり、この自己充足的全体性との関係においてのみ、正しい生、自己実現した生について語ることが可能なのである。そして、この関係においてのみ、自己実現した生という観念に関する主要な諸対立は、ある一つの解決、つまりいささか相対的で一時的な解決へと導かれうる。それはとりわけ、体験の内的パースペクティブからの生に関する判断と、他人にとっての有益性に関する外的パースペクティブからの生に関する判断との間にある対立に関する場合である。ある自由なポリスの市民は、彼の生が他の市民たちにとって、またポリスの自己保存と繁栄のために有益なときにのみ、正しい生を営んでいることになる。しかし、ここで言われている有益性は、奴隷の有益性ではない。奴隷の活動は、奴隷自身が繁栄する全体性の一部になることなしに、他人の利益に関係づけられるものである。だから、奴隷の生は自己実現しえない。反対に、市民の徳は、理性的行為に対する魂の状態の内に存する。理性とは、共通のものに対して開かれていることを意味する。自由なポリスの市民は、ポリスと自己同一化しているので、ポリスにとっての有益性は、同時に彼自身の満足を意味することになる。なぜなら、反対に、ポリスの利益とは、そのポリスの市民の利益、すなわち市民の生の自己実現にこそ存するからである。アリストテレスにとって、市民のエウダイモニアとは、ポリスの〈究極目的〉である。「友愛」（philia）は、アリストテレス政治哲学の中核を形成する根本概念である。しかし、友愛の特徴の一つは、自らの生に関する内的パースペクティブと外的パースペクティブが一つに融合しているという点にある。友人は自分の人生の一部であるから、友が自分を見る見方は、それ自体自分の現実の一部を成している。パスカルが述べるような「われわれの外と内に」ある幸福は、この融合のうちにのみ存するのである。

ところで、実際にポリスは、快楽主義の問題を解決するための第一条件である。なぜならポリスのみが、「無私の」行為、そして生命の犠牲に対してさえ、報いを与えるのであり、その結果、高貴な人物は、自らの幸福を奪われた者であり続けないですむからである。彼に帰されるのは、「名誉」である。あさましい人間は、「名誉が私に何をもたらすというのか」と尋ねるかもしれない。彼は、名誉を、失った物質的利益や快楽の代償、あるいは生命を失うことの代償とはみなさないだろう。しかし、まさにこの理由により、その人の生は自己実現しえないのだ。というのも、内的パースペクティブと外的パースペクティブは、彼にとって対立したままだからである。名誉とはある種の「償い」であり、それを「償い」として経験できる人は、その者の人生が〈理性的であること〉という形式と合致するような者、すなわち「有徳な」人間である。この「有徳な」者は、たとえ名声という観念によって益することがなくても、徳それ自体から満足を得るのである。

同様に、アリストテレスにおいては、ポリスという統一性へと行為を統合することが、自足の維持を可能にする。実際、通常行為者は、行為目的の達成がもはや自らに依存せず、また長期に亘って判明する行為の結果が完全に自分の手を離れていることにより、自己自身の充足を手放す。しかし、そのような事実にも関わらず、アリストテレスは上述のように主張するのである。このように自己自身の充足を手放すような事態は、行為者が、隔離され、彼が関わらない世界の進行のうちに埋もれている（それでも彼には理解できない仕方で彼の行為はその中に挿入されているのだが）とみなされるときにのみ当てはまる。しかし、アリストテレスが理解しているように、ポリスの市民はこのような状況にはない。市民としての行為者の行為は、一つの閉じたシステム連関を安定化し改善しつつも、その連関内に挿入されており、行為者は、このシステム連関を見渡し、そういうものとして欲することが可能である。なぜなら、このシステム連関が、システム連関を同時に再生産する相互作用を、何にもまして可能にするからである。こうした全体性への依存は、自足、自己満足を妨げるものではない。なぜなら、このような全体性への依存において、以下のようにアリストテレスが友情に関して述べていることが有効だからである。「われわれの友人によって実現されるものは、ある意味でわれわれによって実現されるのである」（『ニコマコス倫理学』一一一二b）

人間の行為は志向的であるが、この志向性は、行為の自己主題化によって破壊されるように見える。他方で、もしわれわれが生の自己実現を主題化したいのならば、この自己主題化は避け難いように思われる。この矛盾が解決されるのは、行為者が、志向の対象へと自らを関係付け、その結果、自己自身への超越性を保ちつつ、同時に自己のうちに留まるか自己自身に戻るときである。これもまたポリスにおいて生じている事態である。

果たして、生の客観的全体性のみが幸福だと言われうるのだろうか、つまり、生は死後においてのみ幸福だと言われうるのだろうか。あるいは、現実的な経験のみが幸福だと言われうるのだろうか。アリストテレスは、これらの問いをさまざまに検討し、その検討の過程で現れるパラドックスを明らかにした。唯一幸福だと言えるのはもはや生きていない者の生のみだというこのパラドックスは、故人の友人もしくは家族の消息が故人の生の自己実現あるいは失敗の一要素であることによって、一層際立つ。というのも、アリストテレスが述べているように、もし誰かが近親者の運命を自分自身の生の自己実現から分離するならば、それは極めて非友好的な心情の表明になってしまうからである。王の死後直ちに、その王が司っていた政治が、彼の国をカタストロフに導くとしたら、果たしてその王は自己実現したと言えるだろうか。あるいは、そのカタストロフの知らせが最早彼のもとに届かないときには、王は自己実現したと言えるのだろうか。言えるわけがない。自己実現は、真実であっても幻想であってもどちらでもよいような経験の範疇においては、表明されえないものである。自己実現は、本質的に真実および現実に関わっているのである。その場合、この自己実現は、原則的にわれわれの力の及ばないところにあるように思われる。しかし、このようなことが実際には起こらないのは、アリストテレスにとっては、徳という名において理解される、〈自己所有〉の結果である。有徳な人間とは、その者の生が偶然性の玩具であるような者ではなく、その者の現在の状態によって、生の実践を、全体として先取りできる者のことである。有徳な人間による方向付けとは、状況や影響や可変的な魂の状態の単なる一機能ではなく、現存在の偶然性に対して自由に、常に適切に応答することを保証するものである。それは理性的なものである。理性のみが自立性を保証する。ところで、徳とは、教育と訓練に依拠する慣習的な魂の状態であり、それを持つ者が、理性的行為者としての自己に依存できるようにし、さらに自分自身のために他者に対して適切に応えることを可能にするものである。だからこそ、有徳な者にとって、現実の体験は一時的な状態などではない。つまり、外部からのみ適切な仕方で生の営み全体へと統合されうる瞬間的状態などではない。むしろこのような生の営み全体は、各瞬間に現前している。というのも、理性的方向付けという媒介は、本質的に、常にすでに純粋な現在を超越しているのである。アリストテレスによれば、この慣習化された方向付けを介して行為する者は、端的に失敗することはありえない。そのような者の生は、内部からの失敗がもはやないゆえに、状況の単なる一機能へと貶められることももはやないので、失敗することはありえないのである。彼の生は、常に彼の生として、順境もしくは逆境に関わるのである。確かに、ストア派の考えと同様に、あまりにも甚だしい逆境の場合、生は端的には自己実現しえない。その場合、望むべき何かは残されている。ストア派は、「人間的条件」を、「無記・善悪中立なもの」（adiaphora）の中に、すなわち客観的所与の中に数え入れてしまう。これらの客観的所与は、生という演劇作品の中で演じられる役割を内容的に決定するが、いかなる役割においても完成を実現できる役者自身のことは決定しない。アリストテレスは、人が自分の生の役割に対してこのように距離を置くことを認めない。理性的魂は、人がそこから出発して外部へと距離を取る中心であるが、それと同時に、自然本性的個人としての人間を現実に生きる存在へと個別化し、その者の生活世界を構造化する形相的原理でもある。そういうわけで、アリストテレスは、不幸に付きまとわれている有徳な人について「彼は幸福だ」と言うことをためらう。さらに、アリストテレスは、「確かにその者の生は自己実現するかもしれないが、『至福』には到達しえない」と付言している（『ニコマコス倫理学』一一〇一a）。至福であるためには、運命のはからいが必要だとされている。そして、この運命のはからいが現れる偶然の状況の中に、われわれは、程度の差こそあれ、人のために偉大な至福を配置する自然本性をも数え入れるのである。

しかしながら、さらに付け加える必要があるのは、理性的人間の慣習的自立性である徳もまた、個人に関わる限り、それ自体偶然的なものだということである。実際、徳は、理性に一致した規則的な行為を通じて獲得されるものである。徳は可能態なのである。しかし、アリストテレスの公理の一つは、現実的なものは常に可能的なものに先行するということであり、従って、慣習はあらかじめ別の慣習が配置する行為によってのみ獲得されるということである。徳は、そのような行為を信頼に足る、容易なものにする。なぜなら徳が、人の快不快状態を条件付けるからこそ、人は、理性的洞察に従うことに喜びを感じるからである。しかし、そのような理性的に抑制された行為は、どのようにして徳を獲得する以前に可能になるのだろうか。さらに、どのようにして徳そのものの獲得は可能になるのだろうか。正しい教育によってのみ、というのがその解答である。アリストテレスによれば、今度は正しい教育が、ポリスそして「善い法」をあらかじめ前提とするのである。この「善い法」という表現は、実際に書かれた法のみに向けられているのではなく、共通の生の秩序という全体性にも向けられている。この共通の生の秩序とは、倫理的習慣、慣習、そして法を介して実現されるものである。このような共通の社会的「実践」は、長きに亘って健全で正しい生の条件であったし、この条件は、正しい生が持つパラドックスを、ある程度、つまり〈人間的条件〉が許容する程度には解決する。人の可能性が多様に差異化することを可能にし、個人がその可能性において発展するのを可能にするのは、生に根差した文化的連関である。こうした事態は言語によって始められるものだが、個人が言語によって構築された世界の中で成長しながら、「言葉を話す存在」である可能性を現実化できるようになるためには、その言語は、常に具体的かつ歴史的で、さらに、すでに語られた言語でなければならない。

市民的幸福が、正常な、そして人間的な幸福である。そして、その正常さを根拠づけ、可能にするのがポリスである。理性的という尺度は、ポリスの内にあらかじめ描きこまれている。相関的な関わり合いは、ポリスによってのみ可能になる。なぜなら、あらゆる理解の根底に存する象徴的次元は、ポリスにおいてのみ現実のものとなるからだ。私的言語というものは存在しない。また、エゴイズムと公益の対立を抑制する規範性は、ポリスの枠内においてのみ存在する。なぜなら、ポリスは、個人が原理上公益のために行為した方が得であるようにし、ポリスに寄生するような行動を罰するからである。「嘘つきは信じてもらえないぞ」とは、俯瞰可能な生の連関内でのみ有効な言葉である。日常的に、知り合っていない人間と話す者にとっては、この教訓はその意味と利点を失ってしまう。慣習化された理性的態度、すなわち徳による偶然性の減少は、ポリスが保証する規範性による偶然性の減少によって可能になり、強化される。アリストテレス倫理学は、この規範性の解釈学であり、その限りにおいて、プラトンからエピクロス、ストア派へと続く系譜よりむしろ、「正常な生の前衛」[1]であるソフィストの系譜の内に位置づけられる。というのも、プラトンに端を発する系譜にとっては、正常な生が持つパラドックスを乗り越えている哲学的生のみが、生の自己実現の名にふさわしいとされるからである。アリストテレスは、意識的にプラトンの諸命題と対決する道を辿ったが、しかし同様に、この規範性の解消不可能な限界にも意識的であった。さらに彼はまた、二律背反が正常さの内で抑制されているにすぎず、解決されてはいないということにも意識的であった。いずれにしても彼は、たとえ明言してはいなくても、すでに自分がこの規範性によって「生の古くさい形式」（ヘーゲル）を提案していることを知っていたに違いない。市民間の友愛に基づく、俯瞰可能な自給自足的小ポリスは、アレクサンドロス大王の時代にはすでに、理想化された過去に属するものであった。自分は哲学に反逆するという二度目の罪をアテナイ人に犯させたくない。アリストテレスが、このように言ってアテナイを去り、ソクラテスの運命から逃れたとき、彼とソクラテスを分かつものは明らかになった(2)。アリストテレスは、ポリスが規範性を基礎づける力を失うときに生じる諸問題や、プラトンが確信したようにポリスが打ち立てる規範性が原則的に偽りであるときに生じる諸問題の解決を、哲学的生の内には求めなかった。アリストテレスによれば、哲学は、恒常的存在者に関する考察である。彼は、生物の種それ自体を恒常的存在者とみなしている。だからこそ、種の本性について学びながら、それぞれの種にとって望ましいことを推論することもできるのである。これは人間という種に関しても言えることである。そうであるから、実践哲学は、記述的であるのみならず、完全に規範的なのである。しかし、この考えにおいては、人間の自然本性であるところのものが、個々の人間からは読み取られえない点に困難さがある。「人間とは何か、それを明らかにするのは人間の歴史だけである(3)」というディルタイの一節は、人間の本性とは何かを示すのはポリスのみだとするアリストテレス的見解の近代的変種である。「ポリスのみ」とは当然、以下のことと同義である。すなわち、このポリスとは、いかなる種類の人間社会でもないということである。ポリスは、専制政治でもなく、また合法的に構成された市民共同体でもなく、ある種の家族として解される政治秩序でもない。アリストテレスにとって、合法的な政治体制、すなわち人間の自然本性と矛盾しない政治体制の変種はたくさんある。さらに、平等な者を平等に扱うことへの要請も、比較のためのパラメーターが色々異なるために、極めて多様な仕方で満たされうるのである。そうは言っても、このパラメーターは恣意的なものではない。そしてこれが恣意的ではないことを示すことこそが、哲学の仕事である。しかし、それでも哲学にできないのは、ポリスにおける正しい生に取って代わる、完全に有効でよりよい選択肢として、自らを示すことである。なぜなら、知ること〔哲学〕は行なうこと〔実践〕ではないからである。

Ⅱ　哲学的観想による自己実現

プラトンは、正しい行為が知の必然的帰結であるというような、知に関していささか誇張気味な概念を発展させた。彼は、知を、善すなわち望ましいものが持つある種の明証性として理解している。知を有する者は、今ここで自分が何をしなければならないかに関する実践的判断において、善の明証性から逃れられないとしたのである。アリストテレスの考えによれば、明証性は行為の原則と関わるが、「適用」、すなわち明証性の具体的な行為規範への翻訳が問題になるときには、この明証性はその強制的性格を失う。この翻訳において、具体的な実践理性と判断が必要とされる。ここに、知の明証性に代わって「ドクサ」（doxa）、すなわち正しい臆見が挿入されるが、このドクサに確実な仕方で従うためには、習慣化された魂の状態が必要になる。プラトンもすでにその必要性に気が付いていたこの魂の状態は、習慣の中で定着し、生の倫理的統制の範囲内における教育によってのみ獲得される。というのも、弱い人も、十分に教育されていない人も、もしくは自らの欲望がかたくなに特定の意志目標に固定されている人も、等しく正しい臆見から逃れることが可能なのである。

より議論を深めることとしよう。正誤に関する反省は、哲学者においてさえ、行為から分離し続けるものである。理論によって、無記・善悪中立なものの思考による現実化によって、人間は生に対する自然本性的連関から抜け出ることになる。アリストテレスによれば、人が最高の可能性を実現するのは、このように外に出ることによってのみである。ウィトゲンシュタインは、「言語が〔仕事を〕休むとき[4]」哲学が生じると書き記している。彼にとってこれは、哲学に対する抗議にほかならない。「休む」ということがここで意味するのは、言語がそのために造られているところの文脈から外に出ることである。これに対してアリストテレスにとっては、「休むこと」は、人間存在の最高の形態である。「観想」（theôria）は祝祭である。祝祭は日常には役立たない。それは「力を蓄える」ためには役立たず、むしろ最高のもののために力を費やすことである。それは、「実践」（praxis）のためには役立たない。むしろそれは、実践の極端なそして最高の可能性なのである。ところで、理性が、人間の範疇から出て、「真理の中にあるもの」（ヘーゲル）を現勢化するために休むとき、厳密に言えば、それは人間的ではなく神的なものである。「観想」は、自己満足的で神的な活動であり、その限りにおいて、エウダイモニア、すなわち勝義における幸福である。ところで、二十世紀において、この経験を最も根本的な仕方で言い表したのは、ウィトゲンシュタインであった。「認識の生とは、世界の苦難をものともせぬ幸福な生である」（『草稿』一九一六年八月十三日）[5]。哲学的観想という瞬間において、われわれは、個人の生という全体性よりも広い、ポリスという文脈よりも広い、またあらゆる偶然性から解放されている全体性の文脈の中に入る。これらの瞬間において実現される成就は、結局のところ、ある完全な自己満足に属する。いつの時代の神秘家たちも、彼らの経験として、この自己満足的充足を繰り返し述べてきた。このことをスピノザは「神への知的愛」（amor Dei intellectualis）[6]によって、またルソーは「存在の感情」[7]という経験によって語ったのである。

　しかしアリストテレスは、この「観想」という生を、幸福の抱える問題に対する解決策とはみなさないし、観想の実現を生の自己実現と同一視することもない。それは、哲学的観想が、人間の生という全体性をまさに構成しえないからである。マイスター・エックハルトは以下のように書き記している。「魂の中には『何か』が存在する。その『何か』について言えるのは、もし魂が完全にその『何か』であるならば、魂は神であろうということである」[8]。これをアリストテレス的な意味において言い換えるならば、以下のようになるだろう。「人間の生の中には『何か』が存在しうる。このことから言えるのは、もし人間の生が完全にその『何か』によって構成されているのならば、その生は神的なものであろうということである」。生は、エックハルトが言うところの「何か」によって構成されてはいない。従って、人間の生は、神的なものにはなりえないし、絶対的な仕方でそして留保なしに自己実現することはできない。人間のものとしての人間の生が自己実現しうるのは、あくまでもさまざまな偶然が度を越えない限りにおいて、また、偶然に直面しながらも自由のうちに自らを保つ限りにおいてであり、さらに、その最善の発見が人間にとって同時に「最高の可能性」でもあるような、かの中庸を確立する限りにおいてである。それでも、二元論的思考は、「純粋理性」と「実践理性」間の、すなわち理性と生の間の妥協的性格を全体として保持している。人間の幸福という観念が持つあらゆるパラドックスは、この二元論に基づいており、完全なる幸福に関するあらゆるビジョンは、この二元論の解消に基づいているのである。

［注］

（1）Thomas Buchheim, *Die Sophistik als Avantgarde normalen Lebens*, Hamburg, 1986.

（2）ここで述べられている「哲学に反逆する」という罪とは、無実の哲学者を処刑することを意味し、一度目の罪とはソクラテスの処刑を意味している。ソクラテスは、青年たちを堕落させ、かつ国家の認める神々を認めずに、他の新奇な神霊を認めるという二つの罪状によって告発され、裁判の後、死刑とされた。

（3）W. Dilthey, *Weltanschauungslehre-Abhandlungen zur Philosophie der Philosophie*（世界観学：哲学の哲学), in *Ges. Shriften, Leibniz*, B. G. Teubner, 1931, t. 8, p. 224.

（4）『哲学探究』I、§二八（邦訳　全集第八巻、大修館書店、四六頁）。

（5）邦訳、『ウィトゲンシュタイン全集』第一巻、奥雅博訳、大修館書店、一九七五年、二六九頁。

（6）スピノザ『エチカ』第五部定理三二。

（7）「つまり未開人は自分自身のなかで生きている。社会に生きる人は、常に自分の外にあり、他人の意見のなかでしか生きられない。そしていわばただ他人の判断だけから自分の存在の感情を引き出しているのである。」ルソー『人間不平等起

源論』本田喜代治・平岡昇訳、岩波文庫、一九七二年版、一二九頁。

（8） M. Eckhart, *Deutsche Predigen und Traktate*, ed. J. Quint, Digenes, 1979, p. 221. 説教一四。

第2部　古典的倫理学から近代的倫理学へ——そのキー概念としての仁愛

第5章　道徳領域の分化

I　絶対的幸福と人間的幸福の分離

生の自己実現についてのアリストテレスの教説は多くの点で妥協的である。神的なものを理論的に表象することこそがエウダイモニアの最高の形式だが、このような形式は「人間的な幸福」ではないというのである。神的なものの理論的表象は、われわれの人生のなかへといわば「外から」突き刺さってくるものであり、たしかにこれによって人生の最も深い意味を把握できるようになるが、この把握は束の間のことにすぎず、人生全体は決して変化しないからである。これに対して人間的な幸福とは人生全体の実現をいう。しかし、人生全体の実現は不安定なバランスの上にかろうじて成り立つものである。畢竟するに、われわれには「与えられた状況の中で最善を尽くすこと」しかできない。これができる「賢明な人」[1]の人生は、完全に失敗することだけはありえない。とはいえ、プリアモスのような運命に見舞われた人を「幸福な人だ」と言う人は誰もいないであろう。アリストテレスがプリアモス[2]の例を挙げたのにはそれなりの理由がある。個人の人生はポリスという全体性へと統合されることによってその偶然性をなんらかの形で掬い取られているのである。しかし、ポリスという全体性も偶然性を免れてはいない。トロイアは破壊され、ヘクトルは殺され、プリアモスの闘いはついに無駄に終わった。人間の生の自己実現がこれほどまでに不安定なのは、人間は動物と違って生の自己実現を思考の上で先取りできるが、そのための諸条件を満たすことは原理上不可能だからである。われわれはなるほど非偶然的全体性を思考によって表象することができるが、われわれ自身はその偶然的一部分にとどまる。アリストテレスによれば、非偶然的全体性との同一化は思考の上での同一化にすぎず、われわれの不安定な人生全体の中においては束の間の出来事でしかない。自分の生前の行ないが自分の死後どのように実を結ぶのか（あるいは結ばないのか）ということや、自分の愛する人々が自分の死後いかなる運命に見舞われることになるのかということと切り離して、自分自身の生の自己実現を定義することはもともと不可能なのだが、われわれには決して自分の死後の様子は見えないのである。

アリストテレスが「エウダイモニアそのもの」と「人間的なエウダイモニア」とをはっきり区別していることは⑶、一見いささか奇妙ではある。というのも、生の自己実現があれこれの属性をもったひとりひとりの生の自己実現でないとしたら、生の自己実現とはいったい何なのであろうか。生の自己実現とは現に存在している存在者が完全な仕方で存在することではないのか。ギリシア人がかつて「神々は人間たちよりも幸せだ」と述べた意味は何だったのか。ギリシア人がこう述べたとき、そこには明らかに、ある者の幸福を別の者の幸福よりも勝っているとみなすための基準が、すなわち生の自己実現の共通基準が前提とされていたのではなかったか。このように考えると、われわれはパラドキシカルな状況に巻き込まれていることに気づかざるをえない。〔理性的な〕思考を始めるや否や、生の自己実現という思考がただちに生まれるが、すると生の自己実現は「ユートピア」としてすぐさま片づけられてしまうというパラドクスである。つまり、生の自己実現という思考は、幸福の先取りであると同時に、死すべき存在者には決して幸福は実現されないという認識でもあるのだ。人間は己の有限的利害関心という地平を超越することによって利害関心的思考を相対化できるのだが、だからといって有限的利害関心を持った有限的存在者であることを止めるわけではない。人間は神を思考するが、神になるわけではないのと同様である。人間理性は生の自己実現についての思考を可能とするが、生の自己実現が「ユートピア」にすぎないことをもまた認識する。「絶対的幸福はユートピアである、すなわち『場所がない』。しかしながら『人間に可能な幸福』のための場所ならば存在する。それこそがポリスである」――こうアリストテレスは考えた。アリストテレスの倫理学は人間に可能な生の自己実現についての教説なのである。しかしながら自給自足的ポリスの終焉とともに、哲学は再びかつてのユートピア的絶対的幸福の教説に戻ってしまう。エピクロス派が徹底的に有限性にこだわったことや、ストア派が個人的利害関心を完全に克服した賢人、純粋理性の媒介として最終的に宇宙の理法と一つになった賢人という虚構をつくりあげたことはその例である。キリスト教はこのような幸福の哲学的約束が虚構にすぎないことを暴くことをもって、古典的人生教説との対決を始めた。アウグスティヌスは『神の国』第一九巻の中で次のように述べる。「しかしながら、福徳と害悪の目的はこの世の生にあると言う者らは、最高善を、身体にあるいは魂に、またはその両方に（より明瞭に言うならば、快にあるいは徳に、またはその両方に）置いたり、休息にあるいは徳に、またはその両方に置いたり、快と休息との総合にあるいは徳に、またはその両方に置いたり、自然本性の第一のものにあるいは徳に、またはその両方に置いたりした。彼らは皆こうして驚くべき虚しさをもって、地上において、しかも自分自身の力で幸福になろうと欲するのである。真実（なる人）は、これらの人々を嘲笑するのだ[4]」。

アウグスティヌスはストア派のアタラクシア（不煩心）とエピクロス派のアパテイア（不受動心）を退けて、代わりに「共通感覚《コモンセンス》」を主張した。外的で偶然的な福徳と害悪のすべてをアディアポラ（善悪の区別のないもの）と主張するのは不可能であり、このような教説は純粋な理論にとどまるしかない。アウグスティヌスはさらに次のように述べる。「自分の友人が誠実であるかないかに全く無関心なひとは、果たして彼の友人といえるのであろうか。都市における犯罪や内乱に対して、またそこから発生する不正と窮乏に対して、さらには人類の災厄たる戦争に対して、あたかも正当なものを相手にしているかのように全く無関心に向き合うような友人がもしいたとしたら、彼はいかなる友人なのであろうか」。「何らの魂の苦悩なしにそれらの不正を甘受したり考察したりするひとは、たとえ自分で自分のことを幸福だと思っていても、人間らしい感受性を現実に失ってしまっている分だけ一層哀れである」[5]。幸福と生の自己実現を求める人間の自然的欲求は徳の生活という道徳的欲求において満たされるという〔ストア派の〕考えは、アウグスティヌスによれば、徳というものがそもそも必要悪から生まれたものだということに気づいていない。徳を情欲や外的障害のカオスから理性的な生活を守るための能力とみなしているということそのことがすでに、「彼らの不幸の証」である[6]。

アウグスティヌスのこのような強調は後にパスカルによって復唱されることになるが、そうした強調とは無関係にトマス・アクィナスは、アウグスティヌスの主張を継承し発展させた。トマスもまた、情欲や外的な人間関係を調整するものとしての徳は最終的な〈究極目的〉ではありえないとする[7]。「なぜならば情欲そのものや外的なことがらは別のものに従属しうるからである」[8]。道徳はそれだけではなんら最終的な〈究極目的〉ではなく、生の自己実現の手段にすぎない。またトマスはアウグスティヌスと同じく、偶然性の克服不可能性を、とりわけ死なければならないという形式におけるそれを強調する。人間は動物とは違って自分の死を知っている。自分の人生のはかないことを自覚したとき、死はわれわれの人生の中にすでに突き刺さっている。「死にたくない」があらゆる生命の形式をなすが、人間は自分が死ななければならないことを知っているのである。しかしながらトマスは死よりも恐ろしいものがあると言う。「誰にでも起こりうる」狂気がそれである[9]。しかも狂気は最も恐るべきものである。なぜなら、それは理性的生命体の道徳的自己保存を破壊するからである。

われわれが幸福概念によって先取りしていた内容とは、死ななければならないという必然性や道徳的自己保存が失われる可能性に直面して、仕方がないと諦めてしまうことではなかったはずだ。トマスによれば、幸福概念による幸福の先取りが「自然的欲求」（desiderium naturale）としてわれわれの内にすでに存在しているという事実が、幸福の実現の確実性をすでに証している。「なぜなら自然は何一つ無駄なことはしないからである」[10]。とはいえ、幸福は生きている間には実現されえないのだから、実現されるとしたら死後をまつよりほかにない。トマスはこのような観点から『ニコマコス倫理学』第一巻における、「エウダイモニアそのもの」と「人間的なエウダイモニア」の区別に依拠し、「人間的な様相」(modus humanus)を、死後における神の直観という神的な様相(modus divinus)を可能にする制限と解釈した。トマスによれば、「これらの卓越した精神の持ち主の苦悩」は神的な様相に対する無知に起因する[11]。こうして此岸的生の純粋な実現に代わって、希望が登場してくるのである。アウグスティヌスの言葉で言えば、「希望によってわれわれは幸福になる。現在の救いも現在の幸福もない。われわれは未来の救い、未来の幸福を、忍耐をもって待望しているのである」[12]。「かの哲学者たちは、これらの幸福を見ないがゆえに信じないのである。そして彼らは、高慢さの度合いに応じてますます欺瞞的になる徳の力を借りて、全く虚偽の幸福を作り上げようとするのである」[13]。

Ⅱ　幸福と道徳の分離

ここで起こっていることは、道徳と幸福(エウダイモニア)の分離である。倫理学を生の自己実現に関する思想として構築しようというソフィストたちによる初めての試みはいまや挫折してしまったかのようである。道徳とは関係のない成功概念から道徳を導出しようという快楽主義的なやりかたにおいても、あるいは逆に幸福概念を道徳化せしめようというストア派的なやりかたにおいても、この試みはうまくいかなかったようである。道徳性と幸福の関係はいまや間接的で外的な関係となってしまった。両者の関係は後にカントによって「幸福であること」と「幸福に値すること」との関係として再び確立されるが、このとき、「幸福に値すること」の基準は、幸福という思考からは導き出せないがゆえにそれとは独立して獲得されなければならないとされる。

聖書の中には、掟、服従、報酬ということばがたくさん見られる。旧約聖書『詩篇』は現世的成功と誠実さとがわれわれの期待に反して全く一致しないこと、それどころか物事は義人には不利に、悪人には有利にはたらくものだということを何度も繰り返し嘆いている。彼らの哀願というのはいつも、「これが最後の言葉であるわけがないし、あってはならないはずだから、きっと神は不正に苦しんでいる義人に援助の手をさしのべてくださるだろう」というものである。ヘシオドスもまた『労働と日々』の中で同じことを言っている。神による援助には以下のような三通りの形式があるとされる。第一は、現世の運命の転覆であり、第二は、心の強化、内的平安、内的喜び、すなわち「汝の顔を輝かすこと」であり、第三は、終末論的埋め合わせ、「アブラハムの懐の中での」慰めである。[14] これもまたヘシオドスにおいても似たようなものであり、プラトンにおいても同様である。

「善くあることではなくて、善く見えることだけが重要であるのは明らかではないか。十字架に架けられて死ななければならないのだとしたら、義人にとって正しさはいかなる利点があるというのか」という批判に対して、ソクラテスはどう答えればよいのか。ソクラテスはこのときですら、幸福であることと善くあることは同一だと言い張るつもりなのであろうか。実際にソクラテスはこう言い張るけれども、このときソクラテスは、あらゆる死者が裸で立たされる「死者の法廷」を考えることによって、死という限界を超えた彼岸的次元をすでに導入しているのである。死者に配される死後の運命は彼らの魂のあり方によって決められ、魂のあり方は彼らの行為の結果によってすでに決まっているというわけである。しかしそれでも、行為の正しさ、行為の「美しさ」が、行為者の生活を快適にする手段ではないとしたら、行為の正しさとは一体何なのであろうかという疑問は、依然として残る。こうしてここに二つの判定基準という二元論が露わになる。哲学はこの二元論を克服しようとずっと努めてきたが、それはそのつど新たに露わにされたにすぎない。ギリシア人が人間の行為のために調えた二つの述語、「よい」と「美しい」の中に、この二元論はすでに現出している。[15]「よい」とは「行為者に有益である」という意味であり、

「美しい」とは「称賛に値する」という意味である。ソフィストたちがまず始めに「美しさ」を「よさ」へと還元しようと試み、それが無理だと分かってからは「美しさ」は幻想にすぎないことを暴こうとしたのに対して、プラトンは逆の道を辿り、人間にとって「よい」ものは「美しい」もの以外にはないとした。とはいっても「美しさ」の内容を行為者にとっての有益性から導出すれば論理的循環を犯してしまうから、「美しさ」の内容は有益性とは独立して獲得されなければならない。

しかしながら「美しさ」は有益なものではないと最終的に証明されてしまえば、美しさへとひとを動機づける力は消滅してしまうであろう。プラトン、キリスト教、カントはこの点で一致している。とはいえ彼らはまた、「美しさ」は有益だからこそ美しいのではなく、「美しさ」の有益性は「美しさ」そのものから生じていること、「美しさ」と「よさ」の一致こそエウダイモニア概念が表現していることがらであり、それは理性の要請、あるいは死の限界を超えてはじめて実現される約束であるという理解においても一致している。

ここでは、プラトンとキリスト教は道徳性と幸福との関係をたんなる道具的関係において捉えているのではないということに注意したい。道徳性と幸福を道具的に結びつければ、「報酬道徳」が生まれる。「報酬道徳」とは、永遠の報酬を得て許されるためにこそよく振る舞い、神の掟に従わなければならないとするものであるが、このとき神の掟の内容と「報酬」とは本質的な関係にはない。とはいえ他人の幸せと自分自身の幸せとを法規的措置によって任意に結びつけることを退けるとともに、善行と幸福とを〈手段―目的〉連関において直接的道具的に結びつけることも拒否するとしたら、道徳性と幸福との関係として他にいかなる関係が考えられるのであろうか。プラトン風に答えを組み立ててみるならば次のようになるであろう。不死の魂が死者の法廷に「裸で」立つとき、生前における此岸的偶然性はすべて消え去っているから、いまや彼の運命は彼という固有存在の働きそのものとぴったり一致している。彼という存在が理性的な行為によって形作られていれば、幸福な神々が自足した存在であるのと同じく、彼もまた幸福な存在となるであろう、と。

プラトンはしかしながら自身の『対話篇』の中でこのような終末論的思想とエロス論とを、あるいは「善そのもの」論とを、明瞭に結びつけているわけではない。これに対してキリスト教はまさにこれを行ない、「よさ」と「美しさ」との結合に最高の明瞭性を与え、幸福と無私の愛の道徳とを完全なかたちで結び合わせたのである。この際に鍵となったのは、道徳性への基本的な動機は、「諸々の徳の形相」(forma virtutum)としての神への愛をおいてはないという考えである。あれこれの振る舞いが美しいとか、道徳的直観に合致しているとかの理論的確認だけでは、われわれはそれらの振る舞いが自分自身の基本的利害関心と合わない限り、惹き付けられないからである。

カントもまたこのことを高らかに宣言し、「尊敬の感情」ということばで新たな動機を導入した。しかしながらこの動機は、自分自身の利害関心の充足を一定の条件下に制限するけれども、利害関心そのものを変容させるわけではない。カントは人間の意志を「神聖な意志」から峻別することによって、原罪による人間本性の基本的頽廃というルターの教説を、人間学の基礎科目へと、さらには哲学の対象へと高めた。人間本性を「自己中心的傾向性」(curvatio in seipsum)によって特徴づける限り、愛は偽装したエゴイズムとのみ解釈される。「愛は呪われよ」(maledicta sit caritas)[16]というルターの言葉は、ここにその哲学的反響をみたのである。確かにカントは、「最高善」概念のもとで善行と幸福の最終的合致を構想してはいたが、それはただ「外的な合致」、すなわち道徳法則に対する尊敬から出来した道徳性と本質的に自己中心的な傾向性の充足とを外的に結び合わせたものとなるよりほかになかった。もしも道徳が報酬を動機にして生ずるものだとしたら、カント的な理解に従う限り、あらゆる道徳はすでに瓦解していることになるであろう。道徳はむしろ、自分自身の幸福を計算に入れることから決定的に無縁でなくてはならない。したがって、カントは確かに自分自身の幸福を「最高善」のなかに含み込ませようと試みたが、この試みは道徳性を支えるために道徳的に要請された信仰であって、道徳それ自体に構成要素として含まれているものではなかったのである。

Ⅲ　道徳と宗教の分離

カントはこのようにして幸福主義的文脈から道徳を概念的に、また動機の上でも切り離したが、実はこれはキリスト教的伝統のなかにすでに見られる。「純粋な愛」（amor pur）としての神への愛の本質を巡るフェヌロンとボシュエの間の劇的な論争がそれである。これは、カトリック教皇、神聖ローマ皇帝、全ヨーロッパの知識人を巻き込んだ最後の神学論争であり、自己超越を思考することがもはや不可能となってしまっていた近世存在論のたどり着いた一つの帰結であった。いまや、ボシュエのように、「人間にとっては自分自身だけがつねに問題なのだから、人間による神への愛は人間自身の幸福への努力が作り上げた虚構にすぎない」とするか、フェヌロンのように、「ただ神のためだけに神を愛することは可能である、なぜなら動機の純粋さとは幸福主義的思考を放棄することにほかならないから」とするか、一方しか残されてはいない（フェヌロンはルイ十六世にとって「我が時代の最高の空想的知識人」であった）。このような幸福と道徳の分裂は、カントの時代に至って神秘的神学の高みから降り、道徳哲学の中で自らを再生産し、ついにその完成を見ることとなったのである。生の自己実現と正しい行為との構成的統一ないし一体性は解体し、本書第1章で予示していた帰結が現実のものとなった。もともと愛は利害関心の変容、理性的存在者による自己超越を意味していた。この意味における愛によって、他者自身の目的論的連関の中で他者が現実性を獲得することとそのことを自分の行為の直接的な動機とすることが初めて可能となるのであった。ライプニッツは「他者の幸福に対する喜び」を愛の公式として述べ、これによってボシュエのテーゼを補強することができると思った(17)。「理性的関心」は、理性的存在者がその根源的使命に立ち返らない限り抱くことのできない関心である。神聖さが彼らの出発点なのではない。それはむしろ「回心」の結果であり、またその目的なのだ。

理性的関心は現実的な自己超越として考えることができる。理性的関心は抽象的な普遍的存在者に向けられているのではなく、人格として理解された神に対して——愛として——向けられているからである。キリスト教においては、道徳とは「神の意志との一致」であり、幸福とは「神との一致」である。道徳的行為を動機づけるもの、すなわち愛はまた、その充足がそのまま幸福を意味するものとして理解されている。ここにおいて道徳性は「関心なき」ものではないし、幸福もまた自己中心的なものではない。新約聖書中に多く見られるキリスト教的報酬思想は、「私自身が汝の報いとなるであろう[18]」という言葉をもとに理解されなくてはならない。パウロはこうして、すべての道徳的行為に霊感を与える愛について、「愛は絶えることがない[19]」と言うのである。愛は道徳性の段階を超えて存続するからである。道徳は愛の一つの現象形式にすぎない。

トマス・アクィナスもまた、道徳を愛が有限的かつ概念的な構造をもって現れたかたちとみなし、それだけを切り離して扱うことを、「神が欲しておられることをわれわれもまた欲するべきなのであろうか[20]」と問いかける「問題」の中で主題としている。この答えは驚くべきことに「否」である。神が何を欲しておられるのか、神がその出来を望んでおられることとは何なのか、それをわれわれが知りえないからではない。世界はあまりにも複雑なので、個人的行為を世界の最善化に直接的に向けることができないのは言うまでもなく、道徳性を世界の最善化を望む意志の一機能として理解することもまた不可能だからである。つまり神が欲しておられることを欲することはできないのである。トマスは次のように続ける。われわれはその代わりに、「われわれが欲するようにと神が欲しておられることを欲するべきなのだ」。われわれは道徳法則を「美しさ」の法則として、人間の本質にあった形式として遵守すべきなのである。

道徳法則の内容は道徳的知識を無視して頑なにおのれの幸福を主張する幸福概念からは導出されないし、世界の最善化のための戦略の一機能としても理解されない。道徳法則の内容は一方で、行為者それぞれの責任と忠誠の度合いによって、さらには「自然法則」によって決定される。とはいえこれらの直観的先行的所与性はまた他方で、規則功利主義的反省による吟味を受けなければならない。規則功利主義的反省は行為者に対して、自分自身を宇宙全体に対する責任主体として理解してはならないと命じる。ここで言われている「責任主体」とは、手段の選択に際していかなる制限も受けず、そのつどの個別的状況から道徳的命令の内容を唯名論的に導き出す特権を有するような主体なのだが、道徳法則と規則功利主義的反省によるその吟味は、行為者に対してむしろ、自分自身を他者のうちの一人と見なし、自分の行為を多くの先人の観点から捉えることを命じるのである。とはいえトマスにおける規則功利主義的反省は――カントのそれもまた同様であるが――、普遍主義的功利主義から発しているのではない点において独創的である。トマスが規則功利主義的反省を行なったのは、その結果を土台にして「自然的なもの」を、すなわち「われわれが欲するようにと神が欲しておられること」を探求するためなのである。これは道徳法則にほかならない。道徳法則はわれわれの現在の〔自然的な〕姿を表現するものなのである。

「いや、やはり道徳法則は『神の意志が発した掟』であって、少なくとも神にとっては歴史の中に啓示する自身の『絶対的意志』の一機能にすぎない」と、なおも考えるならば、道徳法則と神の絶対的意志との齟齬は、ただ「最善のもの」を洞察することの能わぬ人間の有限性に起因するとしか考えられなくなるであろう。ソクラテスはアナクサゴラスの「知性」(nous)から直接的に全世界の構造を導出することができなかったがゆえに、イデアを用いるという「次善の策〔第二の航海〕」[21]を選んだのであった。しかしながらもしそうだとすると、ユダの裏切り行為もまた正当化されるであろう。もしもユダが、「人の子は、定められたとおり去って行く、だが、人の子を裏切るその者は不幸だ」[22]というイエスの言葉によって、救済史における自分の役割を認識していたとしたら。

このように、道徳はいかなる歴史的反省からも独立していなければならないのだが、この考え方は古典的伝統に深く根ざしている。普遍主義的目的論的倫理学の不可能性は、世界の最善化を普遍的に計算することの不可能性からの帰結であったが、後者の不可能性はたんなる制限ではなく、それ自体で積極的な根拠を有している。人格は全体の一部分ではなく、全体の代理表象であり、したがって人格ひとりひとりがそれぞれ一つの全体であるという現実理解にこそ、この根拠はある。したがって人格との正しい交わりとは、現実性という全体と道具的に関わることではなく、自己目的としての全体そのものと関わることをいうのだ。すべての有限的存在のこのような〔個別的でありながら全体でもあるという〕二重的性格をもとに不一致が現出するということこそ、キリスト教的伝統において原罪の結果とみなされていることなのである。罪の世界、すなわち無秩序な自己愛の世界においては、絶えざる悪がそのつど善の道具へと機能的に改変されることによって、すなわち「つねに悪を欲しながらつねに善を為す、あの力(23)」へと変容されることによってのみ、全体性の実現は為される。このような世界においては、道徳をそのまま世界の最善化の機能として把握することはできない。トマスは「判事には犯人を追う義務があり、犯人の妻には夫を匿う義務がある(24)」と述べたが、このとき両者の義務の不一致は犯罪という事実にその根拠をもつのであり、犯罪がなかったならば、「公共的善」(bonum civitatis) と「家庭的善」(bonum familiae) とはすんなり一致しているはずなのである。

道徳法則の第一の目的は悪しき世界の改善ではない。道徳法則はよき世界の先取りであり、道徳的義務の主要な内容は――カントにとっては――正しい道徳的立法を実現することではない。むしろ、正しい道徳的立法がすでにあると仮定した上で、そのような立法に適った行為をなすことこそが道徳的義務の第一の内容なのである。道徳的生活とは虚偽の中の真正、正しい世界の前触れである。道徳的生活と不正な世界における責任とはいかにして調停されうるのかという問いがここにすでに生じているが、この問いは道徳と政治学の関係に関わるものであるから、また別個に究明することにして、ここではキリスト教における道徳の使命を不十分に説明してしまわないために少し付け加えておくことにしたい。われわれの現在の姿を表現するものとして道徳法則をいくら遵守しても、神への愛が、「絶対的な意味で語られた神の意志」（voluntas Dei absolute dicta）[25]と、つまり「神がその出来を欲しておられること」と何の関係ももつことができないとしたら、あるいは許されていないとしたら、このような道徳的遵守は結局のところ一種の不自由である。このときわれわれは確かに道徳的に行為してはいるが、「主人が何をしているのか知らない奴隷」であるから。このような道徳的行為は、動物の衝動的運動を理性的に模倣したものにすぎない。いずれもそれ固有の「自然本性」に従うのみで、現実性という全体性においてそれがいかなる位置を占めるのかということを問わないからである。

古典的キリスト教的倫理学の解釈者としてわれわれが今まで信頼を置いてきたトマスは、この点について、犯罪者にとっての妻と判事の関係を例にして問いを立てていた。両者それぞれの道徳的義務から生じた対立は絶対的なものなのであろうか。これをもって最後の言葉としなければならないのであろうか。それとも両者を結びつける何かが存在するのであろうか。もしもこのとき両者の道徳的動機がともに神への愛に基づくものであったとしたら、ふたりは最終的に、相手の義務をそれぞれ承認しようと、そして相手から義務を取り上げることは止めようと欲するであろう。クレオーンとアンチゴネの間にも争いは生じないであろう。たとえ自分の〔道徳的〕計画が挫かれたとしても、来るべき結果を平静に受け入れようという心づもりが双方ともにあるということにこそ、かれらの道徳的動機の決定的純粋さは表れるであろう。ある結果をなんとしてももたらそうという努力は、決して神の意に適うような美しい行為ではない。平静さこそが神への愛の試金石なのである。ルターが「己が妨げられるのを我慢できないのは、それが悪い意志であるしるしだ[26]」としたのも、まさしくこの意味においてである。

道徳はこのようにして一方で幸福主義的文脈から、他方で宗教的文脈から分離したが、これは一つの内的論理の帰結であった。この論理とは、まさに生命の統一的遂行が内的に差異化する過程なのである。生命の遂行の統一性が破られれば、宗教的崇拝「そのものの意味」も、道徳的形成「そのものの意味」も、さらには個人の生の可能的実現という思考もまた消え去るであろう。すると残るのは、自然主義的カテゴリーによってのみ理解可能だと僭称されている社会的過程のみであろう。しかし道徳的行為者はこのとき、自然主義的カテゴリーによる解釈を自己理解の助けにはならないとみなし、別の解釈を探し求めることであろう。

［注］

(1) アリストテレス『ニコマコス倫理学』第一巻第一〇章、一一〇一a。
(2) プリアモス――トロイア最後の王。ヘラクレスとテラモンによって荒らされたトロイアを復興し、五十人の子をもうけて「黄金のトロイア」を築くも、その晩年は不遇であった。息子のハリスがスパルタ王妃ヘレネと不倫の仲になったことを機縁にギリシア連合軍がトロイアに攻め入り、高齢のプリアモスに代わって戦った息子ヘクトルは敵将アキレウスに殺される。その十年後、プリアモス自身もアキレウスの息子ネオプトレオスに殺される。こうしてトロイアは滅亡した。
(3) アリストテレス『ニコマコス倫理学』第一巻第一〇章、一一〇一a二〇。
(4) アウグスティヌス『神の国』第一九巻第四章。
(5)『神の国』第一九巻第八章。
(6)『神の国』第一九巻第四章。
(7) 第7章注（1）参照。
(8) トマス・アクィナス『対異教徒大全』第三巻第三四章。
(9)『対異教徒大全』第三巻第四八章。
(10)『対異教徒大全』第三巻第四八章。
(11)『対異教徒大全』第三巻第四八章。
(12) アウグスティヌス『神の国』第一九巻第四章。
(13)『神の国』第一九巻第四章。
(14) ルカ一六・一九－三一。

(15) 「よい」は agathón、「美しい」は kalón である。第1章参照。
(16) ルター『ガラテヤ大講解』第四章一七節。
(17) z. B. Brief an Magliabecchi v. 3. /13. June 1698. Dutens V, 126.
(18) 創世記一五・一。
(19) 一コリント一三・八。
(20) トマス・アクィナス『神学大全』第二 - 一部第一九問題第一〇項。
(21) プラトン『パイドン』九七 c - 一〇〇 a。
(22) ルカ二二・二二。
(23) ゲーテ『ファウスト第一部』第一三三五段。
(24) トマス・アクィナス『神学大全』第二 - 一部第一九問題第一〇項。
(25) 『神学大全』第二 - 一部第一九問題第一〇項。
(26) Luther, M., *Ausgewählte Werke*, ed. Borcherdt u. Merz, Bd. 1, S. 319.

第6章　理性と生命

I　幸福と自己満足の超出

幸福概念の両義性は、意識化された生命の日常的な形式が孕む両義性と深い関係にある。直接的で強度の生命性と意識とが緊張関係にあることは疑いえない。これは、生の自己実現を衝動充足に見るか、理性的普遍性の地平に立った自己相対化に見るかの対立である。とはいえ、先に考察したように、決して両者の緊張関係を排他的な関係として捉えることはできない。衝動充足といえども、己の充足していることを知らず、成就していると外部からのみ判定されるような充足は幸福ではないからである。つまり生命とは何かについて考えるときには、われわれはただ意識化された生命〔であるわれわれ人間〕の自己経験に立脚して考えるしかないのである。近代生物学はしかしながらこの道をとらず、意識を生命の一機能として把握しようとすると同時に、生命を非有機的物質がシステムという状態をとっているものとして再構成しようとする。このような生命の「客観的」概念は還元主義的な概念にほかならない。いずれにせよわれわれに可能なのは、近代生物学のようにわれわれの自己経験の仕方を非本来的で周辺的な事象にすぎないと捉えるか、それとも、動植物の生命を意識化された生命としての人間の生命との類比に従って理解するかの、どちらかである。

無意識についての語りが意味をもつのは、それがどのような語りであれ、無意識を意識の限界概念として捉える限りにおいてである。例えばわれわれはあるとき急に、自分がこれまで――おそらくはかなり長い間――ある音を聞いていたことに、あるいはかすかな痛みを感じていたことに気づくことがある。このとき、それに気づく前の「聞いていた」、「感じていた」とは一体何なのであろうか。それらが無ではなく、何かであったことは確かである。なぜならわれわれはそれらに注意を向ける一時点をまってようやく何かを聞いたり、痛みを感じたりし始めたのではないから。しかし、これらの〔無意識的な〕「聞いていた」、「感じていた」は、「ずっとある音を聞いていたことを意識した」、「ずっとかすかな痛みを感じていたことを意識した」ということの限界概念としてのみ現実化されうる。音や痛みの〔無意識的〕状態を意識するということは、意識化されるか否かに関わらず「それ自体で」それとして存在するような、客観的な「所与」を知覚することではない。音や痛みの〔無意識的〕状態はむしろ、意識へと到達することによってその現在のすがたを完全に露わにするのである。このように、意識とは自分自身に到達した生命のことにほかならない。そして理性とは、完全に目覚めた意識、つまり自分が意識であること、絶対的地平の上の一つの〔個別的な〕現実性であることを知っている意識にほかならない。

さて、ではどこから理性と生命の間の緊張関係、またその帰結としての幸福の両義性が生じているのであろうか。この両義性の根底に存する〔人間という〕現実存在の構造を、ここではっきりと明示しておく必要がある――生命は、日常的なあり方においては完全には目覚めていない、と。しかしながら、理性がまどろむとか、理性は半分しか目覚めていないなどということもまたできない。すでに見たとおり理性は発達の産物ではなく方向転換なのだから、理性が拓く地平は、ゆっくりと開示するのではなく、一挙に開示するはずである。理性の本質は、完成したものの先取りなのである。理性は完成したものの先取りとして、アリストテレス主義者のいうように「常に活動している」。このとき生命は、覚醒し続ける理性による完成したものの先取りの背後に退いている。生命は、自分自身の純粋な意識に到達しようとするなら、意識の対象としての自分自身を完全に消滅させなければならない。つまり生命は決して自分自身の純粋な眺めへと変容することはないのである。「すべてを見渡す者は、何も見ていない」という言葉はここにも当てはまる。主体性こそがあらゆる実体性概念の範型をなすのだが、意識の中に完全に止揚〔廃棄〕されてしまった生命、完全に意志へと変容した衝動は、いっさいの内容が消滅した空っぽの箱のようなものであろう。人間的な理性とはすなわち有限的な理性であって、もっぱら受動性を頼みにしているのであり、理性は自分で自分に思考の対象を与えることはできない。受動性は、他者との因果的な、したがって概念的ではない関係を、詰まるところ、無意識の次元を前提としているのである。中世の天使論とライプニッツのモナド論は、純粋な意識、すなわち己が生命的有機体というかたちをしていないことを自覚しているような意識を、受動性と結びつけて考えることの不可能性をきちんと認識していた。

もしも欲望がこのように空っぽなままだとしたら、それは欲望ですらないであろう。なぜなら欲望とは、その内容を自然的衝動エネルギーによってあらかじめ与えられているものであるから。カントの定言命法がその形式的構造にもかかわらず内容を獲得するとすれば、そのとき、意志を衝動の理性的形式として、つまり自分自身に到達しつつある衝動として理解することが当然のごとく前提されているのである。両目を開けている生命体は、決して一つ目にはならない。

デカルトがコギトという一点に、あらゆる懐疑に抗う最終的なもの、これ以上さらに背後を問うことができないものを見出しながらも、基礎という性格をそれに与えることができなかったのは以上のような理由による。コギトの上には何も築かれず、コギトの後には何も続かず、コギトは空っぽのままであった。絶対的地平だけがコギト〔考える〕にスム〔ある〕を付け加えることができるのだが、デカルトが絶対的地平の観念として導入した神の観念によっては、コギトは偶然的で個別的な主体になったにすぎない。デカルト的主体は、無限なものの観念によって拓かれた地平の上に登場するけれども、決してその地平と一体になることのないひとつの事実として登場するのみなのである。彼は自分自身の根拠に立ち戻ることができない。デカルト的コギトはこのように、完全に覚醒しており、完全に自分自身の許に存在しているのだが、同時に完全に空虚である。それは記憶もなければ未来もない今である。彼に内容として与えられているものは、彼自身にとっては仮定的質料という性格をもつものでしかない。なぜならコギトにとって内容の現実性は、神の誠実さという観念に訴えるという回り道をすることによって、ただ間接的にのみ確認されるものにすぎないからである。デカルトにおける、無価値な有限的意識と先取りされた無限的意識とのこのような弁証法は、生命という概念をすでに破棄しているという前提に立っている。しかしながら生命は、「わたし」という「明晰判明な知覚」において自分自身に到達するのである。有限的理性は実体ではなく、生起である。それは有機的過程が実体的なものへと変容する生起なのである。ところがデカルトは有機体を、「わたしの語り」が基づくべきものとみなさず、「わたしが語る」ための経験的条件のひとつ、つまりは客体とのみみなしたので、有機体と機械を区別することができなかった。生命とは何であろうか。生命は、意識において自分自身に到達するものをいうのであろうか、それとも〔デカルトの主張するように〕、物質的諸部分と一定のシステム的特性との複合体をいうのであろうか、そしてその働きが生命ということばで表現されているにすぎないのであろうか。われわれが生命という概念を作ろうとするならば、類比的な概念として作るよりほかにない。そして意識化された生命こそが類比的生命概念の範型をなすのである。意識化された生命においては無意識的生命性の契機は廃棄されず、なおも構成的に働きつづけている。

われわれが幸福についての「明晰判明な知覚」を作りえないことは、以上よりすでに明らかであろう。幸福に代わる概念としての満足概念ならば明晰判明である。満足はいわば実践の領域における「コギト」である。しかし満足概念を幸福概念の代用品とすることは、現実的成就という思考を放棄することに等しい。現実的成就、至福は、生命体のあり方としてのみ考えられうるからである。われわれにとって、適切な生命概念が意識化された生命という概念のほかには考えられないのと同じく、適切な幸福概念は意識化された幸福という概念のほかには考えられない。幸福が意識化されるや否や、これまで述べたようなさまざまな対立関係が露わになるのだが、幸福を自己充足と理解することは決してできないのである。

Ⅱ　生命の自己超越（正義と愛）と共同的喜び

「理性的幸福」の像は共同的歓喜としての祝祭である。これは何か「について」祝う歓喜であり、「最高の時（結婚式）」（Hoch-Zeit）である。生命を祝祭として見るというのは、ヘラクレイトスの言う「共同的世界への覚醒」と、生命性とが融け合って一つになっているさまを見ることにほかならない。われわれは日常生活においては半覚醒状態にあり、この状態は、理性と生命が対立し合っているさまとして経験される。実際にわれわれはときどき、夢うつつ状態を覚醒への闘いとして体験する。一度完全に目を覚ませばわれわれは再び自分自身と一つになるのだが、理性がわれわれをして立ち入らせる地平は、われわれにとってはこのようにはじめはとても積極的に満たそうという気持ちにはなれないものである。この地平はわれわれ自身の生命的中心性に抗って、われわれを他人のうちのひとりとして相対化するからである。カントが「尊敬」と呼ぶ理性的に引き起こされた感情は、「あらゆる自己愛を挫《くじ》く」感情である。このように考えたとき、尊敬の感情は幸福への努力と直接的な反目関係にあるかに見える。

　しかし幸福への努力は、このようなパラドックスを経ることによってのみ満たされるのである。なぜなら人間の生命はいつか自分自身を完全に意識するようになるかもしれないような動物の生命ではないからである。人間の生命は完結した形をとらない。自分自身を理性的存在として意識して、自分自身の内で完結することは、決して人間にはありえない。人間本性はそもそも、生物的全体としてそれ自体で完結していて、その完結の内に休らっているような閉じた全体性ではないのである。本能から解放された存在者の欲望は無限であり、衝動の充足によって休まるどころかまた新たな欲望を求める。欲望の最悪の敵は退屈であり、無限に続く空虚な時間である。しかしながら人間の衝動構造の「悪しき無限性」は良き無限性を暗示してもいる。これこそが人間本性〔人間の自然〕(physis)の内的尺度（telos）としての理性である。(1) プラトンは『饗宴』において、いかにしてエロスがあらゆる感性的充足を超えて働き、「善そのもの」への愛というその真の本質を露わにするのかを、比類ない仕方で示した。

プラトンにとって、善そのものの自己顕現は現実性への目覚めと同義であった。言い換えれば、これは現実的なものがそれを見るものにとって現実的なものとなることである。これはいかなることであろうか。生命が衝動的傾向性に囚われて、「中心性」の位置から動かない限り、世界は生命に対して現実的なものとはならない。このとき生命に対して、他なるものは他なるものとしては現象せず、ただ環境世界、衝動の対象としてのみ現象する。また生命体自身も、衝動的傾向性の中に留まる限り、いまだ現実的なものではなく、己の衝動対象の一つでしかない。このとき生命体はこのとき相対的な意味の担い手にすぎず、カントの言う「現象」に留まっている。なぜなら、生命体は生命に固執してはいるが、〔生命に〕快よりも不快をより多く感じるとき、生への傾向性を自分の生命もろとも消し去りたいと思うこともできるからである。生命体は自分自身の絶対的意義を知らないし、「もし世界を手中に収めても、その過程で生じた荒廃に心が痛むならば一体何の益があろうか」という言葉の意味も理解しない。動物は責めなきまま自分自身の中心性に留まり続け、自分自身を相対化することも絶対化することもない。彼らは、絶対的なものという地平、存在の地平とは無縁だからである。これに対して人間は責めなきまま自分自身の中心性に固執することはできない。人間が自分自身の生命的中心性に固執するのは、すでに「悪しき信仰」(mala fides) のゆえなのである。

人間による自分自身の中心性への固執が露骨に現れている二つの極端な形式がある。独裁制と自殺である。独裁制においては、個々人は他の同胞を同胞として承認することを拒否し、彼らを対象の地位に貶める。（サディズムにおいてはこれに「悪魔的」なモメントがさらに加わる。なぜなら、自分はいま、ある主体から現実性を奪い客体へと貶めているのだという反省的意識が、倒錯した享楽を構成しているからである。）もう一方の形式である自殺は、ヴィトゲンシュタインによれば端的に反道徳的な行為である。(2) 自殺を図るとき、人間は自ら自分自身を衝動的対象の地位へと引きずりおろそうとしているからである。自殺志願者は、自分は自分自身をもうこれ以上は楽しめないのではないか、と自問する。もはや衝動の対象としての彼は自分自身に満足を与えるものではない。ここにおいては、主体としての彼自身は全く顧慮されていない。彼は自分自身に対して、あることがらに意味を与えたり与えなかったりする主体として現実的なものとなってはいない。しかし彼は、不快の根源を消し去ろうとするならば、あることがらがそれに対して快であったり不快であったりする存在者そのものを、すなわち意味の参照点そのものを消し去るしかないのである。しかし、彼はこれを行なうことによって、人間が自分自身の衝動主体としての中心性に固執することとは、動物がそうすることとは異なり、それを責めることもやめさせることもできないものではないことを証してしまっている。彼は自分が主体であることを実は知っていながら、その知識を自分自身に逆らうように用いて、自分自身を一つの客体として消滅させようと企むからである。自殺こそは筆者が先ほど「不誠実な不注意」と名付けた半覚醒状態の範型をなす一例である。

もちろん、「他人に迷惑をかけたくないから」という、他人への配慮からなされる自殺もある。この場合、自殺志願者はおのれの生命的中心性から抜け出ており、他者が自分の世界の一部であるように自分もまた他者の世界の一部であるということをきちんと見ている。しかしながらここにおいて自分は、他者の眼前では彼の客体となるよりほかにない存在と考えられている。つまりこのとき他者は衝動的存在者という属性において捉えられているにすぎない。わたしが他者に対し自分の実存を主張するという労苦を惜しむとき、わたしは実は他者を理性的な存在者としては尊敬していないのである。理性的な存在者とは、自己存在を承認する能力をそれ自体で有し、他者の自己存在を承認することによって自分自身の自己存在にも同時に目覚める道徳的な存在者であるから。つまりわれわれは、還元不可能な現実的なもの〔自己存在〕の側から強く求められることによってはじめて、自分自身に対して現実的なものとなるのである。これをカントは次のように表現している。人間はこのような道徳的要求を受けることによって、自分自身を現象としてではなく、あらゆる因果的決定論を免れた「物自体」として経験する、と。

先述したとおり、しかしながらカントは道徳的要求を受けることを自発的生命性の制限、すなわち「自分勝手」の制限とのみ考えた。理性と生命の対立はカントにとっては原理上調停不可能であり、生命の「変容」もまた不可能である。この限りで、カントは人間の現実性としての自由をその本来的な意味において経験することができないのである。カントにとって経験可能なものは、ただ、道徳的要求という「理性の事実」だけである。道徳的要求の充足の可能性は、当の要求が内包している要請という地位に甘んじるしかない。人間による幸福への追求そのものが変容することによって、幸福は本来的な意味において自分自身に到達するのだが、カントは道徳的命令の充足を人間による幸福追求の変容としては理解できない。カントが最高善によって考えていたのは、善行と幸福を神の計らいによって後から外的に結びつけることにすぎず、このとき幸福追求という目的そのものは何ら質的に変化しない。幸福追求は、すべての他者の幸福追求と一致するように制限されるのみである。つまるところ、カントにおいてはそもそも生の自己実現への問いは立てられていないのである。一方に道徳的心術が、他方に主観的安寧状態があるのみなのである。生命を一つの全体へと変容させるものは経験不可能な叡知的性格とされ、それは個人における道徳的進化を通じて徐々に目に見えるようになるものと言われるに留まる。

現存在の平均的なあり方においては、生命的全体性が生命的現実性へと変化することは決してない。この洞察は疑いを容れないであろう。われわれにとって、自分の過去および未来の諸状態は現在の諸状態に比べて現実性の度合いが低い。それらは概念、思想、表象であるほかはなく、決して生命ではありえない。つまりそれらはプラトンのいう意味での知ではなく、臆見（doxa）にすぎない。プラトンが「より良い知に逆らって行為する者は誰一人としていない」と教えたとき、彼は知を「生ける現在性」として理解していた。プラトンは『法律』の中で、究極的な無知を「快不快と、理性的確信との不一致」と定義した[3]。知とはすなわち概念をすでに体験しているということであり、概念はこうしてはじめて現在的なものとなる。現在はただ意識化された生命にとってのみ存在するのである。では、過去と未来が互いに結びついて生命的統一をなすのはいかにして可能なのであろうか。これは、過去と未来がそれらの根底に存する「本質」としての主体に反省的に関係づけられることによってでしかありえないであろう。過去と未来は、ただの「諸状態」である限り、非現実性に沈んだままであるから。そして、われわれがこのような諸状態、諸体験、諸経験の超時間的統一根拠としての自分自身を発見しうるとしたら、それはわれわれが――生命的中心性から抜け出して――他者の現実性を発見するときなのである。このとき他者はわれわれの志向的諸状態の一つに留まるものではなくなっている。このような発見は純粋に理論的な発見ではありえない。理論的にいえば、われわれはもっぱら眼前の諸対象に手を伸ばすのみである。自己存在への接近が可能になるのは、自由な肯定、承認という行為においてのみなのである。生命は承認という行為によって自分自身を超越して、おのれの諸状態を吟味反省する一つの全体性へと変容する。承認という行為は生命の最高の力をもって初めて可能なのであり、理性とは生命による自己超越のことをいうのだ。そしてわれわれはその最も基本的な形式を「正義」と呼び、その最高の形式を「愛」と呼ぶのである。

［注］

（1）第12章参照。

（２）Wittgenstein, "Tagebücher 1914-1916," in *Schriften*, Bd. 1, S. 186.

（３）プラトン『法律』六八九b。

第7章　仁愛――存在者の存在の知覚・覚得

I　身近な目的と究極目的（自己）

「他者の幸福を喜ぶこと」――ライプニッツはこのように愛を定義し、これを大発見とみなした。抗いがたい自分自身の幸福願望を、他者に対する根源的な関心と一致させるにはどうすればよいのかという幸福主義が抱える難問に、この愛の定義をもって答えられると考えたからである。しかしカントはこの愛の定義にはいかなる解決も認めなかった。というのも、確かに愛は他者の安寧に対する義務に適った関心ではあるが、当の他者に対してひとりひとりが感じる偶然的共感に依存するものだからである。おそらくカントもライプニッツによる愛の定式化を愛の定義としては正しいとみなしていたのであろう。しかしまさしくそれゆえにカントは、愛を道徳とは関係ないとみなしたのである。カントにとっては、愛は「パトス的病」であり、熱狂であり、われわれには手出しのできないものであり、ゆえに道徳的心術の根拠たりえないかのように思われた。愛はまた、道徳的心術からの義務に適った帰結でもない。なぜなら何人たりとも他者に対してあれこれの事柄に喜びをもてと命令することはできないからである。キリスト教の教えは、神への愛と隣人愛を人間が自ら抱くことのできないもの、すなわち贈与とする点において、愛の命令を不可能とするカントの理解と一致している。しかしキリスト教は愛を、理性的存在者の正常なあり方として教え、回心という特別な贈与が必要とされるのは人間が愛という正常なあり方から罪深くも離反してしまったからにほかならないと述べる。ここにおいて愛は、すべての他者との感情に基づいた同一化として理解されてはいない。愛は「仁愛の心からの愛」(amor benevolentiae) であり、理性的存在者が抱く他者の幸福への欲求なのである。

仁愛には二つの前提がある。一つは生命体の目的論的あり方である。生命体とは、何かを、自分にとって有意味なものとして、よいものとして、有益なものとして、心地よいものとして有するものにほかならない。生命体がこのような目的論的あり方をしているからこそ、ひとは生命体に仁愛を与えることができる。もう一つは、自分が仁愛を与えている当の他者がそれ自身として露わになることである。アリストテレスは前者を〈身近な目的〉(finis quo) とし、後者を〈究極目的〉(finis cuius gratia) とすることによって、両者を区別した。[1] 一見してこの区別は、他者の関心が問題になる場合には実践的な意義を持たないかのようにみえるかもしれない。つまり〈究極目的〉としての他者自身を未だ知覚していないのに、どうしてわれわれは彼の〈身近な目的〉としての関心を知覚できようかというわけである。われわれはこのとき、彼の本当の関心はこれに違いないというわれわれの思いこみに従うばかりで、彼の本当の関心が何であるのかをおそらくはつねに見誤るのではないか。自分自身の関心ならばこのような心配はないだろうが〔なぜなら〈究極目的〉としての自分自身は自分にとってすでに明らかで、ゆえに自分の〈身近な目的〉としての関心もまた明らかだと思われるから〕。しかし、自分自身の関心を直接的かつ無反省にそれとして認めてしまうことによって、〔自分という〕主体は明らかにされるどころか、むしろ隠蔽されてしまうのである。動物が、衝動と欲求という個別的な〈身近な目的〉の向かうところの〈究極目的〉としての自分自身に決して気づかないのに対して、実践理性においては行為者の〈究極目的〉そのものが、すなわち彼が「そのために」行為しているところのものが、露わになるのであり、この点において実践的理性はたんなる衝動とは異なる。しかしながら〈究極目的〉としての自分自身は、はじめはもっぱら「他なるものとは異なるもの」という間接的な仕方でのみ露わになるのである。われわれの行為は大抵の場合どうやら自分のために為されているらしいということを、われわれは発見する。

ハイデガーが『存在と時間』の中で展開しているテーゼによると、すべての人間的「世界‐内‐存在」はつねに基礎的気遣い構造に囚われており、ゆえにわれわれにとってはもっぱら自分自身だけが、自分が存在できるかどうかということだけが本質的に重要である。あらゆるものは基礎的気遣い構造の文脈の中においてはじめてその適所性を獲得する。現存在が目覚め、すべての適所性の根拠としての自分自身を発見するとき、このとき現存在はまた同時に、自分が根拠としての自分自身に対していかなる適所性も有していないことをも発見する。自分自身をさらに他の〈究極目的〉から理解することはできないから、〔ハイデガーによれば〕このような発見は「不気味」あるいは「不安」として生ずる。ハイデガーの解釈がそもそもいかなる意義をもつのかということについてはここでは深くは立ち入らないが、ここでもっぱら重要なことは、あらゆる行為を導く〈身近な目的〉が最終的に向かうところの〈究極目的〉の発見が、ハイデガーの分析においては正当に「本質性」への目覚めと述べられていることである。これは現実性への目覚めともいえるであろう。すべてのものが何らかの適所性をもつこの世界では、あらゆるものはただその機能において現れるにすぎず、決してそれ自体として、その本来的現実性において現れることはない。しかし、端的に現実的なものとは、適所性を欠く〈究極目的〉のみである。〈究極目的〉とはまずもって実現されなければならないような〈身近な目的〉の一つではなく、現実的なものとして、あるものが獲得するに値するものとしてわれわれに現れるための条件として、つねにすでに前提とされている。カントは人間を自己目的と呼び、形而上学の伝統は神を最終目的と名付けたが、彼らの言う「目的」は、決して実現されるべき何かを意味しているのではない。ここでの「目的」とはむしろ、あらゆる実現がその根拠としてつねにすでに前提としているものなのである。この根拠の自己顕現こそが、われわれが現実性への目覚め、「現実的なものが、わたしに対して、現実的なものとなること」と呼んでいることにほかならない。

「現実的なものが現実的なものとなること」とは、本書において理性への目覚めということでもある。理性への目覚めは、衝動という視座からは導出されえないような視界転回と結びついていた。このことを分かりやすくするためには、いわゆる「自己保存衝動」を例に出すにしくはない。そもそも「自己保存衝動」という衝動を語ることがすでに問題を含んでいる。「自己保存衝動」についての語りは、先ほど「なまの生命性」と「意識的な生命」との間にたゆたう夢うつつ状態と名付けた二義的状態に特徴的なことがらである。なぜなら無意識的で衝動的な生命性という状態にあっては「自己保存」という衝動目的は存在しないからである。そこに存在するのはただ、痛みの回避、敵の回避、栄養への渇望だけである。理性的存在者のみが（ここではわれわれが）それらの本能的衝動を「自己保存機能」として解釈する。なぜならば理性的存在者という段階にあってはじめて、自分自身を、また自分が死ぬ可能性を、内省することができるからである。理性的存在者として、われわれは死に対して不安を感じ始めるのだ。しかしながらわれわれが死に対する不安やそれにまつわる欲動を「自己保存衝動」として解釈してしまうや否や、われわれはすでに二義性に陥っている。なぜなら自己は衝動目的ではないからである。自己は〈身近な目的〉ではなく、〈究極目的〉である。「わたしはいったい誰のために自己を維持しようとしているのだろう」と自問してみれば、このことはすぐに理解されるであろう。「わたしがいなくなったとしたら、いったい誰が損をするのであろうか」――この問いは、衝動を語る言葉によっては決して有意味な問いとして立てられない。「奥さまのことを考えて、安全運転を！」というカー・ステッカーの標語は、衝動を語る言葉を語ってはいない。これはすでに衝動の立場を抜け出て、理性的な立場、仁愛の立場に立っている。「自己保存衝動」は、本来的には衝動の〈究極目的〉であるはずのもの〔＝自己〕を衝動目的に貶め、自己から現実性を奪うのである。「自己保存衝動」は自己に適所性を与えるが、適所性はそもそも維持すべきものとしての自己を前提としているのだから、自己を衝動目的とみなすことは、理性の前では成り立たない。つまり、人間が衝動に完全に繋がれているわけではない以上、「自己保存衝動」は、人間にとっては自己保存の「理由」にはなりえないのである。例えばショーペンハウアーは、自己を「自己保存衝動」の目的とのみ認識したがゆえに、自己を衝動に徹頭徹尾条件付けられているものと見なさざるをえなかった。衝動が消去されれば、自己もまた非現実性へと立ち戻るしかない。ショーペンハウアーにとって理性への目覚めは自己の消滅と同義であった。衝動そのものは決して、衝動それ自体の自由な肯定の理由にはならない。痛みはなるほどそれ自体のうちに回避への十分な理由を含んではいるが、このとき、回避を当の痛みの外的原因の除去に求めるべきか、それとも痛みを感じている自己の〔死をも含めた〕克服に求めるべきかについては、衝動という理由に訴えるのみでは決定されえないのである。同じく、他者が衝動を有しているという事実そのものだけでは、他者の現実存在を尊敬すべき理由にはならない。

したがって、衝動に基づくのみでは、殺人に反対する説得力ある主張は不可能である。ここでの殺人とは、厳密にいえば、例えば友人も身寄りもいない人を眠っている間に何の痛みも与えずに殺す場合をいう。このとき、彼が殺されることによって何らかの損失を受けるひとは誰もいないように思われるからである。命を失うことになった彼自身は、殺人の後にはもういないわけだし、この場合、彼の生命に何らかの価値を見出していたような人は誰一人としていない。同じことが人類全体に対しても当てはまるであろう。もしも人類が人類自身に対してのみ適所性をもつとしたら、つまり人類は人類にとってのみ価値を有し、個々人の「自己保存衝動」がその価値を体現しているのだとしたら、人類が消滅すると同時に、虐殺は犯罪であるという意味を人類の存続に与えていた基準もまた消滅するであろう。

ここには、有限的主体間のコミュニケーション構造にその基礎を見出そうとするあらゆる種類の倫理学の限界がある。このような倫理学は仮言的義務に帰着するしかない。仮言的義務は、コミュニケーション的共同体の中に立つ主体の現実存在を前提としているからである。このときA氏の現実存在に対する尊敬は、詰まるところA氏を大切に思っている人々に対する義務か、A氏が殺されれば本人の安心感が損なわれるであろう人々に対する義務でしかありえない。A氏を生かしておく義務としてのA氏本人に対する義務は、いかにしてもありえないのである。A氏自身の現実存在は少なくともA氏自身にとっては紛れもなく価値をもっているのだから、A氏本人に対する義務が、A氏を生かしておく義務として存在するのではないかと思われるかもしれないが、これは当たらない。いまここでは、A氏自身の現実存在はA氏自身にとってのみ価値を有するにすぎないからである。つまり、A氏が死ぬということは、A氏の死がそのまま損失を意味していた唯一の人物がいなくなるということにほかならないのである。このことはまた、他の人々にとっては原理的にものの数に入らないような状況におかれている人間の殺害を容認するという実践的結論を導く。彼（女）のおかれている状況は、彼（女）を殺害しようという格率からいかなる不安感も生じないくらいに他の人々には無縁なのである。例えば小さな子供はみなこのような状況におかれていると言える。子供たちは、彼らに何の価値も見出さない人々の好きなようにされてしまう。安楽死や妊娠中絶がほとんどの場合、なんらの宗教的確信も持たない人間によって喧伝されていることの真の理由がこれである。〔フランクフルト学派の〕ホルクハイマーとアドルノは、ただ宗教的主張だけが殺人に反対できると述べた。

なぜ「宗教的」でなければならないのか。殺人反対の主張は、人間が「神聖なもの」をうちに宿しているとされる限りにおいてのみ、理解されうるからである。「神聖なもの」とは、共約不可能なものであり、機能的に導出されたり根拠づけられたりできないものであり、端的に言えば独立した述語として「よいもの」である。ここでは、存在者がなまの生命的中心性から抜け出ていることが前提とされている。なまの生命性にあっては、存在者が出くわすものは適所性をもつのみであり、主体としての彼に対して有する機能において捉えられるにすぎない。このとき、非適所的な自己としての主体自身は隠されたままである。なまの生命的中心性から抜け出すことによって、言い換えれば「回心」することによってはじめて、自己はあらゆる「価値」を基礎づける現実性として露わになる。カントが、「人間は価値をもつのではなく、尊厳をもつのだ」と述べたとき、「尊厳」とはこのような共約不可能なもの、崇高なもの、「無条件的に」尊敬されるべきものを意味していた。非関係的なもの、非相対的なものの理解には、以下の二通りしかない。

一つは、衝動の視座からの解釈である。この解釈によれば、共約不可能なものはそれ自身ではいかなる適所性ももたないので、同じく意味をもたない他のものごととの関係においてはじめて意味を獲得するとされる。このときしかし意味連関全体そのものが無意味であるから、この解釈は結局ニヒリズムの立場に至る。もう一つの解釈は、有限的主体はその根源的非関係性が気づかれることによって、自分の輝きとは別の輝きの中に立ち現れるとするものである。有限的主体を殺すことの不可能性は決して物理的不可能性を意味しているのではない。有限的主体が無条件的なものであるのは、それが物理的現在性というあり方をしているのみならず、像の代理表象というあり方をしているからなのだという洞察が、有限的主体を殺すことの不可能性の根底にある。像それ自身は、己が示している当のものではないが、像は、そのようなものとして、「存在する」。像は物理的対象ではあるが、像がまさしく像であるのは、物理的に存在するからではなく、示すからである。ところが無条件的なものの像の場合、事情はさらに異なる。像が無条件的なものの像であるのは、それが語の強い意味において「存在する」からであり、その実体性のゆえだからである。無条件的なものの像は実体的なものであるから、生成の過程から独立しており、その「妥当性」は生成の出自と共約不可能である。しかしながら像そのものは客観的に見出されるものではない。存在は対象性ではない。存在は実体性であり、いっさいの対象性の根底に存する自己存在である。このような実体性の範型となる一例が主体性にほかならない。アリストテレスが実体性について述べていた事柄はそのまま主体性にもあてはまる――「いっさいはそれについて述定されるが、それそのものは他のなにものについても述定されない」。実体性は存在者の属性ではない。実体性は端的に「存在する」のだ。実体性は「端的に存在する」がゆえに、像であり、像というあり方で絶対的なものなのである。

このような非関係的なもの、神聖なものを経験することは、いかにして可能なのであろうか。あるものを経験するとは、それを適所的連関の中にはめ込むことにほかならないではないか。実際にあらゆる経験はすでにカテゴリーによって構造化されており、一種の相対的構造を構成している。これに対して宗教的行為は、現実性を主体に関係づけずに、また言語的媒介なしに、絶対的なものとして現実化するという仁愛を心得ている。崇拝の行為がこれである。宗教現象学が崇拝の行為をどれだけ厳密に分析しようとも、崇拝は、少なくともユダヤ教、キリスト教、イスラム教による理解においては、現実性の無条件的根拠への無条件的同意をうちに含んでいるのである。崇拝は、嫌々ながらの同意だけをうちに含んでいるわけではないのだ。そもそも別の有限的なものを得るために嫌々ながらなされるような同意は、現実的な同意とは言えない。無条件的同意はむしろ感謝という性格をもつ。これは、その純粋な非関係性において露わになるものに対する感謝であり、聖書に端を発する宗教において「栄光」という言葉で呼ばれているものに対する感謝である。「あなたの偉大なる栄光のゆえに主なるあなたに感謝します」(Gratias agimus tibi propter magnum gloriam tuam) は、もっとも古いキリスト教の祈りの一つである。

それでは、端的に非関係的なもの、絶対的なもののこのような顕現は何に基づいているのであろうか。それは、非関係的な存在という思考 (Gedanke) が感謝 (Danke) と一体になって湧き起こる場としての有限的存在者の存在にこそ基づいている。非関係的な存在という思考を抱く存在者とは、すなわち意識化された生命であり、彼はこのとき己が存在することによって、非関係性、「実体性」をすでに獲得している。こうして彼は自分が崇拝するものの像となり、他の理性的存在者のうちに同様の像を再認するのである。他の理性的存在者に対するこのような自覚的態度をこそ、われわれは「尊敬」や「畏敬」と呼ぶのだ。この態度は主体による介入を制限するがゆえに、最初は否定的性格を帯びたものとして現れる。この態度によって主体は、他者を還元不能な他者存在の相において純粋に在らしめよと命じられると同時に、自分自身を無条件的なものの表現とみなし、決して自分の意のままに利用してはならないものとして扱えと命じられるのである。自分自身に対する義務は、何人たりとも免れえない類の義務なのである。

Ⅱ　人格と仁愛の心からの愛

人格、すなわち「理性への目覚めに向かう生命」に対する尊敬とは、無条件的同意である。この無条件的同意とは、何よりも「自分の存在」にかかわる何かを求めているような他者に、無条件に同意することを意味する。そのような同意は、他者が追い求める何らかの方向に対して、同じことを追い求め、方向を共有することなしには、できない。他者にとって有益なことを自分も同じように追い求めること、また、他者が追い求めるものを満たすことを、我々は「仁愛」と呼ぶ。我々はまた、愛についても語ることができるだろう。愛は両義的であるが故に、中世およびそれを継承したライプニッツは、愛を「我欲からの愛」(amor concupiscentiae) と「仁愛の心からの愛」(amor benevolentiae) とに分けた[2]。この区別は決して自己愛と隣人愛の区別に相当しない。他者への愛が「我欲からの愛」であることは珍しくないからである。このとき他者は、わたしの世界の一部分としてのみ、アリストテレスの言葉で言えば、彼(女)と一緒にいることの快楽あるいは利点のゆえに愛されているにすぎない。彼(女)はつまり、快や利をもたらすという機能において、かつその機能を満たす限りにおいて、愛されているにすぎない。そうでなくなれば捨てられるのである。同様のことが自己愛についても言える。必ずしもすべての自己愛がエゴイズム、「我欲からの愛」ではない。「王に生命は捧げても、敬意は捧げまい」という昔の言い回しには、機能化可能性の限界が表現されている。自分の良心の純粋性を何かの「物件」のために捧げることをこのようにして拒むことが、エゴイズムの崇高な形式として告発されるとしたら、このとき、自分自身の良心が神聖ではないような人にとっては神聖なものは何一つとして存在しないという事実は理解されていない。そのような人にとっては無条件的なものの次元は隠されたままであるから、自己存在としての現実性そのものもまた隠されている。「自分自身を愛するがごとく、汝の隣人を愛せ」という掟は、人格が自分自身にとって現実的なものとなるような自己愛をうちに含んでいる。隣人愛は自分自身に目覚めるための迂回路となりうるからである。自分の生命は他者にとって有意味であるということから、自分自身を大切に扱おうという動機が生まれることがあるのだ。「利他心」が「仁愛」や「愛」の適当な言い換えではないことはすでに明らかであろう。「無私の愛」もまた適当ではない。

他人を「その人であるがゆえに愛すること」こそ、アリストテレスが「友愛」(amor amicitiae) という言葉で考えていたことである。友人とは、その人であるがゆえに愛されている人をいう。従って、友人に対する愛情を「無私の愛」と表現するのは正当ではない。アリストテレスによれば、友人はなるほどわたしに快や利をもたらす性質を有すが、そのような性質ゆえに愛されているのではなく、彼（女）が彼（女）であるがゆえに愛されている。友人とは、その人であるからという理由だけで愛されるような人間的長所をもつ人のことなのである。友人と共にいるということが、彼（女）を友人としてもつ人々にとってはそのまま幸福の源泉なのだが、彼（女）は決して自分が人々に与える幸福「のゆえに」愛されているわけではない。そもそも幸福や喜びは享楽とは異なり直接的に求めることはできない。アリストテレスがここで述べているような友人との喜びは、衝動というカテゴリーや、衝動に基礎をおいた機能主義のカテゴリーによっては表現不可能な喜びなのである。他者がわたしにとって意味をもつものとなるのは、彼（女）がわたしにとって何か利点をもたらすからではなく、むしろ彼（女）が彼（女）自身で独自に存在しているからである。これは明らかにパラドックスである。このパラドックスの裏には、われわれが先に現実性への目覚めとして表現したことがらが隠されている。衝動傾向に囚われたままの〈わたし〉は、自分自身も他者も発見できないままにとどまり、自分自身を隠し続けるのである。現実性へと目覚めるという行為によって初めて、自分自身の現実性と他者の現実性とが同時に露わになる。他者の現実性の顕現とは、他者の現実性を他者とともに実現することにほかならない。これはすなわち、他者の〈追い求めること〉を実際に一緒に遂行することによって、他者と共に他者の目的論的現実性を実現することである。他者はこのような共同遂行によって、われわれにとって現実的なものとなるのである。他者がわれわれにとってただの物件として現れているうちは、彼（女）はわれわれにとっては未だ彼「自身」ではない。ところで、自己自身として存在するということがどういうことなのかを現実的に理解するためには、われわれ自身が自己を生きなければならない。つまりわれわれが衝動的存在でありながらも自分という中心性をすでに抜け出し、自分自身を他者の他者として知覚し、他者を「第二の自分」(alter ego) として再認することが必要なのである。

アリストテレスによれば「友愛」は、意志の方向を互いに理解することのできる人々の間における相互的仁愛としてのみ可能である。そのような人々はすでにたんなる衝動性を抜け出て、善を普遍的なものとしてそれぞれの意志の中に取り入れている。二人の人間が同一対象の所有を共に欲するとき、彼らの意志は敵対的なものとならざるをえないが、このとき彼らが一歩進んで、公平な視点に立って決断を行なおうとさらに欲するならば、両者はすでに正義を愛し、一つの共通のものを共に欲しているのであり、二人が友人になる可能性もこうして生まれる。ところが相対立する個人的関心をこのように、正当な平準化を目指す理性的関心へと変容させることには当然ながら限界がある。一方の関心が、彼が彼であるための現実的な条件に対する関心である場合がそれである。このとき、これを他方の同様な関心と調停することは不可能であるかに思われる。ソクラテス的手法によっては解決できないような、実存をかけたさまざまな敵対的状況は厳然と存在する。これはすなわち「非友好的なひと」(inimicus) ではなく「敵」（hostis）が問題になっている状況であり、具体的には、個人的敵対関係ではなく集団的あるいは政治的な敵対関係が問われる場合である。集団的あるいは政治的な敵対関係を道徳的な視点で捉えても、パラドキシカルな帰結が導かれるのみである。政党というものはそもそも、「道徳的な党」を、つまり「平和的な党」を自称し、敵対する他の政党を「反平和的な党」として差別化するものだからである。政党間の争いが避けられない以上、道徳は〔どちらが道徳的な政党かを決定することに存するのではなく〕、敵の視座を自分のそれと所与の条件の下で一致させることの不可能性を自覚しつつ、敵を敵として尊敬することにこそ存する。正義や正当性を巡る〔道徳的〕考量が争いの解決に寄与できないような以上の場合においても、憎しみを断念し、他者を「敵」とのみみなすことを止めるという道は依然として残されている。「汝の敵を愛せ」という掟は、他者と敵対関係や闘争関係にあるときですら、自己存在としての他者の現実性の知覚を放棄してはならないという命令なのである。

Ⅲ　仁愛に顕現する存在者の「自己存在」

倫理学のカント的狭小化に抗うために、あらゆる道徳的決断の基礎をなすのは公平性への要求ではなく、他者および自分自身の現実性の知覚であることを、まずは言っておかなければならない。カントによれば、公平性への要求はこれ以上基礎づけられえないものであった。これは、公平性への要求そのものがあらゆる理由づけの理由であるかのような理解である。しかし、そもそもなぜ理由づけを行う必要があるのだろうか。例えばいま、生得的既得権益を頼みにするだけで、理由づけや自己正当化の必要もないままに自分の特権的地位を確実に保てることが明らかだとしたら。このときすべての理由づけは袋小路に陥る。理由づけをしたくない主体、どんなものであれ理由づけに従いたくない主体においては、「なぜ理由づけをすべきか」という、理由づけの理由を求める問いは答えをもたないからである。プラトンの『ゴルギアス』においてカリクレスが議論を途中で止めたのは、議論をしないことにこそ自分の強みがあると知っていたからなのだ(3)。このように考えたとき、いわゆる「最終根拠」として何を理解しようとも、ある種の自己決定がそのさらなる根底としてつねに存在しているかのように思われてくる。しかし、〔最終根拠としての〕公平性への要求、すなわち正義が、自己および他者の現実性を主体の現実性として知覚することに基礎を置いている限りで、これは当たらない。主体を決してたんなる衝動対象として捉えない、このような知覚の事実こそが、あらゆる倫理学の基礎なのである。形而上学なくして倫理学は存在しない。したがって、他者存在を認めぬ独我論はいかなる道徳的義務も知ることがない。感情と思考をもつ他の生命体についてはただ行動主義によって明らかにされた知だけが本来的な真実であるとして、彼らの感情と思考をたんなる形而上学的仮定にすぎぬと退けることが許されるならば、このとき道徳的義務の対象は存在しないのである。

それでは、道徳的義務は一定の形而上学的仮定を受け入れた人々の間でのみ妥当するにすぎず、そのような仮定を受け入れるかどうかは各人の自由に任されているのであろうか。

実際に、ひとをたんなる物件とみなす学説を採用する限りで、だれでも、〔自分を含む〕ひとをたんなる物件として取り扱う権利を有するかのように思われる。しかしながらわれわれはこのような人物に対して、他者を生命と理性を有する現実的存在者として知覚することの妨げにならないようにその学説を修正せよと、定言的に要求せざるをえないのではなかろうか。この要求を理由づけるとしたら、「それはそのようなものだからだ」という主張そのものに、つまり真理要求に理由を求めるよりほかにないであろう。この要求はまた、一人称によるわたしの判断――「わたしは痛みを感じている」――を、三人称で追体験せよ――「彼は痛みを感じている」と言い換えよ――という要求を含んでもいるが、これは討議によっては理由づけられない要求である。討議は討議に参加する主体が承認されていることをすでに自明の前提としているからである。

なるほど、この基礎的「形而上学的」事実は、あらゆる疑いの可能性を絶対的に免れているような事実ではない。

どこまで疑うことができるか、これはニーチェが示したとおりである。ニーチェはいっさいの言語的表出の意味までも疑いえた。しかしここから、「ニーチェによれば形而上学は不可能なのだ」という結論を引き出す向きは、ニーチェの言葉を理解していない。ニーチェの論理に従えば、形而上学の可能性を否定する意味すらをも断念しなければならないはずだからである。ニーチェの洞察の真意からの帰結はこれではない。いっさいを疑うことができるということからは、いっさいを疑うことがよいことだということには帰結しない。生命体の現実性を措定しなければならない必然性とは、理論的強制ではなく、それ自身がある種の道徳的事実なのである。恋人や友人をもつひとは、彼（女）の現実性を疑うことはできないし、ただ彼（女）の生命性を還元不可能なものとみなすよりほかにない。筆者はここで「できない」と述べたが、この「できない」は物理的な、あるいは論理的な不可能性のことではなく、道徳的な、また道徳的であるが「ゆえに」絶対的な不可能性のことなのである。友人の現実性を疑うとしたら、わたしはこのとき友愛の現実性を括弧に入れるどころかすでに破壊してしまっている。友愛はいかなる存在論的禁欲、判断停止も認めない。友愛は存在論的肯定をうちに含んでいるのである。友愛における肯定は必然的含意であって、要請ではない。他者との関係が友愛のような強度をもたない場合でも、「尊敬」への要求を互いに抱くことで関係が築かれているのであれば、このとき自分を尊敬せよという道徳的要求は、他者を「現実的なもの」として承認せよという形而上学的要請へと変わるであろう。この形而上学的要請は何らかの法則からさらに導出されるようなものではない。これはただ、現実的なもの自らが抱く「知覚されること」への直接的要求を表現しているのである。カントがはじめて示したとおり、生命体を生命体「として」知覚することは、すでにして自由の行為なのである。カントによる、「目的論的判断はわれわれの経験にたいして構成的に働かない」というテーゼの意味は、次のようなものである。「わたしはいつでも、自分の出くわす生命体を実質的現実性としてみなさず、たんなる機械として扱おうと決断することができる。経験の統一、空間的‐時間的諸対象の同一化可能性はこれによってなんら損なわれることがない。わたしはその気になれば、ただの対象から構成される世界に対するのと同じ態度をこの世界に対してもとることができる。動物を動物とみなし、人間を人間とみなして、彼らとつきあった方が、快適な生活という目的によりいっそう適うのであれば、わたしは実践的な観点からそうするが、それはあくまでも彼らがわたしにとって好ましく、わたしの利害関心を損なわない限りで、かつわたしが無条件的尊敬への義務をいっさい請け負わなくてもよい限りでのことである。とはいえわたしはこのような場合ですら、彼ら生命体を、ただのおもちゃ、映画のスクリーン上の存在へと実際には還元しているのである」。しかし現実的なものの現実的承認は断念不可能なものであり、信頼と切り離すことができない。ヘブライ語において「真実」と「信頼」が同一の語〔エメト〕であるのは偶然ではない。自己存在という現実性の承認は自由な行為であり、これこそが思いやりなのである。「善は現実性の根拠であり、事物の認識可能性の根拠である」とプラトンは述べ、善のイデアの理論的肯定は善を欲するということと切り離すことができないとしたが、これこそここで筆者がいわんとしていたことにほかならない。

現実的なものが現実的なものとして知覚されるというのは、企図として知覚されるということである。現実的なものを現実化するということは、わたしが「仁愛の心をもって」当の企図を共に遂行することにほかならない。ここで現実性概念が生命体を範型にして獲得されていることは明らかであろう。では、すべての現実的なものを生命体に擬して、目的論的存在として捉えることは可能なのであろうか。すべての現実的なものはこうして仁愛の可能的対象となりうるのであろうか。この問いに対しては、仮定的にしか答えることができない。われわれの経験の対象を、同時に、われわれの経験から独立したもの、それ自身で存在しているものと考えることは、それを生命体とのアナロギーに従って考えることにほかならない。このとき、それはわれわれによる瞬間的知覚の中にのみ立ち現れるものではなく、さまざまな状態や事象を収集して自己という同一的なもののうちに同化せしめるもの〔＝生命体〕として考えられている。しかし生命体ならびにわれわれと共に生活している人間からなる世界の知覚と、生命なき諸対象からなる世界の知覚とは、原理上は同一種類のものである。われわれには犬を同定するのと全く同じ仕方で、机や分子を同定することが可能なのである。しかしながら、生命なき事物に対して、知覚されてあるという存在の仕方しか認めないとしたら、非常な困難に陥ることであろう。同一性、「自己存在」を、何かに対して常に利害関係にあるようなプロセスと、すなわち自分の存在可能性や一種の「充足」（ホワイトヘッド）に特別な関心を抱くようなプロセスと考えない限り、われわれはそれらの言葉が意味している内容をいっさい語りえないであろうから。このような擬生命観（Biomorphismus）に対するもう一つの道は、生命なきものに現実性や同一性をいっさい認めず、それをわれわれによって知覚可能であるという潜在性においてのみ把握し、その現実性をわれわれの知覚の中にのみ認めるという行き方であろうと思われる。しかしながらこの行き方においては、今度は生命体を解釈する際の擬人観（Anthropomorphismus）という問題が浮上してくる。生命そのものを解釈する際に、意識化された生命〔＝人格としての人間の生命〕を範型として選ぶつもりのないひとは、生命体を生きていると認めず、生命体を物質的存在の「客観的」構造へと還元せざるをえないであろう。このようなひとはこのとき、物質に関して「存在する」と言われていることがらですら、生命体をもとにしてのみ理解されうるということを理解していないのである。

仁愛の対象となりうるのは、ただ自己存在という性格をもつ存在者だけである。また、自己存在は仁愛に対してのみ顕現する。『詩篇』においては太陽、月、川、海までもが神を讃えよと求められている。聖フランシスコの『太陽の賛歌』にも同様の表現が見られる。これらは、普遍的な仁愛を強調して表現したものである。被造物ですら、いまの姿で存在することによって神を讃えているのだ。ここには、被造物の存在ですらたんなる対象的事物的存在ではなく一つの傾向性であること、つまり何かに対してつねに利害関係にあり、とりわけ自分自身が存在できるかどうかに関心を持つ存在であること、生命なき存在者もまたそれ自身の適所性を自ら「作り出す」のであり、他の生命体に対しての適所性を「もつ」のみではないことが、暗に前提とされている。これはまた、物理学による解釈、とりわけ量子力学による解釈と深く関わる問いでもある。すなわち、素粒子の世界は観察者による固定化以前には一定の「自然本性」を一切もたず、ただ〔観察されうるという〕潜在性しかもたないのか、そしてただ観察される限りで現実的なものとなるしかないのか、という問いである。この問いは未だに決着がついていないが、このような現実理解はフィヒテのそれと近い立場に帰着するであろう。物理学は素粒子の世界を、徹頭徹尾規定された完全に受動的な機能連関として表象するが、これに対してライプニッツは、物理学がなんと言おうが、このような世界にすら自発性と主観性という性格を認めなければならないと信じていた。二〇世紀においては、ホワイトヘッドがこの点においてライプニッツを継承している。ライプニッツとホワイトヘッドはこうしてアリストテレス的実体概念を受け継いでいるのである。アリストテレスにおいて、実体の範型は生命体であり、生命体の範型は人間であった。しかしながらアリストテレスは、人間を範型にして獲得した実体概念を現実性一般の根本概念として定式化するまでに至った。実体概念の非生命体への適用は、言うまでもなく非常に形式的で抽象的なものとならざるをえない。実体概念の根底に存しているすべての直観は、意識化された生命の自己経験から汲み取られたものだからである。したがって、非生命体からなる世界を「自己存在」の世界とみなして、それを思いやることは、最高度に抽象的で比喩的な性格をもつものでしかない。すなわち、非生命体はつねに「意味」によって媒介される必要があるのだ。それらは「山」、「川」、「雨」、「雪」、「結晶」、「海辺」などの意味によってはじめてわれわれの世界の構成要素となる。しかしこのような意味づけは、現在の姿のままであり続けてほしいというわれわれの願望の表れにすぎず、われわれは自然的な〈……へと駆り立てられてあること〉を、非生命体に対して僭越にも認めているわけではない。非生命体からなる世界の本来的に「実体的」な現実性とは——ここでこれを語ることが許されるならば

——分子的、原子的、素粒子的現実性にすぎないであろう。自分の生の営みにおいてそのような現実性と関わるとしても、われわれはただ間接的に、また利益になる限りにおいて関わるのみであろう。そうすると、非生命体という現実性を構成する〔物理的〕構造への介入はなんらかの仕方で正当化されなければならないのか、そのような介入は何らかの考量の対象となりうるのか、またはなるべきなのか、生命体の「利害」だけではそのような介入は正当化されないのか、などの問いが浮上するが、これらに対する答えはどのような先行的存在論的決断を行なうかによって異なる。先行的存在論的決断は——これについて論ずるのは本書の範囲を遥かに超える——、われわれが現実性をどのようなものとして知覚するかによって左右される。いま、非生命体は〈非生命体として〉経験されることによって「存在する」と言ってよければ、非生命体の現実性は、生命体との関係を通じてのみ解釈可能なものである。それが他の生命体に対していかなる意味をもつかによって、「愛の秩序」(ordo amoris) における非生命体の位置が決定される。このとき、非生命体に対する「仁愛」とは、それらが生命体に対して有する意味に同意することにほかならない。

　ここでいわれている両義性はなんら欠陥ではない。これは、主体ではあるが、同時に多くの事物の一つにすぎないという有限的主体の自然本性に起因するものだからである。別の言い方をすれば、この両義性は、人間の不完全な愛の性質から、すなわち仁愛と我欲が決して一義的にはっきりと分かれることはないという愛の性質から出来している。ある人から無償の愛を受けたとしても、われわれに全く関心がないからこそその愛が無償なのだとすれば、われわれはそれを純粋な親切とは受けとらないであろう。我欲から完全に自由な仁愛は、われわれにとって、「友愛」の最高の段階のものではなく、むしろその最低の段階のものと映るであろう。また、非生命体との関係においては、我欲こそが支配的である。非生命体がわたしや同胞と何らかの仕方で関わり合っていないとしたら、つまりわれわれに対して適所性を有していないとしたら、その非生命体は何の意味ももたないものとして——少なくともわれわれにとってはそのようなものとして――現象する。その反対に生命体とは、ものを自分自身や自分の衝動に関係づけ、ものに適所性を自ら与える存在である。他の生命体をそれ自身の現実性において、生命体「として」経験するためには、われわれはそれを理解しなければならない。理解するとは、何らかの仕方で当の他者であろうと試みることであり、彼を思いやるということであり、彼の痛みを、いかなる理由によっても「一応の義務」（prima facie）と判断してはならないものと見なすということである。なぜなら痛みを一応の義務と見なしてしまうことは、痛みを痛みとして全く知覚しないということにほかならないからである。

「仁愛の心からの愛」は肯定するものであり、否定するものではない。愛はむしろ衝動を肯定する。なぜなら愛はすでに衝動の支配から自由なのだから。愛はもはや自分自身に逆らうような衝動ではない。愛の根底に存する経験は非現実性の経験ではなく、現実性の経験であり、曖昧ではない現実性とは人格の現実性にほかならない。愛するとは目覚めることであり、このとき他者はわたしに対して現実的なものとなり、わたしもまた自分自身に対して現実的なものとなる。わたしと他者はこうして像の現実性を獲得する。像は何かでなくてはならない。像は消えてはならない。像は何かを示し、現象させなければならない。像を像として知覚するということは、その示しを知覚することであり、像が現象させるものを受け取るということである。それでは主体性の中に現象するものとは何か――それは、存在であり、現実性である。主体性そのものは実定的なもの、見られうる事実ではなく、否定的なもの、反省であるからこそ、存在と現実性は主体性の中に現象するのである。人間とは存在が現象する場である。したがって、現実性への同意は人間に対する無条件的尊敬の言い換えなのである。逆に言えば、現実性は〈もの〉の客観的属性ではないし、カントの言うように「現実に存在する」（exisitieren）は「実定的述語」ではない。存在とは、仁愛に対してのみ顕現する。存在［ある］の自己顕現はあらゆる当為［べし］に先立つ。それはあらゆる可能的義務（Aufgabe）の根底に存する贈与（Gabe）なのである。仁愛を抱く主体にとって、仁愛は贈り物であり、この贈り物こそが、エウダイモニア、生の自己実現なのである。生命性と衝動のみの段階にあっては、生の自己実現は解決不可能な二律背反を免れないかのように表象されていた。生の自己実現は、理性へと目覚めた生命において可能となるのである。生命が目覚めるときというのは、理性が衝動に仕える道具であることを止め、生命の形相となるときである。このとき理性は生命に抽象的に対立することを止めており、いまや生命的な力によって満たされた具体的なものとなっている。理性はこうして創造的想像力、決定的欲求、すなわち〔他人の〕幸福への欲求〔＝仁愛〕となる。こうして、仁愛の中に現実性が現実性そのものとして——友愛の光の中に——露わになるのである。

Ⅳ　仁愛と生命への援助

仁愛の範型となる行為とは、助けを必要としている人間に援助の手を差し伸べるようなすべての行為である。このことは決して自明のことがらではない。なぜならさまざまな道徳の範型が考えられるからだ。例えば、道徳の範型を不作為に求めること、すなわち他の生命体に顧慮しないままに自分自身の幸福を追い求めることを断念することに求めることも可能である。また、互いに利害関心が対立したときに他者と折り合いを付ける用意があることに求めることもできる。さらには、巨視的に見てできる限り多くの人間にとってより快適でより心地よい状況を作り出すような対策をとることを、道徳の範型とみなすこともできる。いずれにせよこれらのさまざまな可能的範型の根底には、一つの基礎的事態が共通に存している。すなわち生命体の目的論的あり方である。生命体は何かに対してつねに利害関係にある。また生命体は、ライプニッツのモナドのように己の目的（テロス）を過つことなく実現することのできない不完全的な存在でもある。生命体は失敗するかもしれない可能性につねに曝されており、自己保存や自分にとって本質的な目的を確実に達成するために必要な手段を独り占めすることもできない。したがって

〔このように不完全な存在である生命体に対する〕仁愛とはまず第一に、危機にある生命に援助の手を差し伸べる用意のあることだといえる。ハンス・ヨナスは寄る辺のない子供に対する人間の振る舞いをこそ道徳的振る舞いの基礎的範型とみなしているが、これは全く正当である。他人を傷つけるようなことをしないというのは、後に詳述するが、援助の特殊な一形式にすぎない。このように考えたとき、「『自分自身に対する仁愛』もまた『援助の用意のあること』と解釈されうるのであろうか、それとも、援助はつねに他者による援助でなければならないのか」という問いが浮上するが、これに答えるために、そもそも援助する行為の特徴とは何かを考えることにしよう。これはすなわち間接性にほかならない。援助は他者による生の遂行そのものに取って代わることはできない。むしろ援助の目的は、他者による生の遂行を可能にすることである。そうだとすれば、自分自身に援助の手を差し伸べることもまた可能なのである。自分自身の衝動目的を直接的に追い求めることが仁愛の実質的な内容なのではない。なぜなら、このときわれわれは環境世界に完全に埋没しており、自分自身に気づいていないからである。つまり自分自身に対して現実的なものとなっていないからである。内省することによってはじめて、われわれの欲望にとって本質的な〈究極目的〉とは何かが明らかになる。自分自身を自然的な存在であると同時に理性的な存在であると自覚することによって、われわれは自分の「本来的な」欲望に援助を差し伸べることができるようになるのであり、こうして自分自身との責任ある交わりが始まるのだ。援助というカテゴリーは、自分自身との関係を表すために用いられても依然として仁愛という道徳的関係を表現するカテゴリーなのである。援助は生命の自発的表出でもなければ、制作（ポイエーシス）、すなわち創造的行為でもない。援助をそのような概念で定義することはいかにしても不可能である。なぜなら援助による支援を必要としており、実際に援助によって支えられているような〔生命的〕傾向性こそを、援助はつねにすでに前提としているからである。すべての特殊的道徳的行為はみなこの類のものである。道徳的行為は生命の直接的自発的表出でもなければ、技術的芸術的行為でもない。道徳的行為が技術的芸術的行為を修正するというかたちをとるときですら、それは道徳的行為である以上は決して技術的芸術的行為の一種ではない。ここでいわれている修正とは、眼前の目的に埋没して〈究極目的〉を忘れ去っている状態、すなわち「存在忘却」を克服することにこそ存するからである。行為者を現実性に再び繋ぎ止めること、忘却の淵から救い上げることは、このように援助という性格を必ずもつ。それらの行為は、彼が「本来的に」欲していることが何であるのかを行為者に自覚させることにほかならないからである。

本来的な欲望、「真の関心」というプラトンの概念は、さまざまな難点を孕むけれども、道徳的実践、仁愛という実践にとって、不可欠である。「真の関心」という概念の根底には、第1章で取り扱った経験が、すなわち人間はしばしば——自分自身の基準に従うがゆえに——間違ったことを欲してしまうという経験が存している。生命が援助を必要とするべく定められているのは、決して外的事情のゆえのみではなく、自分が本来的に何を欲しているのかを知らないという自分自身の欠陥のゆえなのである。したがって、啓発こそ「生命の援助」の最重要形式の一つである。衝動的目的の直接的な誘惑のもとでは忘れがちな事柄を学ぶこと、あるいは再び思い出すことこそが啓発なのだから、啓発には自己啓発もありうる。「本来的」な欲望と直接的衝動目的とは同一ではない。ある種の精神分析においては、分析的内観によって第一の衝動目的として露わになるものこそ「本来的なもの」であり、それが上部構造において内省や意識的な欲望によって修正を受けるからこそ人間は自分自身から疎外されるといわれる。しかしもしそうだとすると、人間は「本来的には」、環境世界にぴったり合致した本能構造を備えた、自分自身だけで完結している動物なのだが、理性的洞察によって自分の生命に対する支配の確実性を損なっていることになる。しかしながら、これは嘘である。すでに確認したとおり、人間にとっては純粋に動物的な幸福は存在しないからである。フロイトは、現実原則こそ自分自身の本来的な欲望という義務へと人間を向かわせるために外部から課せられた条件だと考えた。この条件なしには人間は自己保存を確実なものとできないというのがその理由であった。しかしこれは間違いである。現実性は人間にとっての第一の敵ではない。現実性はむしろ、人間が無条件に要求するものなのである。現実性を要求するとき、純粋に動物的な充足はすでに人間には不可能となっている。自分自身の超越へと、また他者をその自己存在において発見することへと人間を駆り立てるもの、衝動の昇華へと人間を促すもの、これらは衝動そのものよりも「さらに深い」のだ。以上の事柄から、人間的現存在が本来的に先取りという性格を有することは明らかであろう。われわれの本来的な姿ははるか前方にあり、それに到達するためには必然的に援助が必要なのだ。友人たちはわたしに援助の手を差し伸べなければならないし、わたしもまた援助を受けなければならない。なぜなら「友人の手を借りてできることならば、わたしもある程度は自分でできるはずだ」からである。ひとは助けられることによってはじめて、自分自身を助けることを、すなわち自分自身と間接的な関係を取り結ぶことを学ぶ。自分自身とのこうした間接的な関係づけこそが、単なる道具的な理性ではないような、すべての道徳的実践の根本をなすのである。

［注］

（1）〈身近な目的〉とはすなわち、利害関心によって目的論的に志向されるさまざまな対象のひとつである。これは「手段‐目的」連関の中の一項たる手段的目的である。これに対して〈究極目的〉とは、いわばそのような目的論的利益体系を支える基盤である。これは、個々の目的が目的として可能となるための基礎的条件としての本質的目的である。例えば、「何かを食べよう」という欲望の対象としての食物は、〈身近な目的〉の一つである。ではなぜわれわれは「何かを食べよう」と欲望するのであろうか。それは「空腹を満たすため」である。ではなぜ、「空腹を満たそう」と欲望するのであろうか。それは「生命を維持するため」である。ではなぜ「生命を維持する」と欲望するのであろうか。このように問い続ければ、最終的には「私のため」であると答えるより他になくなるであろう。この「私」こそが、「個々のさまざまな目的（〈身近な目的〉）」を根底から支える「……のために（〈究極目的〉）」である。これは人類についてもいえる。なぜ「人類という種は保存されなければならないのか」という問いには、「人類のため」と答えるよりほかにない。このように反省することによって、「種の保存」という目的が目的として存在する条件として、「人類」という〈究極目的〉が露わになるのである。

（2）ライプニッツ『人間知性新論』第二部第二〇章。

（3）プラトン『ゴルギアス』五〇五d。

第8章　愛の秩序――他者の地平

「現実への覚醒」が意味するのは、まず何よりも、有限的生物が、その種的本性や本性的衝動によってあらかじめその地平が描かれているパースペクティブを脱することである。このような離脱以前には、その生物の知覚や行動は、常に、環境世界内のシステムの自己保存機能として理解されうるものである。「理性的動物」(animal rationale)は、自己自身や他者を、共通の地平、すなわち原則的には有限的であり、存在の地平の内に位置づけられた現実として見出す。この地平で出会われるあらゆる存在者は、その都度それ自身として出会われるものである。ここに特殊なパラドックスが存在する。というのも、この存在者は、それ自身である限りは唯一の、共約不可能な、比較不可能なものであり、それ自身にのみ同一なものである。しかし、それが他のものと比較可能であるのもまた、まさにそれ自身においてなのである。なぜなら、この存在者は、他の存在者と同じように自己自身なのであり、その意味において、自己自身との同一性を保つものすべてと類比関係を有しているからである。仁愛は、これと似たようなパラドクサルな構造を有している。すなわち、仁愛の心は本能的衝動の一機能でもないし、自己保存や種の保存の一機能でもない。なぜなら仁愛は、それらを相対化するからである。仁愛は、それが開く地平と同じくらい普遍的なものである。仁愛は、すべての存在者を唯一で、共約不可能なものとして捉え、それらと関わる。しかしながら、仁愛の心のある者もまた、有限的存在者である限り、遅くとも行為し始めるときには、共約可能性を導入し、出会う相手を相対化せざるをえない。というのも、その仁愛の心のある者は、行為者である限り本質的に有限であるからである。行為は選択的である。行為者は、出会う相手を、自分の「観点」へと従属させる。行為者は、出会う相手がありのまま存在することを許さず、出会う相手を把持し、有限的なパースペクティブを介して、そして有限的な行為の結果によって、その相手を変化させる。行為者は、ある人を別の人のために使用する。つまりある人を目的として描き出し、他の人を副次的結果や代償へと引き下げるのである。

仁愛の普遍性は、第一に観想的なものであり、実践的なものではない。神への愛に関する哲学の古典的伝統の中で、プラトンにおいては「善そのもの」への愛が問題であり、スピノザにおいては「神への知的愛」(amor Dei intellectualis) が問題であった。アウグスティヌスは、「自分を軽蔑するに至る神への愛」(amor Dei usque ad contemplum sui) について語り、それに「神を軽蔑するに至る自己愛」(amor sui usque ad contemplum Dei) を対立させている。(1) 二つの「愛」は、経験的には統御不可能なほど根本的な仕方で、人間を二つの領域に分けている。仁愛の普遍性が神への愛として理解されうるということは、普遍的な仁愛が、ある特殊な「事件」のときにのみ実現されるような単なる一つの可能性ではないということ、すなわちそれが抽象的な一般性という空虚な形式ではないということを意味している。仁愛の普遍性が抽象的なものにすぎないとき、また仁愛が、「万人」のようなものに関わるとき、その人にとって根本的な仁愛が現実的に妥当であるような人は誰も、真の意味では仁愛と関わっていないことになる。仁愛は、超越論的な「根本的選択」(optio fundamentalis) として、常に「カテゴリー的」適用に対して超越し続けている。このことから導き出されるのは、愛すなわち「仁愛の心からの愛」(amor benevolentiae) は、真の意味では現実にはならないということである。根本的選択、すなわち「よい意志」は、一般的である限り単に抽象的なものにすぎず、それが具体的になるときには、もはやそれは仁愛では全くないのである。他方、神への愛と「隣人愛」の関係は、超越論的形式とカテゴリー的適用の関係ではなく、絶対的なものの現前とその具体的象徴との関係である。像は、その像の原型の「適用」ではない。像は、その像の原型を代理表象するのである。『ヨハネの第一の手紙』の中で、「もし目に見える兄弟を愛していないのならば、どうして目に見えない神を愛していると言えようか」（四・二〇）と述べられているとき、これらの言葉の背後に、像という観念が見出される。そしてこの像の内には、その原型が現れるのである。

I　仁愛の有限性と愛の秩序

われわれは、行為を通じて、神と関わることは全く不可能で、有限的なものにのみ関わることができる。だが、例外的に、神崇拝の儀礼的形式には関わることができる。この崇拝儀礼の有限的で、個別的で、「型どおりの」身ぶりは、神的なものを象徴的に主題化している。ところで、人間の人倫的同一性を基礎づける行為のあらゆる無条件的関係は、象徴的である。結局、あらゆる道徳的行為は、儀礼的性格を有しており、純粋な目的合理的行為ではない。それは、仁愛の表現であって、仁愛そのものではない。しかしこの表現を通じて、仁愛の普遍性は崩壊する。「すべてのもののためにすべてのものになる」[2]という今日好んで用いられる格言は、誇張的な隠喩であり、文字通りに受け取るならば、有限性の条件と両立しえないものである。有限性の諸条件の中では、それが時間や力や注意力や物質的財の何であろうと、誰も得ることなしに与えることはできないという条件が挙げられる。諸条件を度外視しようとする一つの試みが存在する。それが純粋な自発性に対する崇拝である。人は、自らの可能な限りのすべての仁愛を差し向ける対象としての、ある存在者へと向かうが、それは偶然や情念によって導かれる、すなわち恣意において向かうのである。たとえその仁愛が恒久的なものであろうと、情念および共感が存続する限りのものであろうと、そうなのである。このように人は、一個人への愛情のこの共約不可能性を通じて、すべての個人との共約不可能性を実現する。この愛情の対象としての存在者は、われわれにとって、絶対的なものの象徴から絶対的象徴になる。この絶対的象徴は、第三者の利害関心に対する考慮によっても、予測されうる副次的結果によっても、特定の行為の優越的性格によっても相対化されない。このような態度を、われわれは「情熱による狂信」だと言うことができる。「愛は果たして罪になりえようか」というスローガンは、この狂信の自己正当化にほかならない。

実際には、正義への考量を度外視するこのような排他的仁愛は、まさに「仁愛の心からの愛」(amor benevolentiae) を特徴づける既述の「現実への覚醒」ではない。この枠組みにおいては、他者は、無条件的なものの顕現ではなく、その無条件的なものの代理品である。この愛による対象選択の主観的恣意的性格は、その対象の絶対化と同様に以下のことを示している。すなわち、現実にここで問題になっているのは、単に本能的衝動の自発性を十分に活かすことなのであり、したがって、たとえ善行への本能的衝動が問題になっているときでさえ、他者は、ここでそれ自身として主題化されているのではなく、本能的衝動の対象として主題化されていることが示されているのである。結局のところ、私の愛情の原因は、他者にあるのではなく、私自身にある。もしその理由が他者にあるのならば、愛は、愛の対象以外のあらゆる他者を無視する理由にはならないだろう。愛の対象以外のこれらの他者は、彼らの自己存在の共約不可能性を顧慮するならば、その愛の対象とは区別できないものなのである。

では反対に、「仁愛の心からの愛」は、各人に同じ仕方で有効であるときにのみ、それ固有の次元に到達すると考えるべきなのだろうか。すなわち、愛の内で偶然や運命や統御不可能な個人的衝動といったあらゆる諸要素が消滅したときにそうなるのだろうか。もしそのようであるならば、仁愛は、公正さへの命令や普遍化への要請へと還元され、自らの力を失ってしまうだろう(この力こそ、われわれが現実へと開かれることを可能にし、尊敬義務の対象になりうる諸々の主体に気付くことを可能にするものである)。あるいは、その逆も真である。すなわち愛は、この場合には、カント的意味における「病的な」衝動、すなわち本能的衝動の表出になってしまうのである。それは、真の意味ではわれわれの自己存在を明らかにしないものである。この場合、生と理性は再び分かたれ、「理性の事実[3]」は生に侵入した異質な要素になってしまうだろう。この「理性の事実」は、生を変容させずに、生の表出をある特定の諸条件へと従属させるのだが、その際、生ける存在者を特定の諸条件に従属させうるのがどのような理性なのかは明らかにはならないままである。したがって、唯一でありかつ排他的な愛の経験と仁愛の普遍性との間には、排除の関係ではなく、内的な連関が存在しなければならない。そして実際にそのようになっているのである。

仁愛の原初的で最も純粋な諸形式は、その対象に関しては、完全に偶発的なものである。すなわちそれは、本能的衝動であり、友愛であり、感謝である。ジャン・パウルが力説するように、感謝の感情は本質的に無私なものである[4]。確かにこの感情は、親切によって引き起こされるが、さらなる親切には向かわず、親切を施す人自身に向けられる。有限的存在者による全ての仁愛は、感謝の性格を有しているのだ。概して、とりわけ打算的性質の人は感謝できないということが観察される。ところで、根源的には偶発的なものであるこの仁愛は、その真正さ、すなわちその認知的性格および現実を開示する力を示すのだが、それはすなわち、この仁愛が、その対象において、世界全体を体験し、世界全体を新たな光のもとに顕わにするということである。最初にあった偶然性が消え失せるのは、まさにこのことによる。この場合には、ある一つの仁愛の対象が、全体を表象しているのである。反対に、ある存在者の愛が、他者に対する不正に行き着くとき、それは最初にあった偶然性を固定化する。愛されている存在者は、偶然的で束の間の愛情の対象にすぎないものとなってしまう。というのもその愛情は、本当の意味ではその人に向けられていないので、その者から逸れることもありうるのだ。

友愛は、仁愛の範型的で最も強度のある形式として、仁愛の始原において、そして正義のあらゆる規範の彼方に見出される。友愛は自由な贈与であり自由な選択である。友愛は、全倫理学の核心に見出される。なぜならその内には、正義に対するあらゆる要請の根底をなす仁愛が、純粋な状態で現れるからである。誰かを権利の主体としてみなすことは、何らかの仕方で、その者に対して仁愛を持つことに帰着する。ところで、仁愛になりうるものとは何かを自問するとき、われわれは、その最も高次な範型、すなわち友愛を参照することしかできない。しかし、われわれは、実際には、限られた人数の親友しかもつことができないので、その者への愛情は、正義の考量に属する事象には決してなりえない。「規範」倫理学の領野、正当化義務の領野が始まるのは、友愛の限界外においてのみである。したがって、有限な存在者にとって、普遍性における仁愛は、彼らのパースペクティブの有限性にも、仁愛の対象の有限性にも適合したある構造によって構成される必要がある。換言するならば、アウグスティヌスが「愛の秩序」(ordo amoris) と呼称したものが存在するのである。各々は、他者の「愛の秩序」において固有の場所をもっている。理性の普遍性は、われわれが、自分自身に対してそうである程には、すべての他者にとって重要にはなりえないということを、われわれに意識させる。各人がまさにこのことを知っているからこそ、誰かを何者でもないかのように扱う権利をもつ者はいないのである。他の人々の行為に関与した人はすべて、正当化の合法的要求を行う主体である。私の利害関心が関わるや否や、私が、自分自身他人から考慮を要求できる対象だと主張できるのは、まさに私が、私固有の利害関心を相対化しうるということ、また、私自身が、根本的な仁愛を持ちうるということによる。人を決して手段としてのみ用いてはならず、常に同時に目的として尊敬せよというカント的命法は、以下のような意味を有している。すなわち、私の行為に関与してはいるが、私の行為の最終目的ではないようなすべての人間は、彼ら固有の行為の最終目的として、そして潜在的に道徳的であるものとして、尊敬に値するのである。この尊敬がどの程度の尊敬なのかというと、その者について、何かを要求しうるのかという問いを立てるような尊敬である。この問いに対して肯定的に答えることは、他者の行為に関与している人が、理性的存在者として、原則的に、自分自身にも、このような要求の可能性を認めることができなければならないことを承認することと同じである。

ここでわれわれは、正当化を要求できるか否かについての考量が、その内容において、どのような形態をとるべきなのかについて、また、討議および他者の行為に関与する人による現実的同意が、どのような役割を果たすのかについて問うことは未だしない。今のところ問題なのは、人が他者の行為に関与しうる三通りの仕方を知ることである。まずその関与する者が、ある行為の直接的な〈目的そのもの〉である場合がある。すなわちその行為は、「その者への愛のために」成し遂げられるのである。次に、この愛の関係の逆、すなわち憎悪もまた存在する。その憎悪において、他者は、その者への憎悪のために成し遂げられた行為の〈目的そのもの〉である。最後に、ある者が、その行為の〈目的そのもの〉ではないが、その行為に巻き込まれている場合がある。行為者の有限性は、各々の人物をその行為の直接的な〈目的そのもの〉とみなすことを不可能にする。「愛の秩序」が意味するのは、普遍的な仁愛の中で段階づけられたヒエラルキーである。そして、われわれが正義について語るのは、この秩序を参照することによってである。

Ⅱ　愛の秩序と「近さ」の発生

このヒエラルキーのただ中には、重なり合い、競合するような、そして、利害関心がぶつかり合う場合に役割を果たすような諸々の観点が存在する。近い関係もしくは遠い関係とは、まさにこのようになっているのである。この関係は、感覚的で時空間的な生の構造の内に根差している。この構造は道徳的観点と無関係ではない。もし理性が、生ける存在者の自己への到来、すなわち現実への覚醒ならば、実践理性とは生命体の現実の傍にある二次的な現実ではなく、その生命体の現実の「形相」(Form) だということになる。だからこそ、理性的存在者は、本能的衝動の持つ自己集中的性格に無関係ではないのである。そのような本能的衝動にとって、世界は本質的に環境世界である。人間の相互作用は、そのすべてが合理的普遍性という媒体において存在しているような、互いに透明な理性的存在者の融合ではない。この合理的普遍性という媒体は、もしそれが空虚なまま留まるべきではないのならば、実際には、特定の個人への具体的な愛情を前提としていることになる。なぜなら、われわれが人格と呼称する諸個人は、個人である限り、仁愛を持つことができるし、仁愛をもって彼ら固有の利害関心を相対化することができるからである。人格の持つ個人性や有限なパースペクティブは、乗り越えられるべき不合理ではなく、無限なパースペクティブへの移行を可能にするものである。人格は、個人である限りにおいてのみ存在する。それゆえ、近さと遠さの秩序は、ある倫理的で重要な秩序を有している。「他の似たものたち」(ceteris paribus)、すなわち家族、友人、仲間、隣人、同宗者、同郷人が、遠い人々、知らない人々、異邦人よりもわれわれの行為の直接的な目的でありたいという要求を持つということを、後者(＝遠い人々)に対して無理強いしなければならない。このことは、以下の事実、すなわち、もし誰かに何かを与えるならば、必ずや他者から何かを得たり、他者に対して何かを拒絶したりすることになるという事実から導き出される。優先性は、もしそれが真の意味で主観的自由裁量の表出ではなく、仁愛の表出であるならば、それ自身、誰にでもアクセス可能な直感に基づいているべきである。近い関係と遠い関係は、このような直感的性格を有している。というのも、ある人にとっては遠い者も、他の人に対しては近い関係を保持しているのであり、そのような関係からは、その者にとっての、それ相応の同じ優先性が帰結するからである。

もし私が、自分の子供の命を救うか、別の人の命を救うかという二者択一に直面するとしたら、やはり私が救うのは自分の子供の命であろう。そして私は、そうすることによって絶望させてしまった人に対して、赦しを乞うであろう。それは、より狭い道徳的意味における赦しではない。というのも、このケースの意味においては、私に過失が帰されているのではないからである。それにもかかわらず、理性的存在者に対して開かれている、責任の地平の無限性と、このような無限な責任に行為によって応じることができない生ける存在者、すなわち人間の有限性との間には、ある緊張が残存している。多くの場合、他者との連帯は、できたら援助したいという無力な願望の内にのみ存する。それにもかかわらず、できたら援助したいというこの願望ですら、他者から遠ざかることによって霞んでしまう。また、仁愛そのものは減少する。非常に遠く離れた人々の苦しみによって、通常われわれは、生活習慣を修正するようにも導かれないし、人々をこの苦しい状況から解放するために、自分たちの利害関心を削減するようにも導かれない。明らかにここでは、あらゆる援助を求める叫び声は虚空に漂うことになる。遠ざかった人とは、われわれにとって、ただ単により現実的ではないものである。確かにマスメディアは、日常的に、極めて近いものとして、最も離れた人々の運命を、われわれに示すことを習慣としている。世界は狭くなり、遠いものは近づく。しかし、このプロセスは、連帯化を進めるどころか、連帯を鈍らせるものである。むしろそれは無力感を生み出す。このように鈍らせ、諦めさせる効果は、理性の普遍性が、「愛の秩序」(ordo amoris)の媒介構造を創設することなく、個人の生の特異性および有限性に直接衝突するときに生じる。しかしながら、「愛の秩序」の設立それ自体は、理性による一つの要請である。われわれは、理性的存在者として、他者の現実が、それぞれ独立した生の中核を成していることを知っている。この知識は、有限的生物としてのわれわれにとっては、生命を欠いたものであって、その知識は体験されることはない。われわれは、ある意味、半分しか覚醒しない。しかし完全な覚醒が、現に生きている感覚的な個人であることを止めることを意味することはありえない。もしそうだとしたら、連帯へと向かうあらゆる衝動は、いよいよ消滅することになってしまうだろう。したがって、半分覚醒した存在者であるわれわれが、覚醒することを望むのは、われわれが、「愛の秩序」を創設することによって、自分の知っているものを、真に生きられた体験可能なものにするという意味においてのみである。

一方で「愛の秩序」が意味するのは、われわれに固有の機会に応じて、政治機構設立のために寄与するという政治的義務である。その政治機構は、各人に対する普遍的無関心によって、近さと遠さ、市民と異邦人との差異を均質化することなしに、全ての人間に対して、どこかに、その語の十全な意味における「祖国」を持つことを可能にするものである。人権は市民権そのものではないが、どこかで市民権を持つことは人権の一つである。他方で、仁愛の普遍性からは、以下のようなことが導き出される。すなわち、あらゆる瞬間において、すべての他者は、各人にとっての「隣人」になりうるということである。「隣人」とは、意図的にであれ偶然的にであれ、物理的に近いという状況に至るものである。しかもその上、ドイツの刑法は、たまたま物理的に「近い」状況になった事故の犠牲者の救済義務を心得ている。この出会いの偶然性は、誰かが助けを求めて、まさにこの私の方を向くことのうちにあるのだが、その偶然性は、二人の人間が互いを考慮するときに創られる相互関係において乗り越えられる。他者が私に対して、「現実」として明らかになるのは、まさにこの関係においてである。私があらかじめ探し求めてはいなかったこの顕現を、もし取り消そうものなら、私は、自分の現実への開きを最初に可能にした仁愛の外部へと、必ずや再び転がり落ちることになる。これこそがまさに、よきサマリア人の喩え話の要点である。(5) サマリア人は異邦人であり、偶然、援助を必要としている人に対して近い状況に置かれた。この状況は、「愛の秩序」からその価値を奪いはしない。これは、まさにこの「愛の秩序」の適用された事例の一つなのである。

しかしながら、もし同時にこうした偶発的な状況や他者の苦しみを知ることから可能な限り逃れようとするならば、普遍的な問題を政治に還元するのでは不十分であるし、また、緊急の援助を求めている人が偶然に物理的に近くなるという事例を、近さの伝統的諸形式に付け加えることによって、その諸形式を豊かにするのでも不十分である。人の惨事に関する、しかし、その惨事を非現実化するような普遍的で冗長な情報に直面した際に問題になるのは、われわれが知っていることのうちのわずかな部分を、現実的な体験にすることである。それはすなわち、そのわずかな部分を、行為するわれわれが結論をそこから引き出しうるほどの大きさの現実的な体験にすることである。これがどれくらいの大きさなのかは、いかなる決疑論によっても決定することはできない。カントは、誰も義務以上に何かを行なうことはできず、各人はこの義務を完遂しなければならないと考えた。功利主義的帰結主義者および他の帰結主義者は、道徳的義務を、世界を最善化する義務とみなす際に、カントと似たタイプの結論に行き着く。われわれは、後ほどこの帰結主義という思想をより詳細に検討しなければならないだろう。道徳的義務と世界最善化義務という二つの概念の特質は、倫理学の起源に、現実に対する知覚ではなく、命令や法や規範、すなわち結局のところ〈なすべし〉を置くことである。隣人愛を実践した偉大な模範者は、何か非日常的なことをしているという意識をもって生きてはいなかったし、行為してもいなかった。実際、そのように非日常的なことは、誰も彼らに要求できなかったであろう。しかし、彼らがなすべきことをする際の自明性は、誰もが彼らのように行為すべきだという考えではなく、むしろ彼らのごとくあるすべての人はこのように行為すべきだという考えを含意しているのである。従って、いずれにしても問いは以下のようになるだろう。すなわち、存在者の特定の様態に対する義務は存在するのだろうかという問いである。実際われわれが、特定の生きている存在者の様態を前にして自発的に感じることが多いのは、「まさにかくあるべきだ」ということである。しかし、ここで問題になっている義務が、どのような種類のものであるのかを、より明確に決定する必要があるだろう。というのも、人は、何者かであることを首尾よく望むことはできないからである。人は、せいぜい行為によって、そうしようという意図を持たずに、何らかの性質を持つ人になることができるだけなのである。

　アリストテレスは、自らの倫理学を、徳に関する教えとして理解した。すなわちそれは、「第二の本性」になった特定の存在の仕方、特定の態度の仕方に関する教えである。彼は、寛容に関するいかなる決疑論的規則も創設しなかったが、寛容な人による慣習的実践について書き記した。寛容な人とは、所与の状況において、誰にどれくらい与えるべきかを知っている人である。そして彼は、この知識を、過大と過小の間にある中庸の正義に関する知識として定めた。トマス・アクィナスは、倫理学に関するこの「徳」という概念を再び取り上げたが、それに付け加えて、もろもろの「徳の諸形相」（forma virturtum）、すなわち愛に対しては、アリストテレスが定めたような基準は存在しないとした。トマスにとって、愛の基準は無限なのである。もしわれわれが愛を「仁愛の心からの愛」（amor benevolentiae）という意味で、すなわちそれによって現実がわれわれにとって現実になるところのものとして解するならば、結論は同じものになる。この「現実になること」の基準は、両極端の間の中庸ではなく、それ自体極端なものなのである。すなわちそれは、反省の持つ消極性と存在の持つ積極性との間にある無限の隔たりの解消である。理性に覚醒した個人にとって、「ロゴス」（logos）による生の変容と、生による理性的性質の完成は、終わりのないプロセスである。この過程を使命として捉えることは、すでに贈与の領域に属することである。この贈与とは、最初の覚醒という贈与である。

「自分を軽蔑するに至る神への愛」（amor Dei usque ad contemplum sui）と「神を軽蔑するに至る自己への愛」（amor sui usque ad contemplum Dei）に見られる二つの「……に至る」（usque）は、それぞれ傾向、方向づけを意味しており、「立場」を意味しているのではない。現実に神の立場を取ることができる者は誰もいないし、そうすることを試みるべき者もいない。というのも、そのようにすることは、有限性を拒むことによって、かえって有限性を絶対的なものへと仕立て上げることしかできないからである。「神が欲することを欲するのではなく、神がわれわれに欲するように欲することを欲せよ」。これが「愛の秩序」、倫理学の秩序である。そして反対に、誰も一貫して独我論的観点を取ることはできない。そうするためには超人間的能力を所有しなければならず、従って、神にならなければならないのである。「エゴイズム」でさえ「……に至る」を伴った一つの傾向に留まるのであり、具体的に実現可能な立場ではない。まさにここでわれわれが主題化しているのが傾向であるからこそ、倫理的理性へと至る「発展」のようなものは存在せず、倫理的理性の内部における発展、またそれまでとは反対の方向への発展しか存在しないのである。方向転換は、あくまでも発展とは反対のものである。回心や発展は、共約不可能なカテゴリーに属している。したがって、「愛の秩序」の中には、増大する覚醒は存在するが、眠りから覚醒への発展は存在しないのである。

Ⅲ　愛の秩序と現実経験

「愛の秩序」(ordo amoris) は、近さと遠さの観点においてのみならず、とりわけわれわれが出会う現実のヒエラルキーという観点において、われわれの、複数の個人に対する関係を組織化する。このようなヒエラルキーを基礎づけるのは何か。これに対する解答を完全に正当化する枠組みを提供するのは、存在論のみであろう。しかし、倫理学という別の枠組みにおいても、この存在論は放棄されえない。形而上学のない倫理学というものは存在しないのである。それは、われわれが、他者に対する義務のようなものを経験するために、他者を現実として、すなわち「もの自体」としてみなさなければならない必然性に関して、すでに見たことである。そしてこの義務の経験とは、結局のところ、かの現実経験にほかならない。というのも、この現実経験もまた、純粋に理論的なものではないからである。純粋に理論的には、われわれは質的な経験しか持たず、存在の経験、自己存在の経験、すなわち「定義上」(per definitionem) 対象でないものの経験を持つことは決してないのである。

さて、われわれが出会うものは、自己存在の観点においては、同じ順位も同じ明証性も有していない。そして、われわれに一義的な仕方で「もの自体」として与えられているもの、すなわち強調された意味における現実として与えられているものは、他の人々である。われわれの義務がまず何よりも人に対する義務であるということは、この他者との関係に基づくのであり、種における生物学的連帯に基づいているのではない。というのも、この生物学的連帯は、先に述べられたように、反省に基づかずに本能によって作用するか、また反省可能な存在者のために、いかなる親切も基礎づけることができないものである。他者を尊敬し、援助するための理由を私に与えるのは、他者が私と同じ生物学的種に属するということではなく、あらゆる生物学的帰属を超えて他者が自己自身への関係を有していること、すなわち結局のところ彼が自己であるということなのである。他者は、ある意味での「現実」であり、対象すなわち「束縛変数の価値」（クワイン）であるという事実に還元されえないものである。自己自身に関わる存在者は、他者に関わるのみならず、他者の経験に関わるのである。確かに他者は、有限的なものである限り、本質的に他のものに関わっているのであり、この関係においてのみ現実である。しかし他者は、そのことを自覚しており、自分固有の相対性を意識して自らの自己中心的性格を脱することによって自分自身を相対化するので、自らの相対性を乗り越えて絶対的なものの表象になる。われわれが人間の尊厳という言葉によって理解するのは、まさにこのことである。潜在的に倫理的な、すなわち絶対的なパースペクティブを持っている存在者は、自分の面前では正当化されえないあらゆる道具化を禁止し、自分自身が交代できないような、あらゆる道具的使用を禁止する。しかしここで「禁止する」とは何を意味するのだろうか。ここで問題になっている禁止は、なぜわれわれがそれに従属するのかを自問しなければならないような非人格的な〈なすべし〉、つまり抽象的な命令に基づくことはない。この禁止は、自己存在の知覚と同じものである。プラトンの命題は、それに即して善を理解するならば必ずや同時にその善を欲さざるをえなくなるようなものだが、それはまさにこの他者に関する禁止について示している。すなわち「愛は眼である」（Amor oculus est）ということである。もしここで問題になっていることが命令よりもむしろ禁止だとしたら、それは禁止が、厳密な意味で援助への最小限の命令を表しているからである。援助への命令とは、積極的な内容に関しては無限で多様なものである。

もし人倫的関係が、まず何よりも自己意識を持つさまざまな主体間に存在するのだとしたら、その際、自己意識を未だ獲得しえない、もしくはそもそも二度と獲得しえない、もしくは今後も決して獲得しえないような、そういった人々に対する関係はどのようなものなのだろうか。人間の尊厳という言葉は、そのような人々にとって、理性的な根拠づけが不可能な、種における生物学的連帯の隠喩的表現とは、別の意味を持っているのだろうか。人間の「自然本性」と人格との間にある不可分な繋がりを知覚するためには、以下のことに注意を払うだけで十分である。すなわち、われわれは、直接的かつ経験的な仕方で、人格や自己に対する関係のようなものを認めることは決してできないということである。人格的「魂」に関しては、経験的な代理表象しか存在しない。それはとりわけ、人間の顔と言語である。これらの象徴的表象は、原則的に見せかけ可能なものである。反対に、われわれがあえて自己意識の不在だと結論づけることがなくても、象徴的表象が欠けている場合がある。それは、失語症や見間違えられるほどに顔つきが変形している場合である。われわれは、そうしたことが自分にも起こりうることを知っているし、また、そのような人格としての「信号」がなかったとしても、自分が人格として認められる必要がありうることを知っている。このような認知の背後には、アリストテレスが以下のように表明した基本的直観が見出される。すなわち、事物の本質もしくは自然本性とは、たいていの場合、示されるものを通じて読み取られるということである。このように人間の自然本性は、たいていの場合、自然本性を意識している生として実現されるようなものである。理性的性質とは、いわば人間の自然本性の「通常の形式」である。生きている有機体を知覚することが意味するのは、すでに見られたように、目的論的な仕方でそれを知覚することであり、その有機体の「傾向性」を共に実現することである。他の人間という有機体を、意識的生として、自己に到来するもののように知覚するときにのみ、われわれは、この有機体の傾向性を共に実現することができる。このように「現実になること」の手前に経験的に取り残されることは全て、適切な仕方で解釈されえない影の領域である。したがって、人間の発展における人格の始まりを、年代記的に定めることもまた不可能である。意識は、本質的にその始まりを想起することができない。「私はいついつの瞬間に生まれた」と言うとき、この「私」が意味するのは、われわれが「私」と言ったときに始まる何かではなく、われわれが「私」と言いながら関係している、生ける存在者、すなわちあらゆる「私」という発話に先立つ、生ける存在者である。人間的人格の本質は、記憶の及ばないものに根差している。したがって、この人格というものへの尊敬は、人間から生み出されたすべてのものに対する尊敬においてのみ、示されうるものなのだ。

Ⅳ　人間以外のものとの愛の秩序

問題は、人間の人倫的関係、すなわち仁愛と援助の関係が、人間同士の諸関係を超えたところで存在するのだろうかということである。この問いに対しては、肯定によって答えなければならない。人に対する仁愛は、実際のところ、すでに見たように、人としての人において「成熟している」存在者に対する肯定である。現実全体を「剝き出しの事実」（facta bruta）という無意味な現前とみなす者は、進化の過程においてある存在者〔人間〕が眼を開き、この開眼を通じて、意味の普遍的欠如が自己自身を意識するようになるとき、これを意味に満ちた現前として捉えることは即座にはできない。これこそが、ショーペンハウアーが正しく理解したことである。意味の欠如が自己自身を意識する場合にのみ、意識的な生は、不合理から高められたものになるのだ。これとは反対に、もし意味が、存在者の成熟のうちに、すなわち意識のうちに存するならば、この意味は必然的に、存在者の成熟に先立つことになる。そして、ここで意識化されるものは、「適所性」を生み出す自己存在の類比に従って考えられなければならない。

われわれにとって最も明らかな事例は、動物に関する事例である。特に、中枢神経システムを備えた、すなわち、われわれが快苦感覚の表出として体験せざるをえないような行動を備えた動物の事例である。ところで、このような快苦感覚は、仁愛やその反対の敵意をその特徴とする事後的解釈を通じてのみ、われわれに与えられるものである。われわれは、自己意識において感覚として意識されない感覚が何であるかについて、語ることはできない。われわれの語りは、ここでは本質的に類比的である。しかし、このような語りは、単に正当化されるものではなく、不可避的なものである。われわれ自身、このような感覚とこのような感覚に関する意識とを区別している。例えば、われわれが頭痛を、意識する以前にすでに存在していたものとして意識するのは、まさにこのことである。「われわれがそれを意識する以前のこの頭痛とは何だったのか」という問いに対する解答は存在しない。というのも、苦痛を意識することは、われわれを取り囲む外的世界の出来事についての意識の領域に属してはいないからである。それは苦痛そのものの一要素である。意識することによって、苦痛は新しい状態に入り、より現実的なものになる。そして、われわれが苦痛を意識する前にその苦痛に関する特定のことについて語りえないということは、苦痛が隠された現実性を所有しているということに基づくのではなく、意識される以前の苦痛が本質的に完全に特定化されたものではなく、結局のところより現実的ではないということに基づいている。

　動物は、自己自身をこのようにさまざまな存在者の中の存在者として見出すことができない。動物は、自己中心的な自らの立場を脱することができないのである。結局のところ、動物は、義務のようなものを引き受けることができない。動物が超個体的な機能を引き受けるとき、その諸機能は常に同時に、自らの安寧を目指した機能であるように引き受けられる。そうであるから、要求可能性という概念は、今日頓《とみ》に動物保護において利用されているのが見出されるが、厳密にはそれは、こうした文脈には適用できないものである。動物の苦痛は小さくも大きくもなりうる。また、それらは、一過性のものにもなりうるし、反対に永続的で反復されうるものでもある。ところで、要求可能性という概念は以下のことを前提としている。すなわち、苦痛に従属した動物は苦痛が仕えている目的という観点からこの苦痛を認めうるということ、そして、動物に対してこのような苦痛の承認が要求可能であるということを前提とするのである。しかし、実際にはこの意味において、動物に要求しうるものは何もない。われわれは、動物に対して多かれ少なかれ苦しいものを課すことができ、このような動物に何かを課す行為において、われわれわれ自身を正当化できるのか否かを自問することができる。ところが、われわれがこのように問うことができるのは、動物がわれわれにとって現実のものとなり、われわれが動物を動物として知覚したときにおいてのみである。要求可能か否かに関する考量もまた、不可避的に類比的考量である。このような仕方でのみ、動物の現実はわれわれに開かれるのである。このような類比を超えて、「真に」動物の生とは何かを語ろうとするあらゆる試みは、空想の領域に至ることになるだろう。そして唯物論的還元主義は、そのような空想の最も無責任な形態になってしまうのだ。

動物は自己自身にとって現実になることはなく、本能的傾向性の自己中心性のうちに留まるので、その生が一つの全体になることはありえない。また、快楽と不快は、生に役立つ機能性のうちには見出されない。動物は、全面的に自らの状態に留まって生きている。したがって、動物に対する仁愛が関わるのも、動物の状態であり、動物がその状態を生きるやり方であって、全体としてみなされたその動物の生ではない。そうであるから、動物を殺すことは、ある生物の全滅のように、ある充分な理由によって正当化されるに違いない。しかし、〔そもそも〕動物を殺すことは、無実で無防備な人間の殺害のような、常に道徳的見地から非難されるべき何かではない(6)。われわれは、動物を殺すという行為によって、現実に対して目をつぶることにはならない。というのも、動物の生は、全体として現実性を持つことはなく、各瞬間においてのみ現実であるからである。動物の生は、われわれがその生との関係を発展させる限りにおいて、われわれにとって一つの全体を構成する。動物自身が自伝を書くことはないが、それは、動物の生が長いか短いかにかかっているわけではない。〔動物にとって〕現実であるもの、それは瞬間的な体験であり、われわれの仁愛や責任が関わるのは、この瞬間的な体験なのである（しかし、このことから確かに以下のことが推測される。すなわち、人は、屠畜場に送り出された動物たちに対するいかなる責任も進んで誰かから免除すべきではないし、その動物たちをいかなる恐れや窮乏にも従属させるべきでないということである）。確かに

「種」(species) の存在に関しては、これとは異なっている。ここで問題なのは、人間世界の豊かさを構成する種の多様性であり、われわれの子孫を考慮するならば、この種の多様性を「ますます少ない状態」(status quo minus) へと減少させるべきではない。しかし、この事実を超えて、自然のための自然に対する責任のようなものが存在する。その責任はどのような意味を持ちうるのだろうか。この自然に対する責任が意味するのは、その種固有の体験における種とは、存在の開け・顕現であり、またある現実をその存在者の反映の一つとしての現実にするための、ある一つのやり方だということである。もしわれわれが、自然を自然のために尊敬することと自然を人間のために尊敬することの両者を正しく理解するならば、一方を他方に対立させることはできないだろう。というのも、世界に対する人間の関係は、最初は、自己主張的であったり、自己保存的な「物質交換」であったりといった自然との関係ではなく、より原初的な「共属」という関係だからである。現実が全体として自己に到来し、世界全体が新しい仕方で「現実」になるのは、理性的存在者の意識においてである。離れた大陸の上で、ある蝶の種が消滅したことを知るときに、われわれを捉える悲しみは、利益の喪失とは何も関係がない。その悲しみはまた、感官的快楽の減少にも一層関係がない。というのも、われわれはおそらくこれらの蝶を実際に見る機会は今後もないからである。にもかかわらず、それらの蝶の消失は、われわれを一層貧しくする。なぜなら、われわれ固有の存在は、われわれ自身とは異なる現実に対する関係によって満たされているものだからである。「他人の幸福に対する喜び」(Delectatio in felicitate alterius)(7) というこのライプニッツ的命題は、人間中心主義と自然に対する「それ自身のための」愛との対立を消滅させる。あるものをそれ自身のために愛すること、それは人間の自己実現特有の流儀なのである。

生命のないものがどの程度まで仁愛の対象になりうるかは、われわれがそれをどのようにみなすかにかかっている。すなわち、それをどの程度現実として知覚するかにかかっているのである。しかし、この生命のないものは、それ自身からは存在論的決定を要求せず、したがっていかなる決定によっても苦しめられることがないので、明らかにわれわれの知覚が、この生命のない被造物に意味を付与することによって、それに現実性を授けるのである。小川は、それらと共に世界を構成している人間や動物や植物が存在している限り、小川として存在している。小川が、「愛の秩序」のうちに場所を見出すのは、まさにこのような仕方においてなのである。

［注］

（1）アウグスティヌス『神の国』第一四巻第二八章。前者が地の国を造り、後者が天の国を造ったとされている。

（2）『一コリント』九・二二。

（3）カント『実践理性批判』第一部第七節。

（4）*Quintus Fixlein, Sämtl. Werke*, 1, 5, pp. 208ff.

（5）『ルカによる福音書』一〇・二五―三七。

（6）こうした動物に対する態度は以下のようにも言われている。「たとえば、動物は自分の生全体を反省することができないから、われわれが正当に想定しうるあらゆる点から見て、動物は自分の生全体に即して生きてはいない。それゆえ動物を殺すことは許される、と考えたとする。しかしその場合にも、その動物がわれわれに役立つのであれば、それぞれの種にふさわしい生をまっとうさせることがわれわれの義務となる。……人間の尊厳の本質は、人間が他者自体をはっきりとその自己存在において承認しうることに存しており、だからこそ人間は『世界の主』と言われるのである」。シュペーマン、レーヴ『進化論の基盤を問う』邦訳二九六―二九七頁。

（7）ライプニッツ『人間知性新論』第二巻第二〇章―第二一章。「後者（博愛）は、そのものの喜びや幸福によって私たちに喜びを与えるもの、に対して持つ感情です。……後者は他人に喜びをもたらそうとしますが、同時に私たちの喜びをなす、というよりはむしろ構成しています」。米山優訳、みすず書房、一九八七年、一二七頁。

第3部　現代倫理思想との対峙

第9章　帰結主義

アリストテレスの考えによれば、哲学的倫理学への関心は理論的な関心ではなく、実践的な関心、すなわち〈いかに行為すべきか〉についての関心である。とはいえ、幸運にもわれわれは、通常の意味で何がうまくいっていて何がうまくいっていないか、あるいは何が善くて何が悪いかを知るために、哲学を待つ必要はない。哲学的反省の課題は、むしろ、そのようなつねにすでに手もとにある知を分析し、そのなかではたらいている原理を見通せるようにすることにある。しかしながら、このような原理の反省が、実践的な実りを何ももたらさないというわけではない。第一に、原理の反省は批判的な機能をもつ。というのも、そのような反省は、われわれの通常のふるまいのなかに、また、反省を経ていない道徳的確信のうちにすら潜んでいる、矛盾や不整合を暴き出し、より深く洞察することでそれらを修正するからである。このようにして、原理の反省は「習俗的道徳の浄化」をもたらすのである。第二に、原理の反省は、境界的な事例、あるいは、新たな問題領域、つまり行為に関する伝統的な規則や直接的な直観が使えない領域における方向づけとして役立つ。今日では、倫理学的助言や倫理学的方向づけ、そして「倫理委員会」までもがますます頻繁に求められるようになってきているが、これは、技術的・文明的発展が、人間の行為活動空間を拡大させることによって、伝統的エートスの「手が届かない」新しい問題領域を絶えず切り開いているということと関連する。そのような新しい問題領域はまた、生死に関わる境界的な領域であることが多い。このような場合には、アリストテレス倫理学風のたった一つの解釈しか必要としないような習俗的道徳が、つねに原理についての知を、行為の規範的指示へとすでに前もって翻訳しているとは限らない。それゆえに求められるのが、ある種の原理、すなわち、——経験的な命題の助けをかりて——規範的命題を検証可能な仕方で演繹的に推論することを可能にするような類の原理である。〔先に論じた〕エウダイモニア、つまり「生の自己実現」は、そのような類の原理の一つではない。充足や主観的安寧もまた、そのような類の原理ではない。しかもそれは、善なる良心を充足として数え入れたとしても、である。というのも、カントが正確に見抜いていたように、ひとは、善の充足について表象を作り出しうるためにもすでに、善を意志する人間であるのでなければならないからである。

それでは、ここまで仁愛と記述されてきたものを、規範的倫理学に対する現代の期待によりよく応える仕方で運用することは可能なのだろうか。アウグスティヌスには「愛せ、そして君が欲することを為せ」という有名な言葉があるが、この言葉は、ひとが善の原理を理解していて、さらに道徳的な根本的態度を身につけているならば、正しいものは自ずから生じてくるはずだという前提から出発していると思われる。ところが、これが実情と異なっているのは明らかである。というのも、愛から正しいことを行なうためには、〈何が人間に善さをもたらすか〉をあらかじめ知っていなければならないのだが、この知は、事実についての経験的な知であるだけでなく、規範的な知や道徳を方向づけるような知でもあるからだ。このような知は、思いやりからひとりでに生じてくるようなものではない。ところで、アウグスティヌスはこのことを十分承知していた。愛ということで彼が理解していたのは何よりも神への愛だった。彼にとって神への愛から直接に導き出されてくるものは、神の命令への従順だったのであり、この神の命令は、理性の光を通じて、そして神聖な書物を通じて接近可能なものになるのであった。アウグスティヌスにとって、神の命令は決して、神への愛という命令に分析的に含まれているものではなかったのである。しかし、〈何を為すべきか〉が仁愛の原理から直接的には導き出されないことには、もうひとつ別の理由がある。すなわち、〔現代では〕仁愛の受取人があまりにも大勢いるため、われわれはその全員のところに等しく助けに駆けつけることができないという理由である。古典的な「愛の秩序」の教えは、仁愛が避けがたく「砕け散り」、恣意性にそして夢想的な存在に逆戻りしてしまわないようにする試みだった。そのとき重要だったのは、言葉の本来の意味での「操作」ではなく、責任の構造化である。そして、責任の構造化というこの領域を編み上げる営みは、一義的な指示に関わる事柄ではなく、慎重な考慮や道徳的空想力に関わる事柄だとされていた。しかし、その場合の責任の対象はいつも、向かい合っているある特定の個人や特定の集団であった。つまり、行為が直接に向けられるか、あるいは、行為の結果によって影響を受ける「隣人」だったのである。

I 功利主義・帰結主義の企図

このような表向きぐらついている規範倫理学の秩序の原理に対して、十九世紀以降、ある新しい道徳原理が以下の二つの特徴ゆえに推奨されてきている。〔第一に〕この原理は、考えられうるどんな状況に対しても、伝統やしきたりや習俗に立ち戻ることなしに、義務にかなった唯一の行為の仕方を演繹しうる原理であると理解される。さらに〔第二に〕この原理は、あらゆる前理性的なタブーを解消し、それによって、完全に合理化された機能的な社会計画を阻む障害をすべて解消する力をもっている。つまり、これまでのいかなる倫理学とも異なり、この原理は、すべての行為の仕方を等しく演繹された義務とみなし、いかなる行為の仕方であれ、それを問いに付すことからア・プリオリに免除したりはしないのである。そして、この原理というのが、功利主義あるいは帰結主義の原理である。これはまた、提唱者によっては目的論的道徳原理と呼ばれることもある。マーカス・シンガーは次のような教えとしてそれを定義している。つまり、「この教えに従えば、ある行為が正しいものであるか誤ったものであるかということは、ただその行為結果のみに（その結果が実際のものであれ見かけ上のものであれ）依存する。この理解によれば、ある行為が正しいのは、行為者にとってはそれもまた可能であったような他の行為と少なくとも同じくらいの『善』を引き起こす、あるいは、引き起こすように見える場合でありかつその場合だけである。同時に、ある行為が拘束力をもつのは、行為者にとってそれもまた可能であったような他の行為すべてよりもより多い『善』を引き起こすか、あるいは引き起こすように見える場合でありかつその場合だけである。つまり、これが利得性の原理であり、そしてこれは功利主義のすべてのバリエーションに共通している。功利主義にはさまざまなバリエーションがあり、それらはすべて、何が『善』でありそれはどのように評価されねばならないかを規定する代わりに、結果の利得や価値を規定する。それらのバリエーションの間にある違いは、どの規定を適切なやり方とするかの違いにすぎない(1)」。

右の定義を補い誤解を取り除くために付け加えなくてはならないのは、この定義においては「善」や「価値」という語が道徳的な意味以外の意味で理解されることしか許されていないという点である。そうでなければ、この定義は循環してしまうであろう（つまり、ある行為が道徳的に善いのは、道徳的な善を結果としてもつからだということになってしまう）。さらに、〔この定義に従えば〕原理的には、道徳的に有意味な結果〔とそうでない結果と〕の境界は存在しない。そして、何らかの境界づけられた責任領域が存在する場合には、その場合に限り、〈全員が万事を直接には気にかけていないときに「全体」は最善の仕方で運ぶ〉と考えることによって、責任領域が「普遍的‐目的論的に」基礎づけられることがわずかに可能になっているだけである。しかし、このような「脱中心化」によって、責任の本来的対象が世界全体であるということが変わるわけではまったくない。それどころか、まさにこのことが帰結主義の本質的な指標なのである。帰結主義が自らを「責任倫理学」と称することがあるが、それは誤解を招きやすい。そもそも行為は、結果をもたらすものであるからこそ行為と定義される。〔そして、〕すべての結果を度外視する倫理学など存在しないのだから、あらゆる倫理学が、責任倫理学なのである。〔そうでなければ〕

倫理学は、行為を度外視することになってしまう。〔帰結主義と他の倫理学との〕差異は、責任対象の違いに存するのである。

最後に、功利主義のバリエーションの一つである、いわゆる規則功利主義に触れなければならない。規則功利主義は、もはや個々の行為を直接的に世界状態の最善化に関連づけたりはしない。この功利主義においては、人々がそれを普遍的に遵守すれば全体的にみて損害よりも多くの利得がもたらされるような規則を、ただひたすら遵守することだけが求められる。クライストの『ホンブルク公子』に出てくる選帝侯は、勝利を収めた公子を戦の後に死刑に処すことで、規則功利主義的な主張をした。公子が軍事的規則の遵守に違反したことによって勝利がもたらされたことは確かだったが、戦闘において勝利するためにたいていの場合は遵守されなくてはならない規則が破られた、というわけである。しかしながら、規則功利主義は両義的な位置に立っており、根本においては、いわゆる行為功利主義に対する真の代案になっているわけではない。つまり、規則功利主義は、改良された行為功利主義であるにすぎないか、あるいはもはやそもそも功利主義ではなくなっているかのいずれかなのである。

規則功利主義が改良された行為功利主義であるのは、それが、行為者が行為の帰結を考量するさいには以下のような帰結をも考慮に入れなければならない、と言おうとする場合である。すなわち、自分の行為によって有益な規則が強められたり弱められたりすることで、長期的にみたときに確実に生じてくる、あるいは生じてくると思われる帰結である。〔この場合には、規則の〕強化や弱化がもたらす結果が、行為の結果とともに計算されねばならない。このようにして、車が来ないからといって赤信号なのに通りを横断する歩行者はみな、自分の例が子どもに対しておそらく交通規則を弱めるようにはたらき、その結果いつの日か間接的に一つの事故を引き起こしてしまわないか否か、ということも考慮に入れなければならないことになる。規則の効力に対するこのような影響が何ら期待されえないような行為が問題になる場合には——つまり、夜間で誰も歩行者に注目していないような場合などには

――、功利主義的な視点のもとでは、他の場合には有益であるその規則に違反しても、抗議されることはないというわけである。しかしながら、その違反に抗議できないのであれば、この違反はすでに義務でもある。なぜなら、この違反によって得られる利得にはいかなる損失も伴わないのであり、かつ、世界状態の利得を増大させることは義務だからだ。

このほかに、規則功利主義は、有益な規則すべてを例外なく遵守せよと主張する場合がある。つまり、ある特定のケースに規則を遵守することが、他のケースにおけるその規則の効力に対して何らかの意味をもつのか否かを考慮することなく、あらゆる有益な規則を遵守せよというのである。このような規則功利主義の理解にしたがったときにはもはや明らかに、義務は、行為から遠く離れた帰結のもたらす利得によって基礎づけられてはいない。〔この場合には〕功利主義的反省は、行為がもつある種の内在的な正しさや間違いを吟味することに役立つのみである。

カントの定言命法は、そのような〔規則功利主義的な〕吟味の審級をすでに含んでいた。さらに、われわれはトマス・アクィナスにもまた、規則功利主義的な考量をくりかえし見出すことができる。彼は、〈ある特定の行為の仕方が一つの普遍的自然法則から導き出されるのだとしたら、それはどのようにしてもたらされるだろうか〉という問いをもっていた。トマスにとっては、もし万が一、そのような自然法則が人類の存続を危うくしたり、人類の安泰を絶えず損ねたりするというようなことが明らかになることがあるとしたら、行為の仕方が「自然に反して」(contra naturam) いる、つまり内的に間違っているのであって、それゆえ道徳的に非難されるべきである、という結論に帰結することになる。しかもこの結論は、個々の行為が結果としてこのような損失を何らもたらさず、また、その行為が基づいている規則の、他者に対する普遍的妥当性を少しも妨げないとしても、変わらない。それゆえこの場合、規則功利主義的な考量は、どんなコンテクストにも依存しない「義務論的」倫理基準の吟味という意味しかもたないことになる。つまり、この考量はもはやまったく功利主義的なものではなくなってしまっているのである。個々の行為の遂行や不作為を正当化する根拠はもはや実際の結果——それらが間接的なものであれ直接的なものであれ——のうちにはないのだ。トマス・アクィナスは、この種の主張をするとき、行為の慣習的規則と人間の自然本性から生じる規則との間に決定的な区別を設けた。トマスにとっては、例えば交通規則のような慣習的規則は、完全に功利主義的考量の支配下にある。もし、規則を基礎づけている利益がまったく期待できなかったり、〔その規則を遵守することによって生じるであろうと予想される〕損失が利益を上回っていたりする場合には、慣習的規則はそのような個別のケースに対して効力をもちえない。〔他方、〕結婚生活における貞淑の命令、約束を守れとの命令、あるいは罪のない人を殺害することの禁止などは、「自然本性的な道徳法則」である。これらについても、それらがもつ利益から基礎づけることが可能ではある。しかし、このような法則は「事柄の自然本性」から導き出されたものであり、そして人間の本質的な構造をア・プリオリに構成している。したがって、人間の独断でこれらの法則を利得計算にさらそうとするなら、人間は自分自身に対して、そして宇宙の創造者に対して過ちを犯すことになるだろう。ここにおいては、功利主義的反省はあくまで規則の内容の吟味のために役立たせるものであって、個々のケースにおけるその妥当性を相対化するために役立たせるものではないのである。このような文脈でトマスは、カントの倫理学と同じように厳密に〈普遍化の倫理学〉という主旨で考えを進めている。

功利主義はある種の見せかけの合理性やもっともらしさを生み出した。功利主義が合理的に見えるのは、一義的で検証可能な倫理基準を——外見上だけなのだが——提供しているからだ。この点ではカント的なタイプの義務論的倫理学も同じである。しかし、功利主義は、基準のその自然主義的性格をもって、カントの義務論的倫理学とは区別される。さらにそれを超えて、功利主義の基準は、あらゆる道徳的規範の妥当根拠としても説明される。もっとも、功利主義の内部には、行為の結果を判定する基準をめぐる深刻な違いが存在する。ベンサムは、最大多数の最大幸福を算出するために快楽主義的な計算を構想した。そのさい、幸福は快楽主義的に、つまり、快の獲得と快適さの度合いによって定義されていた。それを受けて、ジョン・ステュアート・ミルが、「幸福な豚よりも不幸なソクラテスの方がよい」という原理に即して、快の概念に質的契機を導入しようと提案した。そして、ジョージ・エドワード・ムーアがついに、行為の結果を判定するためのどんな快楽主義的基準とも手を切り、その代わりに価値の概念を導入した。価値の概念のもとでは、快の獲得は他の諸価値とたんに並列的なものにすぎないことになる。しかし、ムーアの「理想的功利主義」も、世界を最善化しようとする意図こそが善行を悪行から区別するものであるという考えを手放してはいなかった。行為がもつ道徳的な内的善さは、特定の目的合理的な方向づけに結びつけられたままである。つまり、責任を負うときの相手、すなわち、仁愛と支援の対象は、特定の人物や特定の集団ではなく、つねに世界のプロセス全体なのである。ある行為が正しくそれゆえ道徳的に善いものであるとしたら、それは、その行為が——全体から見たときに——このプロセスの価値内容を、他に選択しうるどの行為よりも豊かにするものであるからだ、というわけである。

このような「目的論的な道徳」は、まさにこの現代文明でこそ推奨されるようなある種の長所をもっていると思われる。現代文明は、われわれが「愛の秩序」と呼んだ〈慈しみを構造化したもの〉をすべて解体することを目指す。近い人と遠い人との関係はどんどん平板化されていく。近い人——家族、近所の人、同郷の人——はその重みを失い、逆に、メディアや移動のスピードによって、きわめて遠い人を近くに把握できるようになっている。〈最も身近な人とは誰なのか〉という問いに答えることは困難になっている。帰結主義は、このことから生じてくる問題を、責任を負う対象はたった一つすなわち世界全体しかないとすることによって、一挙に解決しているかのようにみえる。

さらにそれにも増して、現代の科学技術は人間の行為活動空間を非常に拡大したので、その結果〈皆がそれぞれの持ち分を果たしていれば全体は決してまずいことにならない〉という規則がもはや妥当しなくなっている。というのも〔その理由には二つあって〕第一に、人間の行為実践が自然科学や技術によって絶えず革新されるために、何が各々の「持ち分」であるのかがもはや明らかではないからである。そして何よりもの理由として第二に、包みこむ全体である自然がもはや、人間行為すべてがもたらす長期的な諸結果を繰り返し吸収し中和するような中立的な媒体ではなくなっているということがある。いまや全体それ自体が絶えざる変容のうちにあるのであり、この変容の流れに対してわれわれは、行為により、また不作為により、いずれにしてもつねに何らかの影響を与えている。この観点を考慮に入れると、ある倫理学が再び推奨されてくるように思われる。つまり、一人一人の「持ち分」が何であるかということを、世界のプロセスに対してそれが有する機能からのみ規定し、それ以外の規定を放棄するような倫理学である。

このタイプの倫理学を支持するために、この倫理学こそは目下最も支配的な技術的行為のモデルにまさしく適合するのだという主張がさらになされうる。ここにおいては、道徳的観点は、行為についての目的合理的 - 技術的方向づけを制限するのではなく、むしろそれを完遂するものとなる。道徳的観点はもっぱら、境界づけられた責任領域を超えてパースペクティブを拡大するのであり、そしてわれわれは、〈ある国やある企業やある個人のためになる行為は、長期的にみて、人類全体にとっても有益にはたらくのだろうか〉と自問させられるのである。ところが、原理的にいって、この問いは、生活の技術的克服に対する標準的な問いと同種である。このような問いは、技術的で目的合理的な行為や制作（poiēsis）しか受け入れず、それとはまったく別の仕方で組織化され正当化されているような相互作用や「交わり」の形式を一切受け入れない。このような倫理学にとって道徳的といわれるのは、交わりの人間性ではなく、この交わり自体をさらに目的合理的に最善化するような行為だけなのである。つまり、道徳的といわれるのは、人間的な交わりそれ自体ではなく、せいぜいのところ、交わりの「促進」であるというわけだ〔功利主義の〕他にもわれわれは、この思考様式が十九世紀の神学的な道徳ハンドブックにすでに用意されていたことを見出すことができる。例えば、そのようなハンドブックが性的交渉を許されるものとして説明するのは、それが――もちろん夫婦の間柄でだが――二人の愛に「役立つ」からであって、性的交渉が端的に互いの愛を表しているという理由からではない)。

最後に、帰結主義が推奨されるのは、神の思想を不要のものにするという理由からでもある。つまり帰結主義自らが、世界全体の責任を引き受けることを通じて神の視点に立つという理由からである。トマス・アクィナスは次のように言った。人間各人は各々の責任範囲をもつのみであるが、ひとり神だけは宇宙全体の善（bonum totius universi）を配慮しなければならない、と。帰結主義はもはやこのような人間の負担免除を必要としない。「世界全体にとって善いもの」が、いまや唯一の道徳基準なのである。神が消えるのだから、〈神が意志するもの〉と、〈われわれ人間がそれを意志するようにと神が意志するもの〉との区別も消える。今ではわれわれの方こそが、神が――ライプニッツの考えに従えば――不可避的に意志してしまうものを、つまり、あらゆる可能世界のうちで最善の世界を、意志しなくてはならない。トマスは、神がそのような最善の世界を意志することはありえないと考えた。なぜなら、最大の数というものが存在しえないのと同様、最も善い世界など存在しえないからである。トマスは創造者を、計算する者ではなく芸術家だと考えた。モーツァルトの交響曲について言うことができるのは、〈それは完全であってもう改善されえない〉ということなのであって、〈もっとよい他の交響曲は存在しえないだろう〉と言うことにはほとんど意味がないだろう。ライプニッツは一つの絶対的に最善のものを要請した。しかしながら、その最善のものの定義には、無限の意識だけがそれに必要な計算を遂行できるということが属していた。帰結主義は、その計算の遂行を、道徳性の条件としてすべての行為者に要求するのである。

II　帰結主義の困難――理論的視点（神の知）から

帰結主義的倫理学は大きな立証責任を課せられている。というのも、この主義が唱えるテーゼは、たいていの人の道徳的直観やあらゆる文化の倫理的伝統に反しているからである。「目的は手段を正当化する」という命題は――昔から道徳的にみて非難すべき信念と考えられているのだが――目的論的倫理学から自らの理論的説明を得ている。この倫理学にとって、行為がもつ道徳的な質はもっぱら、最善化という目的に対する手段としての適性に依存している。〈非道徳的な手段は最善化の目的を実際には決して促進しないではないか〉という反論は問題を捉えそこねている。〔なぜなら、〕目的論的倫理学の理論に従えば、手段の適性を認識する以前には、その手段が道徳的であるか非道徳的であるかを知ることなど決してできないからである。道徳的か否かを決定するのは、手段の適性以外にはありえないというわけである。

このような理解では、次のようなものに対する余地が与えられないことになってしまう。それは、これまでの倫理学すべてに特徴的であったものであり、ギリシア人がアイドース（aidōs）、すなわち畏怖あるいは謙虚と呼んだもの、つまり〈目的追求のさい人間には限界が定められてある〉ということに対して抱く感情である。ヨーロッパの詩は、卑しさや悪行、裏切りは、どんなに大きくてどんなに重要な目的によっても正当化されないということの例で溢れている。しかしそれに対して帰結主義にとっては、「卑しさ」、「悪行」、「裏切り」という表現は、世界の最善化に役立つはずのない行為を記述する場合にのみ正しく使われうる表現である。したがって、普遍的文脈を知ることなしに、そのように呼ばれうる行為のあり方は存在しないのである。つまり、最善のものを意志する者にはすべてのことが許されることになる。畏怖、羞恥心、畏敬に代わり、計算の正確さがその座を占めるというわけである。

一九五〇年代に、西ドイツ連邦最高裁判所は、第三帝国において、安楽死させるために精神病者を選別することに加担した数人の医者に有罪の判決を下した。つまり、〈帰結主義的見地はヨーロッパ的な倫理学の伝統とはとりわけ無縁のものである〉ということがここで確認されたのである。医者たちは、自らの有利になるように、選別の基準を比較的ゆるやかに運用したことで〈自分たちは多くの患者の命を救ったことになるのだ〉ともっともらしく主張することができた。〔しかし〕裁判所はこの主張を受け入れることなく、〈ヨーロッパ的‐キリスト教的伝統に従えば、ある殺人によって他の多くの殺人が回避されるとしても、その殺人に加担することが正当化されることはない〉との判決を下した。では、善を考量することには限界があるのだろうか、それとも、ないのだろうか。目的論的な道徳観に賛成するか反対するかの決定は、この問いへと還元されうる。

これまでに言及してきたような〔目的論的な道徳観に対する〕反論は、どちらかといえば暫定的なものである。それらの反論はただ、はっきりと証明されているわけではない直観的前提に基づいているにすぎず、口先だけの説得力しかもたない、という人もいるであろう。しかしながら、注意すべきことは、われわれの原初的直観同士の一致こそが、最終的には、道徳的な問いを扱うための唯一の基準であるということ、そしてそれに続く原理的な主張ですら、哲学者や神学者によって教えられる以前にわれわれ全員がつねにすでに知っているものに訴えるしかない、ということだ。

何よりも最初に述べておかねばならないのは、帰結主義的倫理学は自己矛盾に陥っている、ということである。というのも、全体的かつ長い目で見れば、帰結主義的倫理学は誰も望みえない結論に到達することになるからである。すでに規則功利主義の基礎におかれていた洞察は、全体的な利益をもとにして直接的に行為を方向づけるとしても、それによって有益な規則を弱められ、しかもその弱化という損失が違反という利得で埋め合わせられないのであれば、そのような行為の方向づけは有害である、というものであった。しかしながら、規則功利主義が功利主義にとどまるのである限り、行為者は、自分の行為がどの程度まで先例としての効果をもつのかということを、それぞれの状況でそのつど考量するのでなければならない。そしてさらにまた、この先例としての効果がもつ利得と損失を、行為から直接的に期待される利得や損失といつも比較するのでなければならない。ところでしかし、われわれが自らの根底にある道徳的な直観に導かれた場合に、そこからどんな長期的な結果が生じるのかということは、われわれの認識を完全に超えている。子どもの死亡率の低下は、後続する世代が克服できるか誰にもわからないような、破滅的なさらなる問題に通じているかもしれない。ただしここで私が言いたいのは、後世の者が彼らの価値評価に基づいて考えた場合に、どんな問題が彼らにとって最も緊急なものとして現れるのかをわれわれが知ることはできないということではない。どんな利得のパラメータに関係づけようとも、全世界に及ぶ普遍的な利得計算というものは、はじめからわれわれの理解力を端的に超えているのである。ムーアが正しく述べているように、短期的あるいは中期的にみて有益であるものは長期的にみてもさらなる利得への歩みであることが証明されるであろうという仮定は、何をもってしても、そうかもしれないと思われるだけのものにすらなりえない。ムーアが考えたように、われわれはそれを端的に要請するしかないのだ。しかし、なぜだろうか。もちろん、功利主義的な理由からでないのは明らかだ。というのも、功利主義的な理由は、この問いにおいては使えないからである。もしそのような要請が有意味であるとしたら、それは、計算をする以前にわれわれがすでにある特定の行為を道徳的なものとみなしており、また、道徳的なものは全体的にかつ長期的に見ても有益なものなのだと証明されることを望んでいるからである。これはカントやフィヒテの思想でもあった。そして、彼らにとっては、それが神の世界統括を信じる根拠でもあった。この根拠はもはや、功利主義とは何の関係もない。

　しかし、長期的にみた場合には〈原初的な道徳的行為規則という観点から行なわれる善の考量〉が使えない以上、最も有益な規則の妥当性すら、功利主義的反省によって弱められてしまうことになる。つまり、具体的なケースにおいては、最も有益な規則を人に無視させうる理由が規則を遵守する理由よりも優位を占める可能性が、つねに存在するのである。なぜなら、そのような場合、〈期待されうる利益の確実さに比して、最有益な規則の遵守がもつ利得や、それを違反した場合の先例としての作用は不確実である〉という反省によって、最有益な規則を遵守する理由が、〔それを違反しようという〕当初のもくろみを防ぎえなくなってしまうまでに弱体化されてしまう可能性があるからである。しかし、もし全世界の改善という目的を視野に入れる人がいたとすれば、その人はその目的をもつという理由だけで、いわゆる有益な規則から真っ先に正当に免除されることになる。なぜなら、有益な規則は、通常の大多数の場合だけに限れば善を引き起こすものであっても、全体を視野に入れたときに世界最善化への妨げとなっていてはならないからである。このような意味においては、従来のあらゆる「人間的な倫理学」は全体というものを視野に入れてこなかった。どんな行為も、決して「法を超越する」一回的なものではなかった。しかし別の面からみれば、どんな行為者も、つまりわれわれが行為しつつ関わるどんな一人一人の人間も、その人自身が一つの全体性なのであって、決してその地位を剥奪されえず、決して単なる手段でもありえない。一人一人が、無条件的なものの象徴的な代理表象なのである。したがって、表象不可能な一つの世界プロセス全体と関係づけることによってあらゆる個人を相対化する帰結主義は、具体的な文脈において道徳を荒廃させ、そのようにして世界の劣悪化に寄与していることになる。

規則功利主義もその例外にはなっていない。すでに示されたように、規則功利主義は真正な帰結主義的形式においては、功利主義を弱体化させてしまう。しかしその一方で、規則功利主義は「義務論的」形式においては、維持しえない厳格主義に到るであろう。なぜなら、帰結主義は道徳的規範と技術的規範との区別を知らないからである。帰結主義にとって行為が道徳的であるのは、その行為が最善化という特定の目的を実現するのに適しているからにほかならない。こうして、すべての行為が制作（poiēsis）にすぎなくなる。〔例えば〕約束を守ろうとする人は、約束をしたからそうするのでも、約束をした相手が求めるからそうするのでもない。なされた約束における普遍的信頼から生じてくる、人間的生の実践にとっての利得を促進するためである。それゆえ、「約束を守れ」という命令は、「赤信号のときは止まれ」という歩行者のための命令と、構造的に同じ種類の命令であることになる。功利主義者は、これら二つの命令を、実用的な意味しかもたず、違反によって規則の目的が損ねられないのであればいつでも違反することが許されているという意味で、同種の命令とみなすのである。〔そのために〕規則功利主義的義務論は、この二つの規則の無条件的妥当性を主張しなくてはならないことになる。しかし実際には、二つの規則は根本的に異なっている。交通規則は注意のための抽象的な一つの対策であって、それに従うことが、ある特定の人を守ることもあれば、――先例的な作用だけが問題になる場合には――不特定の多数の人を守ることもあれば、とくに誰をも守らないこともある――例えば、辺り一面に車もこちらを見つめる子どもも見当たらない夜など――。これに対し、約束が妥当性をもつのは、つねに一人の特定の人間に対してである。約束は、自己存在というものを可視的にするような関係を基礎づけている。たしかに、特定の状況においては、差し迫った義務によって、約束を守る義務が急遽解除されてしまうこともありうる。しかし、このようなことが起こるのはつねに、約束の履行にこだわらないように相手に要求できる場合、したがって、相手の後々の同意を前もって算入する権利を行為者がもっている場合だけである。けれども、もし約束を守るために先々までの利得計算が必要なのだとしたら、約束のもつ意味は崩壊してしまうだろう。そうなのだとしたら、これから死ぬ人に対する約束ははじめから無効であることになるはずだ。なぜなら、その約束を破ることは、誰にも損害をもたらさないのだから、それだけでほんのわずかな利得によってすでに正当化されていることになるからだ。それゆえ、目的論的倫理学を首尾一貫して主張する人は、実際、そのような約束を守る必要はないと教える。ただし、だからといってそのような約束など初めからすべきでないと推論することは、帰結主義的立場からすれば誤っている。というのも、そのような約束はむろん、死にゆく人を慰めるからである。誠実さへの義務というものが利得機能の一つの表現にすぎないのであれば、この場合、そのような義務が成立しなくなることもありうる。「目的論的に」考えれば、約束をしておいてそれを守らないということが、正当であることになるのである。しかし、この目的論的な考えはまさに、〈ある現実的なものが行為者にとって現実的なものになること〉という、道徳的なものの本質を形成しているものを捉えそこなっている。自分と約束を交わした相手である死者が自分にとって〈現実的なもの〉となっているような人は、事後的な利得計算を軽薄なものと感じるだろう。道徳性は、われわれの目的合理的行為に限界を措定する。道徳のもつ合理性とは、たんに目的合理性の完全さのことではない。限界は、目的が「最終目的」として——他者の自己存在のうちで——現前的になっているということに存する。そもそもテロス（telos）というギリシア語は、目的と限界という二つのことを意味している。ここでは、テロスはさらなる利得計算の終わりを意味しているのである。

功利主義的倫理学は、われわれの行為と関わりをもつ他者の自己存在を相対化して消滅させてしまうだけでなく、行為者自身の自己存在をも消滅させてしまう。というのも、行為の道徳性が、世界の改善への適性の一機能なのだとしたら〈そしてその逆ではないとしたら、すなわち、世界の改善は、まったく別の理由によって〈道徳的なもの〉として認識されうるような行為から期待される結果のうちの一つなのではないとしたら〉、道徳性は最大限に包括的な利得計算ができる専門家の問題になってしまうからである。どんな悪行でも犯せるような準備はできておらず、ある一定の要求には抵抗する個人は、〈彼／女は人間性や人間の尊厳といった表象をもつことで世界の改善を妨げているのだ〉と言われても仕方がないことになる。〈ひょっとしたら犯罪かもしれない〉とその人が思うものは、例えばそれが人類の進歩に役立っているなら、何ら犯罪ではなく、また、その犯罪が実際に人類の進歩の役に立つかどうかを見極める権限は、専門家でないその人にはないということになる。当然〈専門家ではない〉個人は、技術的な観点からは何が善くて何が悪いかを判定できないのであるから、道徳的命令が技術的命令へと変形されてしまうことによって、個人から能力が奪われる結果になってしまうのである。こうして、行為者およびその行為に関わる他者は、両者とも同じ仕方で脱現実化される。そして彼らに代わって二つの抽象物である、「世界」と

「学問」が登場してくるというわけである。

功利主義者は、次のようなニーチェのテーゼの一バージョンが反論として提示された場合には、何と答えるつもりであろうか。すなわちそれは、道徳、つまり、〈普遍的な最善なるものへと向けられた行為〉への意志は、普遍的で最善なるものにとってはまさに有害であり、人類を漸次的に退化させる、というものである。あるいは、マンデヴィルのテーゼ、すなわち、私的な悪徳は公的な利得である（Private vices, public benefits.）というテーゼに対してはどうだろうか。もしこれらのテーゼが真であるとしたら、もちろん、すべての倫理学がジレンマに陥ることになるだろう。しかし、これらのテーゼが真であることは決して証明されえない。そして、それが証明されない限り、道徳的な人間はこれらのテーゼが偽であることを望むことができる。というのも、道徳的な人間は、この問題の真偽の決定とは独立に、何が善で何が悪であるかを知っているからである。しかし、帰結主義者は、この問題が明らかにならないうちは、それを知ることができない。なぜなら、もし右のようなテーゼが真であるなら、実際、同時に善が悪に、悪が善であることになってしまうからである。ニーチェのテーゼに何か真なるものが含まれているかもしれないということは、ただその可能性があるというだけですでに、あらゆる道徳を宙吊りにせざるをえなくなる。なぜなら、自己中心性にとらわれつつ夢をみている存在者の方が、現実へと目覚めた存在者よりも、ひょっとしたら世界にとっては善い者かもしれない、ということになってしまうからである。

Ⅲ　帰結主義による人間への過大要求と過小要求——実践的視点から

こうして、帰結主義的倫理学が要求する神の視点は、人間に対する過大要求に始まり、過小要求のうちに終わる。その過大要求は、実践的なものであると同様に理論的なものでもある。理論的な過大要求についてはすでに述べた。われわれは、何をすべきかを知るために、まず、何を知りえないかを知らなくてはならないという要求である。これに対し、実践的な過大要求は次のような点にある。つまり、すべての人は道徳的に行為するためにはどの瞬間においても、世界の最善化を促進するために可能な範囲で最善のことをなすよう要求されるという点である。というのも、この道徳的観点は、自由ではあるがある視点から見れば恣意的であるような有限的かつ個別的な目的の追求において、われわれを制限するだけでなく、われわれ全員にそのような目的を指示してくるからである。つまり、それらの目的は一つ残らず、〈全体〉という目的に対する手段でなければならないのである。善悪いずれでもないもの（アディアポラ）はまったく存在せず、それゆえ、道徳的に中立的な行為や創造的な行為活動空間も存在しないことになる。すべての活動が正当化を必要とするものになるのである。このような〔過大要求的な〕見方を身につけた神学者は、実際やはり、戒律とそれを超える「勧告」(2)との間にあった、伝統的キリスト教の区別を放棄する結果に至った。理性と生の分裂は、〈いかなるときも純粋理性として行為する〉という義務を行為者が負うことによって、解消されるというわけである。

しかし、まさにこのことが人格に対する道徳的な過小要求という結果につながる。最善化という目的は、もしそれを立てることが非循環的であるべきなら、むろん道徳外の価値によってしか定義されえないことになる。つまり、それにおいては自己存在というものがまったく姿を現すことのないような価値によってしか定義されえないはずである。重要性をもちうるのは生命に関わる価値だけ、あるいは感覚に関わる価値だけであり、帰結主義的な理性はこれらに定位している。帰結主義的な理性は、生命への奉仕において道具的に機能するのに尽きるのであり、生命自体の形相になることはない。より先鋭化して言い直すと次のようになる。ここで人間は、理性的存在者としては生命的でなく、生命的存在者としては理性的でない。もちろんこのことは、人間が自分自身と交わる場合にも妥当する。生命的存在者として人間は、それ自身、最善化されるべきであるような世界の一部分である。それゆえ、自分自身との交わりには、次の二つの規則しか妥当しない。一、理性的意志という道具として世界の改善に寄与するという、君の能力を完全にせよ。二、生き物としてできるだけ元気でうまくやることによって、改善されるべきこの世界の一部分としての君自身に心を配れ（ただしこのとき、定義に従って、生き物としての安寧には、道徳的完全性や道徳的覚醒は属さない）。これら二つの命令は未媒介のままであり、それらの間での考量がどのような様相を呈するのかということも不明である。私は、道徳的行為者としては、最善化という目的を義務づけられた純粋な理性的存在者である。〔しかしその一方で、〕最善化されるべきであるような世界の一部分としての私が目指す完全化は、ただ道徳外的な意味における私自身の発展のうちにしか存しえない。このような見解においては、理性と生との統一は思考不可能である。なぜなら道徳的理性は、改善されるべきであるような世界には属していないし、それはまた生の形相になることもないからである。それが生の形相になりうるのは、愛としてのみである。しかし、愛は、特定の具体的人物の自己存在に対してのみ存在するのであって、抽象的全体性に対して存在するのではない。行為者が自己存在の現実性に気づくとき、この経験は行為者を一つの限界のうちに閉じ込める。具体的なものが無条件的なものの代理表象になり、「超越論的であること」と「範疇的であること」との区別は無効になる。このようなことが起こる場合、第一義的な応答は、最善化を抽象的に意志することではなく、むしろ畏怖や物怖じ、尊敬、存在させること、などの言葉で言い表される態度である。したがって、あらゆる道徳的行為の本来的な最終目的は、行為を開始する以前にすでに現前しているものであることが明らかになる。この「存在させること」なしには、援助の手をさしのべることへの衝動が生まれてくることもない。だが、この衝動から生まれた援助はすべて――それに必要な一切の技術的完全さが伴っているとしても――なお、存在するものを眼前にした、つまり、〈それが存在することによって、他の存在することになるものや生起することになるものすべてに先立つもの〉を眼前にした、畏怖の態度に包まれたままなのである。

［注］

（1）　Marcus Singer, *Generalization in Ethics : an essay in the logic of ethics, with the rudiments of a system of moral philosophy*, London : Eyre & Spottiswoode, 1963, pp. 193-194.

（2）　これは、例えば、『マタイ伝』の「山上の垂訓」に見てとることができる。

第10章　討　議

前章でみたように、帰結主義は、仁愛の具体化を成し遂げることができない。帰結主義によっては、「愛の秩序」のようなものを築き上げることができないのである。帰結主義においては、共約不可能な他者の自己存在が消滅してしまう。想像の上で合計される幸せの単なる一契機へと引き下げられてしまうのだ。どんな個人も行為者に対して現実的なものにはならずに、非現実的なものになってしまい、実際には一つの抽象概念にすぎないはずの「全体」だけが言葉の完全な意味で現実的なものであるように思われてくる。帰結主義は、生き物のパースペクティブがもつ有限性——これが本質的にすべての「愛の秩序」の中に行き渡っているのだが——を追い越して、神の視点のような位置を占めようとする。しかし、帰結主義は、伝統的な確信に従った場合には当の神の視点に属していることになる能力を、つまり、すべてのパースペクティブを統合し、スズメが屋根から落ちるようなことまでをも考慮できるような能力を有してはいない。このように、帰結主義はわれわれの道徳的直観に明らかに矛盾するのであるが、その理由は最終的には、帰結主義が行為者に次のような権限を与えることにある。すなわち、そのような利得の総計の本質をなすものについて自分が抱く表象にかなっているのであれば、伝統的・文化的・自然本性的規範のすべてを無視してもよいという権限である。場合によっては、目的はどんな手段をも正当化する、というわけである。また、行為者は自分自身以外の何者に対しても釈明する責任がない。ラディカルな帰結主義は、実際には独我論の一形式である。自分の見解とは異なる見解を顧慮することが正当とされるのは、そのことが当の行為者に対して、世界のプロセスを最善化するための一手段として現れてくるときだけなのだ。さらにいえば、すべての人はたんに手段とみなされなければならず、目的とみなされてはならないのであるから、カントの有名な言葉はすっかり変容してしまうことになる。帰結主義において個々人の主観定立が尊重されるのは、せいぜいのところ、理性的存在者には、自分の幸せを全体の最善化に無条件に従属させることが要求されなければならず、場合によってはそれを犠牲にすることも要求されなければならない、という意味においてだけである。もちろん、自分がもっている最善化の表象が、物事の経過に実際に影響を及ぼしている人々がもっている表象と一致しない場合には、その人はそのことを非理性的運命と捉え、せいぜい自分自身が犠牲になることに甘んじることしかできない。

Ｉ　討議倫理学の企図

これに対して〔ハーバーマスやアーペルなどが提唱している現代の〕討議倫理学は、個々の理性的存在者の主観定立を保証する理性的な普遍化というカントの思想を、現代バージョンでよみがえらせようとしている。もちろんそれが可能なのはただ、世界普遍的な最善化の命令など存在せず、行為を導く個々人の利害関心がさしあたっては正当化を必要とせずに、個別的な目的をその内容とする場合のみである。カント倫理学においては、世界を改善しようという意図ですら、個別的な目的とみなされる。というのも、自分の理念に照らし合わせてそのような目的を立てたり立てなかったりすることは、個人の恣意に属することだからである。それゆえ、倫理学に特有なものは、そのような目的のうちに存しているのではなく、個人の目的追求が従属している特定の条件を尊重することのうちに存していることになる。そしてその条件とは、他者を承認することであり、すべての理性的存在者を無条件に思いやることである。この仁愛は、すべての自然本性的目的・衝動目標・行為目標を排除するわけではないし、最善化の義務的戦略に対するたんなる手段へと引き下げるのでもない。仁愛は、行為者が自分自身をたんに他と並ぶ一人としてのみ――ただし、他者から自然本性的目的や恣意的目的追求の可能性を奪い取らないような一人の者としてだが――把握することによって、それらの自然本性的なものをただ相対化するのである。仁愛は、他者の目的を自分の目的とすることを要求するわけではなく、他者の自己存在に妥当性を与え、他者がその人自身の目的を促進する可能性を強化することを要求する。

討議倫理学によって試みられているのは、実践理性というカントの概念を操作して脱個人化することである。それに加えて、道徳性の概念や合法性の概念は、統一的原理から把握されねばならないとされる。カントにおいては、行為者は、自らの行為の格率が法則付与的な普遍的格率として望みうるものであるかどうかを自問するのでなければならなかった。しかしながら、行為者の反省の結果は自己欺瞞に基づいているかもしれない。その上さらに、そのような反省の結果は、個人がもつ特定の利害関心の状況を反映した「イデオロギー的な」ものであるかもしれない。したがって、反省の結果は最終的に、行為者に特有の状況がどの程度格率の定式化に取り込まれているかということに左右される。あらゆる状況を度外視することは、特定の行為について話すことを一切やめて、仁愛の原理のあらゆる操作を放棄することを意味している。その場合の結果は、純粋に唯名論的な状況倫理ということになるだろう。しかしながら、もし正反対の戦略をとったとしても同じ結果に至ると思われる。正反対の戦略とは、当該の行為についての厳密な記述を格率の中に取り込むというものであるが、この場合その記述はあまりにも厳密なものになるため、その唯一のケースにしか適合しないものになってしまう。そしてその結果、普遍化といっても純粋に形式的なものにとどまってしまうのである。カント的「形式主義」からは、特定の行為や状況のタイプを個別の場合にどの程度当てはめるかの決定を可能にする原理は生まれてこないように思われる。まさにそのような特定の行為や状況のタイプこそが、われわれの道徳規則が関わることができるものであるのに。

最後に、行為者の特定の利害関心だけでなく行為者の性分も、〈何がある普遍的な法則付与的格率として意志されうるか〉と問うさいに一定の役割を果たす。この問題は、ジョン・ロールズの〔『正義論』における〕考案にも、つまり「無知のベール」のもとで一から政治的システムを選択するという考案にもつきまとう問題である。〔ロールズの考案において〕各人は、〈いかなるシステムの中で、いかなる機会分配のもとで、私は生きたいと思うだろうか?〉と自問しなくてはならないのだが、このとき誰も、自分が選択したシステム内で自らがどのような立場に立つことになるかを知ることはできない。しかしながら、このことが必ずしも公正な選択へとつながるわけではない。この場合、人間はプレイヤーとして必要とされている。あるプレイヤーは用心深くなって、たとえ自分が最もひどい状態に置かれたとしてもなおまあまあの状態でいられるようなシステムを選択するだろう。その一方である別のプレイヤーは、一回のチャンスにすべてをかけるかもしれない。何の特権もない惨めな人生に陥る危険を冒して、ペルシャの大王になるチャンスを望むかもしれない。公正な秩序を選択するためには、選択を行なう各人がすでに公正であるのでなければならないのである。選択の正当性は、フィクション上の条件下で行なわれる、自分の利害関心の計算によっては構成されえないということだ。

II　討議成立のための三条件

そのような討議が理性の自己内対話と同等のものであろうとすれば、以下の三つの条件を満たさなければならない。〔第一に、〕討議は支配から解放されていなくてはならない。つまり、現実の人生には、自分の主張を通す機会の分配には不平等が存在しているが、討議には、そのような不平等があってはならないのである。なぜなら、もちろん、そのような機会の分配〔のあり方〕を公正さに照らして検証しうる基準こそが、討議で展開されるべきであるからだ。そのようにして正当性を論じ合う討議においては、当該の者全員が強制なしに自分の利害関心を表明するのでなければならないし、それを全員が並存可能な全体へと編成することに機会均等的に寄与できるのでなければならない。もっともそのためには——これが第二の条件なのだが——あらゆる参加者は必要とされる能力を自由に使いこなしうるのでなければならない。つまり、参加者は自分の利害関心について啓蒙されていなければならないし、公正さの観点から「計画を変更する」精神的能力を有していなければならない。そして最後に第三の条件は、参加者全員がある種の道徳的な資格をもっているということである。討議の参加者は、実際に自分の利害関心を柔軟に変更する用意ができているのでなければならない。もしそうでなければ、きわめて頑強に自らの利害関心を変えまいと押し通す人が、妥協する用意ができている人よりも前もって有利であることになってしまうであろう。さらに、道徳的な資格には〈誠実さ〉というものが属している。〔討議で〕述べられるさまざまな提案を、長期的に見て他人より得をするための戦術あるいは戦略上の単なる手段だと思ってはならない。ルソーは〔『社会契約論』で〕「全体意志」(volonté de tous) を「一般意志」(volonté générale) から区別したとき、この問題をきわめて明確に見てとっていた。一般意志がはっきりした形で現れてきうるのは、全市民が自分たちの私的な利害関心だけを述べ合い、最終的にそれらの平均値に落ち着くというのではないような場合だけである。むしろ、各人は、自らの確信にしたがって公正であると思われるものを提案するように用意できていなければならない。そうすれば、公正なものは利害関心の平均値ではなく、公正さの確信の平均値であることになる。

理念的な討議のこのような三つの条件を考慮に入れるなら、討議が〈理性的に自分ひとりで熟考すること〉と同じ役割を引き受けることはできないことが簡単に分かるだろう。なぜなら、討議はむしろ、そのようなものをまさに前提とするからである。実際のところ、現実に行なわれた討議の結果に即して道徳性を測定することを要求するような討議倫理の提唱者は存在しない。むしろ、基準として役に立つ討議は、反事実的な仮の理念的討議なのであり、われわれはその理念的討議の結果を自分の道徳的熟考の中で予想しなければならないのである。実践的な問題をテーマとする現実の討議は、決して支配から解放されて自由であるわけではない。例えば、現実の討議は、話が巧みな知識人に有利であったりする。また、第二次世界大戦中ミュンスター州の農民たちはユダヤ人をかくまっていたのだが、彼らをそのように動かしたものは決して討議の結果ではなく、強められた同情というキリスト教的風習であった。彼らは、ユダヤ人が人類の害であるという歴史的「証拠」があるからといって、かくまうことを思いとどまれなかった。公正な人間はそのようなものに対して耳をふさぐのである。そのほかに、公正さに基づく討議を、あらゆる表立たない機構をもつ他の集団力動的なプロセスから区別するものは何だろうか。ミッシェル・フーコーは討議を脱神話化した。理性から討議へというパラダイムシフトの基礎にある唯名論的前提のもとでは、討議は最終的に、自分自身との合意に達する理性と同じ判定に落ち着くことになる。〔そうだとするなら〕それへ向けて個別的な利害関心の乗り越えが可能になるような普遍的なものが存在しないところでは、討議もまた、共通の対象である公正さをもつことはない。そこにあるのは、断片的で不透明な利害関心だけであり、場合によってはさらにそれへの抑圧があるだけである。〔その場合〕討議は暴力のもう一つの形式、つまり、言葉の暴力でしかない。暴力と言説との区別には隠れたプラトニズム的な前提が必要なのである。この前提がなければ、ラルフ・ダーレンドルフが『トラシュマコス賞賛』で言及したような「議論と市民戦争との連続体」しか存在しないことになってしまうだろう。

　最後に、最新の学問史研究は次のようなことを示している。すなわち、理論的学問のプロセスでさえ「支配から自由に」推移しているわけではなく、このような学問の大きな転回点つまりパラダイムシフトは理論の外の要因に起因するのであり、むしろダーウィンの法則にしたがって推移している、と。われわれがそれに対抗し事実に背を向け、真理と公正さに向けられた支配から自由な討議の理念に固執しようとするなら、以下の問いが浮上してくることになる。すなわち、そのような討議は何をもって任意の他の集団力動的なプロセスから区別されうるのだろうか、そして、反省して得られる結果を道徳的規範として先取りすることは何によって可能になるのだろうか、と。というのも、もしわれわれがそのような結果を先取りすることができるのであれば、討議を実際に行なう必要などむろん少しもないように思われるからである。そして、そのような結果の先取りは、〈理性的に自分ひとりでよく考えること〉の成果にほかならない。だが、これこそ、理念的討議というフィクションによって乗り越えられるべきものではなかったのか。

Ⅲ　討議の限界

支配からの解放について述べたのと類似のことは、道徳的な能力や誠実さといった、理念的討議の他の基準にも妥当する。〔というのも、〕その条件が満たされるときは、表向きは討議によって初めて解決されることになっている課題が、本当はすでに解決してしまっていることになるからである。道徳的にきわめて重要な意味を実際にもっているのは、正当化を行なう討議への用意なのである。だからこそ、「討議倫理学」が改めて追究しようとする場合に限って、どんなに追究してもその先にそれが見つかることはない。「討議倫理学」の意義は規範を生み出すことにあるのではなく、規範を検証することにある。しかし、この機能を果たしうるのは、虚構の理念的討議ではなく、実際の経験的討議だけである。もし道徳的に行為しようとするなら、私は理念的討議の結果を先取りしていなければならないわけであるが、その理念的討議は根本的に、本来の道徳理性が成し遂げる以上のものを何も成し遂げはしない。理念的討議は、道徳理性の努力と同様、イデオロギーではないかと疑いをかけることが可能である。虚構の理念的討議の先取りを検証することができるものがあるとしたら、それは現実の討議ただそれだけである。実際の討議においてのみ、われわれは現実性における他者に自分を曝す。つまり、他者の「理念」とだけ関わりをもたない限り決して先取りすることができないような他者の視点に、ときには完全に相反するような他者の視点に自分を曝すのである。しかしながら、われわれが現実の他者と共に、公正さについての討議を、すなわち結果的に自分の利害関心が修正されることもありうるような討議を始められるということは、総じて、歴史や自然本性などの共通の基礎によって構成され公正な支配によって守られた、ある空間を前提とする。

われわれは、互いに共約不可能であり不透明で自然本性的な利害関心や願望を討議に提示したりはしない。そのようなものは満たされたり抑圧されたりすることしかありえず、秩序づけられたり階層化されたりしえないし、場合によっては変形すらされえない。そこでその代わりにわれわれは、すでに公正さへと方向づけられている紛争解決案を提示する。理性的討議が可能なのは、このような紛争解決案に関してだけである。このことを理由に、法廷では弁護士の責務が効力をもつ。弁護士は自分の味方の利害関心を述べはしない。なぜなら、それは、たんに承知することができるだけで決して討議することはできない一事実であるからだ。弁護士はむしろ、すでに公平な判断の形式をもっている解決案を提示する。われわれはその解決案が見かけほどには公平でないことを知っている。相手側もそのような判断を提示する。こうして、議論は利害関心をめぐって進むのではなく、紛争解決案に要求される公平さをめぐって進むことになる。この公平さこそが検証されるものであり、この検証の結果が判決である。このように、現実の討議は、われわれの道徳的判断に要求される公平さを検証する機能をもっている。そして、この要求の正直さの試金石となるのは、自分の判断をそのような吟味にゆだねる用意があるかどうかである。このとき特に重要性をもつのは、要求可能性についての自分自身の考量をめぐって、自分の要求を突きつける相手と討議する用意である。〔しかし、〕相手の判断があたかも最終的な決定を与えるかのようであってはならない。なぜなら、相手の考えもより多く公平だったり、より少なく公平だったりしうるからである。もし、要求可能性の問題において、影響を被った人の同意が決定を下すのだとしたら、他人の行為から生じたあらゆる結果を負担することから逃れるための安全策は、決して簡単には同意しないことであるということになるだろう。そしてそのような場合には、影響を被った人の同意があの手この手で強要されることが避けられないだろう。

道徳的判断形成の領域において討議が二義的な位置しか占めないということは、二つの観点から明らかになる。第一の観点は、時間不足という条件下における言説と行為の関係にかかわる。「学芸は長く人生は短い」(Ars longa, vita brevis.) という古い格言がこの関係を表現している。医学と医療行為を例にとると、最も顕著にこの洞察の結果が明らかになる。診断、治療、外科的手術は、一方では、学問的認識過程の諸契機である。この学問的認識過程は個々の患者の人生には関心をおかずに、休むことなく前進する。この過程にとっては、成功と失敗、認識と思い違いは等しく実り多きものでありうる。それどころか、失敗の方が成功よりも実り多いこともあるくらいである。というのも、学問は正しいことの立証よりも、誤りを証明することによってより集中的に促進されるものだからである。〔他方で〕患者のパースペクティブはまったく異なっている。つまり、それは本来の意味で医療的なパースペクティブなのである。この医療的パースペクティブにおいては、失敗は決定的であり、思い違いは命取りとなる。したがって、医者のエートスと医学のエートスは同じではない。そして、患者であるわれわれが医者に期待することは本来二重である。つまり一方では、医者には医学によって医療的技術をつねにチェックし改善させてほしいと期待する。すなわち、医者には学問的討議に参加してほしいのである。しかし他方で、患者であるわれわれは、医者が学問遂行のための単なる一機関でないことを願う。われわれが信じて身をゆだねるのは、匿名の討議共同体すなわち「学問」ではない。確かに学問的討議の参加者ではありながらも、その成果の中から自分が習得するものや具体的なケースにおいて適切だと判断するもの——このようなものは、いわゆる「学問状況」から単純に引き出されてきうるようなものではない——に対して責任をとるような、ある特定の人物である。

しかしここにはしばしば、もう一つの考えが生じてくる。つまり、そのような実践的決定において、そしてその倫理的側面、つまり、仁愛を要求するような物事においても権限をもつ討議が存在しなければならない、という考えである。いわゆる倫理委員会は、生死に関わる決定に関して医者に助言を与えると言われる。実はここに危険が潜んでいる。〔というのも〕他者が私にとって現実的になることは、自分の自己存在が現実的になることと不可分な、厳密に個人的な出来事であるし、そうであるにとどまる〔からだ〕。たしかに、ここにも助言は存在しうる。なぜなら、仁愛を客観化すれば、直接的な行為の重圧から切り離してもなお反省や討議が可能であるような、類型的な行為の状況へと到達することになるからである。医者は、いったんは——専門教育期間中に——そのような討議に徹底的に参加したことがあるのでなければならないし、〔その後も〕繰り返し参加するのでなければならない。しかし、倫理委員会は重要な決定において有能な主体であり、医者はこの委員会に「倫理的なもの」をゆだねることができると考えるなら、それはすでに誤解である。なぜなら、この委員会の構成はもちろんまったく偶然的なものであるし、その決定内容もまた特定の時代において多数派の同意を得ているものの偶然性に依存しているからである。この偶然性を克服する方法は一つしかない。すなわち、まずは、その偶然性を、私が実際に共通の状況に立っている〔具体的〕人物をもって——したがって例えば医者という人物をもって——完全に意識して受け入れることである。そしてそのようにすることで、責任——これだけが唯一、他者〔例えば医者〕のうちに無条件的なものや良心の次元を要求するものである——から、その他者が退くことを認めないことである。このような状況においては、希望はたった一つしか存在しない。それは、私が、私自身の運命にとって意味をもつ人に対して、現実的なものになることである。限界を取り払ったあらゆる討議共同体、つまり直接的な行為状況から解放された討議共同体に対しては、私が一つの「症例」であることは避けられない。そこにおいては、それが「倫理的な症例」であるかどうかなどまったくどうでもよいことである。〔これに対して〕倫理はつねに、「長い学芸」ではなく、「短い生」と関わる。

Ⅳ　討議が前提として必要とするもの

〔時間不足という第一の観点に続き、〕〈討議は基礎的な道徳的規範を生み出す審級ではない〉ということを明らかにする第二の理由は次のようなものである。すなわち、決定的なものは、つねにすでに討議が始まる以前に起こってしまっているのでなければならないということである。われわれはすでにこのことを、討議をはじめて有意味なものにするはずの諸基準〔＝前述の三つの基準〕との連関で見ておいた。これらの基準のなかにはすでに、道徳的なものの全体が含まれている。〔第一に〕いかなる討議においても基礎となっているのは、討議参加者相互の承認である。討議参加者が互いにとって現実的になればなるほど、それだけ一層討議のもつ意味が増してくる。しかしこのとき同時に、それだけ一層討議の必要性も減ってくる。というのも、互いの承認がそれだけですでに決定的なものであって、その他のことはそれに引き続いて起こってくるからである。「愛せよ、そして汝の欲することをなせ」（Dilige et quod vis fac）というわけである。しかし、仁愛は討議の参加者へと制限されてしまうので、重要性を討議に移すことは危険である。〔例えば〕賃金をめぐる労使間の話し合いに、失業者は彼らと同じ仕方で居合わせはしない。それにもかかわらず失業者に対しての責任が知覚されているなら、それは討議に実際には参加していない人に対しての責任である。もちろん失業者は、市民として、決定的な政治的討議には出席する。しかし、子どもや精神病者はどうだろうか。われわれの決定によって影響を被るのに、彼ら自身の利害関心にかかわる討議に居合わせない、将来の世代はどうだろうか。胎児の生死に対しての責任はどうだろうか。後に討議の参加者になることができるのは生を与えられた者のみである。また、昔の人の作品の追想や継承に対する責任はどうだろうか。討議倫理学は、討議に参加できない人に対しての責任を基礎づけることができない。そのような責任は討議以前に存しているのだ。つまり、責任、つまり「援助」という名の、実践的なものになっている仁愛が、すべての討議の基礎にあるのである。討議は援助の具体化についての助言でありうるにすぎない。そしてここでも、討議は無限に続くということが意味をもってくる。行為するためには、われわれはつねに、討議から降り、討議を個人の人格としては終わったものとみなし、自分にとって討議の結論と考えられるものは何なのかを自ら決定しなくてはならない。討議は行為に伴うものなのであって、道徳的行為は完結した討議の結論ではない。そして、討議はまたそれ自体、法律的な枠組みのなかに埋め込まれている。討議はこの法律的枠組みによってはじめて可能になり、その枠組みのうちで、暴力的な仕方の介入から守られているのである。

しかし、ここでさらに、理念的討議の前提をもう一つ挙げておかなくてはならない。その前提とは、現在の討議理論においては普通あまり話題にされない、ある程度の同質性という前提である。理性だけでは同質性を生み出すのに十分でない。異星の理性的存在者とわれわれとの間で行なわれる討議を想像してみよう。その討議は、衝突する利害関心をめぐって、そして、その利害関心を階層化したり一緒に修正を加えたりすることで調停を図ろうという試みをめぐって、展開されるとする。参加者が全員理性的であるということは、全員が他者の自己存在を知覚し、自分の願望と利害関心とを相対化するための能力と用意をもっていること、すなわち、ただ生物的に生きているだけの者がもつ自己中心性を超越する能力と用意とをもっているということを意味する。〔しかし〕このような用意があったとしても、要求可能性の問題は解決できないと考えられるだろう。なぜなら、われわれはその他者〔＝異星人〕の前理性的な衝動や願望、欲求に直観的に接近する方法をもっていないからである。われわれは、彼らにとって代用の利かないもの、人生にとって重要なもの、そして、彼らにとってはそれだけで生が生きるに値するものになるようなものを見定めることができない。われわれは――これこそが理由なのだが――彼らと共通の歴史をもっていないし、彼らと同じ「自然本性」を分かち合ってもいない。しかし、討議というものは、そのような共通性を前提とするのであって、それらをつくり出すことはできない。痛みを経験したことがない存在者はひょっとしたら、痛みというものを、生の役に立つ信号と捉え、驚くべき発明だと思うかもしれない。しかし、この存在者はこの信号の実体が何なのかを知ることはできない。つまり、痛みを感じることがどのようなことであるのかを知ることはできない。したがって、彼らは痛みを避ける努力にも高い価値をおくことを認めることができず、麻酔のための費用負担に参加しようとはしないだろう。もし、人間本性の共通性が言語能力と思考能力のうちにしかなく、直接的な価値評価におけるある種の原初的共通性のうちにはなかったとしたら、討議がその共通性の代わりをすることはできないであろう。味覚の違いが「話し合い可能」になりうるのは、おいしいという感覚それ自体は普遍的であるからにほかならない。また、非宗教的な人間が、別のある者が宗教的確信を尊敬することに、何らかの高い価値を認めることができるのは、当人が自分で考えているほどには非宗教的な人間ではなく、〈人間にとってあるものが神聖であるとは、いかなることか〉についてそれでも何らかの予感をもっているからにほかならない。マルキ・ド・サドの徹底した唯物主義はそのような感受性を破滅させた。しかしながら、聖なるものを貶めることに見出されるサディストの享楽が成立するためには、そこにもそのような予感がわずかにでも残っていなくてはならない。

共通の価値づけは討議によって生み出されうるものではない。そもそも善悪の合意が可能であるとされる場合には、それは前提とされているのである。フランツ・ブレンターノ、マックス・シェーラー、ディートリッヒ・フォン・ヒルデブラント、ニコライ・ハルトマン、ジョージ・エドワード・ムーアらの価値倫理学の出発点、すなわち、〈価値はすべての道徳の、直観的に与えられた基礎である〉と理解した価値倫理学の出発点は、目下のところ、次のような疑いをかけられることが多くなっている。つまり、彼らは、究極的な所与性がもつ主観的明証性に訴えることによって理性的倫理学をすべて破壊し、それによって、紛争を合意によって解決するという理性的倫理学の最も重要な成果を不可能なものにしてしまうのではないか、と。〔このような疑いに対して〕今さしあたって言えることは、紛争の解決は倫理学の第一義的な課題ではないということである。倫理学は、第一に、成功しつつある生の条件についての反省である。そして、それは仁愛の実践的な帰結についての学説であり、したがって「愛の秩序」についての学説である。場合によっては、倫理学的なものは紛争を解決するどころか、激化させることがありうる。奴隷制の廃止を支持する人、堕胎の合法化に反対したり人間らしい動物飼育のために尽力したりする人は、場合によっては、今ある合意を破壊し、紛争を引き起こす。たんに紛争を解決することではなく、正しく解決することこそが、倫理学的反省にとって重要なものであり、まさに争いというものは、この〈何が正しい解決であるのか〉ということをめぐって存在しうるものなのである。しかし、それだからこそ、価値倫理学への反論はまさに次のように言うのだ。価値の明証性のようなものを引き合いに出すことが理性的な論争にたどり着きえたことは、これまでに一度もない。なぜなら、そのような価値の明証性は個人的特異性とまったく区別することができないからである、と。ある者がこちらを明証的とすれば、また別のある者はあちらを明証的とする。実は、あらゆる対話は明証性を引き合いに出したときにすでに終わっているのである。しかしここでは、価値の明証性を存在論的に究明することなしに、次のことを指摘することで十分であろう。すなわち、いかなる理性的討議も、対話の参加者たちの間では議論の余地のないものであるような確かな洞察に戻る道が通じていない場合には、最終的には失敗するにちがいないということである。価値哲学は、〈そのようなつまるところは議論の余地のない洞察は、個別の利害関心に基づくパースペクティブの表面上の違いによって覆い隠されているが、自分たちはそれを際立たせ露呈させている〉と思っていた。いまは、この洞察に関して何が問題なのかということについては、脇に置くことが許されよう。道徳的感覚のある種の同質性なしに、理性的合意や理性的調停を意志しても、何ももたらしえないことが明らかになったことで十分である。

そして、話し合う人々の間に一致が成立していない場合に、討議がこの一致を埋め合わせることはできない。ある種の原初的な道徳的経験をもたない者やある種の根源的な信頼を身につけていない者、自尊の感情や恥の感情をもたない者、尊敬の態度や感謝の感情を経験したことがない者は、規範に関する討議に参加してもおそらく何の実りもないだろう。彼らは討議を促進するどころか、かえってぶち壊してしまうだろう。もし、し損なってきた根本経験を埋め合わせることがありうるとしても、それはまったく別の仕方で起こりうる。つまり、一面的であることへの勇気を背後に宿しているような、すなわち、理性的討議にとって構成的である相互性の断念を背後に宿しているような無条件的仁愛を経験する仕方で、誰かと交わることにおいてである。

直観的な明証性を倫理学に導入すると、十八世紀に狂信と呼ばれたもの——つまり、ある個別的なパースペクティブを、無条件的なものの審級として創設すること——への疑いがかけられる。これとは対照的に、相対主義は、各人に各々の道徳的真理をゆだねるので、道徳的普遍主義の一形式であるようにみえる。しかし実情は反対である。相対主義は、合意を代理表象したりつくり出したりすることからは程遠く、むしろあらゆる時代あらゆる民族の合意から外れるような極端な道徳的立場である。というのも、あらゆる人間を結びつけるものが何か存在するのだとしたら、それこそが善悪の区別だからである。〔確かに〕この区別は紛争を発生させる。人間が人間に対して犯してきた数多くの残虐行為の根底には、この区別がある。しかし同時に、犠牲者の唯一の避難所であるのもまたこの区別なのである。この区別の彼岸には、冷笑主義しか存在しない。そして、今世紀最大の犯罪である大量虐殺が起こってしまったのは、虐殺された人々が「悪」と称されたからではなく、彼らが客観的な有害さをもっていると称されたからであった。つまり、彼らはその所属する階層や人種のゆえに、独裁者が誤って利益だと思ったものと対立してしまったからなのである。普遍主義的な要求ゆえに、この独裁者の行いを悪と呼ぶことを禁ずる相対主義は、犠牲者に対する最終的な裏切りとなるだろう。アリストテレスが書いたように——討議の限界を記しつつ——「ひとには自分の母親を殺すことも許されている」と述べる者は、論証に値するのではなく、叱責に値するのである。

第11章　システム論と倫理

I　行為理解の現代的危機

今日では人間の行為の結果がもつ射程は現代の科学技術によって非常に大きくなったため、伝統的には明確だった行為の目的と付随的作用との区別が不明瞭になっている。個人の行為が積み重なった結果が何らかの仕方で自然を損ない、これまでには全くなかった状態を生み出している。自然はもはや、人間の行為がその中で行なわれ長期的にはそれらの結果がすべて吸収され中和されるような、不変の枠組みではない。いまやわれわれは、自然の種が地球上から絶滅していく加速度さえをも考える必要がある。それらの絶滅は、非意図的ではあっても薄々は予想できた、現代的形式の経済がもたらす結果である。この結果は、全人類のかけがえのない遺産に打撃を与えている。個々人の行為の目的こそが、そのような結果を付随的結果として招いているのであるが、そのような付随的結果は個々人の行為目的の重みを凌駕している。その結果、今日われわれの行為は、第一義的にそして本質的に、そのような付随的結果によって定義されるのであって、主観的な目的によって定義されるのではないように思われる。問題を複雑にしているのは、そのようなことが言えるのは、蓄積されつつある行為の結果をわれわれが考慮に入れる場合だけである、ということだ。というのも、そのような結果をもたらすものは、たいていの場合、この蓄積にほかならないからである。しかし、そのようなことが言えるのだとしたら、個々の行為はそれ自体の重みにおいては、総じて消滅してしまうように思われる。個々の行為にとって本質的であるのは、行為者の念頭にはない、ある全体の一部であることのように思われる。そして、行為の重みはいっそう引き下げられる。

ここでさらに、行為の自己理解に起こっている変化について、先に述べた理論的根拠が付け加えられる。その理論的根拠とは、科学——自然科学、いやむしろ人文科学——は、つねにわれわれの行為を、行為者自身が決して志向することのない全体像の契機として解釈する、というものである。〔例えば、〕選挙日の夜に予測最終得票数が算出され、あまりに動向がはっきりしてしまっている場合には、個々の投票者が協議したり熟考したりすることは無意味なものに思えてくる。〔また、〕恋愛・子ども・仕事・宗教などの生の営みや死との関わり方という、きわめて個人的な諸形式はすべて、統計的探求の対象となるばかりでなく、〈行為者がその存在に気づくやいなや、行為者を行為者自身から奪い取ってしまうような、社会学的、システム機能的解釈〉の対象ともなる。その場合、行為者は、民族学者を通じて自分たちの雨乞いの踊りについての民族学的解釈を知らされるアメリカ先住民ホピ族のような状況に陥る。いまや、出自の同一性に対するこの踊りの潜在的機能の方が本質的なものとなり、この行為の〔本来の〕目的はそのような本質的機能に対する単なる一手段になってしまう。われわれの生活世界が学問によって植民地化されることを通して、行為の概念は、したがって人間自体も、骨董品にされてしまうように思われる。そこになお存在するものはただ次のような主体なきシステムだけのように思われてくる。つまり、そのうちで人間がそのつどさまざまなアスペクトのもとで出現しつつも、いつまでたっても決して「現実」と関わりうる可能性などないシステムだ。〔そこにおいては〕学者もまた主体ではなく、学問は意味を露わにするものではない。それらは「社会」というシステムの下位システムの一つであるにすぎない。

どんな帰結をももたない道徳的な根源的選択は、それとしてはたしかに、社会的な下位システムによってすら秩序づけられうるものでもある。つまり、根源的選択は、「哲学的‐神学的複合体」によって秩序づけられた、その内部における特定の「語り方」（façon de parler）、すなわち、特定の仕方での自己解釈である、と考えることもできる。しかしながら、道徳的な態度が現実的なものになるのは、行為者がその内で生きる諸々のシステム構造の全体に対する現実的な関係において自己を定立する特定の仕方や、システム機能的な解釈に対して自己理解の方を主張する特定の仕方としてのみである。そのような関係の典型は、何よりもシステム理論そのものである。確かに、生物学者や心理学者、社会学者などのシステム理論を唱える者は、自分が分析する構造の外側にいるわけではない。彼らは学問を営むことで、それにとっては真理という媒介が構成的であるようなシステムに属している。しかしながら、この真理という媒介は、社会的下位システムである学問によって定義されるのではなく、学問によって前提されるものである。システム理論の提唱者は、理論を営むことによって、実際に志向的に現実性の全体に関わっている。というのも、システム的環境世界もまた彼らの対象に属しているのは、とりわけ、そのような環境世界がそれ自身の側で別の仕方でシステムの性格をもっているためであるからだ。もちろん、これは、現実性全体に対するまったくの形式的な関係であり、実際にはこの全体というものは、個々の分析という形式においてしか具体化されえないようなものである。だが、このような関係の固有の特質であるのは、どんな真理の主張にも含まれている、独特な種類の〈無条件的なもの〉ではないか。システム理論がラディカルな相対主義の道具として機能するときでさえ、それが可能なのは、システム理論自体はそれに包含されないという前提においてのみである。そうでなければ、システム理論は自らを放棄することになるはずである。したがって、少なくとも、理論を営むという行為は自らを、何らかの隠された機能によって「自らが奪われる」ことのないような行為として、理解しているのでなければならない。しかしだからこそ、このような理論的行為のうちには、無条件的なものの道徳的、実践的契機が、もっと言えば〈真実性〉が、すでに含意されていることになる。真実性とは、一つの実践的な関係、一つの承認や根源的仁愛の関係である。実践的独我論者は恣意的なものを考え出し、主張するかもしれない。彼らにとっては、真理への意志と権力への意志は原理的に区別不可能である。〔しかし、〕私は、もし他者の発言をまじめな報告として、少なくとも実験に基づき検証を受けたテーゼという意味でのまじめな報告として理解することができないのだとしたら、それを理論的報告として把握することなど決してできないだろう。〈他者の現実性を承認すること〉が、まじめに考えられたどの理論にもすでに含まれているのである。しかもここではこの逆のことも妥当する。つまり、われわれは、行為の概念に適う行為においては必ず現実性の全体に関わっている。実際、単なる部分的な意味は意味の仮象にすぎない。行為が、行為の概念の意味するところのものであり、行為者がそれとして行為を理解するところのものであるのは、理解可能性や知解可能性が現実性を包括的に構成しているときのみであり、したがって、「初めにロゴスありき」という命題が真であるときのみである。とはいっても、このことが意味しているのは、行為者はあらゆる行為のこの暗黙的前提を履行しなければならないということではないし、理解という関係において行為者は自分を実在性の全体に対して置くのでなければならないということでもない。行為することは有限的な性格をもつし、人間的に理解することもまたそうである。われわれは行為しながら現実性に自らをゆだねる。見通すことのできない出来事の鎖を始動させながら、ほどなくその鎖に及ぼす影響力をほとんどすべて失ってしまう。われわれには、その内で自分の行為が成立しているシステム機能的連関を具体的に見通すことはできない。

古代や中世の哲学はこのような考えに悩まされることがなかった。なぜなら、そのような哲学にとって、行為の制度的枠組みは、歴史の移り変わりに関わりなく前もって与えられているもののように思われたからである。行為のシステム機能はすべて明白であり、見通すことができ、それゆえ行為者が責任を担いうるものであった。「君は自分に関わることの中で正しいことをしていさえすればよい。その他のことは自ずからうまくいくであろう！」というゲーテの文章は、すべての伝統的エートスの基礎を表している。これに対し、〈あるものがその内部で自ずからうまくいくような秩序は、われわれの行為から独立ではなく、われわれの行為によって安定させられたり揺るがされたりするものであり、さらに、われわれが秩序を安定させることを望むかあるいは不安定にすることを望むかは、その秩序に対するわれわれの評価に依存する〉という思想は、近代の思想であり、啓蒙の思想である。これに対して、システム理論の思想は、ポスト啓蒙的であり、〈他のことは自ずからうまくいくであろう〉に立ち戻っている。しかし、システム理論は、自ずからうまくいくような秩序を力動的なものと考える。実際、そのような秩序は人間の行為によって変化する。しかしながら、原理的にいって、行為者の意図は、その変化の方向を見越すことができない。まさに本質的なシステム機能は潜在的なものであり、行為の意図のうちには統合されえないものなのである。

さらにこの状況を先鋭化するには次のように考えてみるとよい。自然はもはや、長期的にみて行為の結果を繰り返し確かに中和してくれるような、われわれの行為の包括的枠組みではない。自然もまたある歴史をもっているのであり、その歴史の中で人間の行為はますます大きな役割を担うようになってきている。しかし、この役割自体はほとんどの場合、意図されたものではない。人間の行為のこの役割は、行為の意味づけの中に入り込んでこないのである。一方、ひょっとするとわれわれの責任ではないように思われるかもしれない〈たんに行為をしないこと〉でさえ、問題の解決につねに結びつくとは限らない。前近代的な哲学にとっては、不履行は、すべてをあるがままにしておくことと同じことを意味していた。しかし、何もそのままにとどまることはないようなプロセスとして世界が理解される〔現代のような〕場合には、行為者はつねに物事の進行に対して責任を負っているかのように思われる。そして、行為者は、行為しないときであっても、他の選択肢の方がもっとよく責任を担うことができるのではないかと自問しなければならないように思われる。行為者には、全体における現実性に対する全面的な責任が課せられており、それと同時に、行為者にとって、そのような全面的責任を担うことが不可能であることも明らかである。行為をすれば意図されざる付随的結果がつねに生じ、付随的結果を制御しようと願って大規模な計画を立てれば立てるほど、付随的結果もますます大きくなっていく。行為者は、現実性の全体に対する因果的連関の中に立ってはいても、この連関を自分の手中に収めることは絶対にできないし、その連関を行為の意味の中で変化させることもできない。このようにして行為者の行為は、数ある自然現象のうちの一つへと引き下げられるように思われる。古典的で人間的な〈責任を伴う行為〉という概念を放棄すること、諦めること、直接的な充足へとあるいは正当化に関心のない力の行使へと後退すること、それらだけが、行為者へのシステム機能的な過大要求に直面した場合の唯一可能な帰結であるように思われる。

II　行為・自由とシステム理論・全体論

それ以前のあらゆる伝統とは異なり、カントは、危機に曝されている行為の概念や自由の概念を救い出すことができるとしたら、わずかに道徳的な経験によってだけであると考えた。古い伝統は存在の知解可能性という根本的な経験から出発していた。行為がもつ部分的意味は、どんな場合でも、あらゆる現実性の基礎にある普遍的意味構造の中に埋め込まれていた。意味の普遍性が疑わしいものになるのは、反目的論的な学問が、因果的経過の完結しえない無限性のうちへと現実性を解消する場合である。この状況においては、もし意味の全体性が与えられるとしたら、それはわずかに、個々人の人格的自己存在がわれわれに対して承認を要求してくるさいの無条件的性格においてだけである。道徳的な経験において明らかになるのは、〈現実性とは、「自己組織的な」システム構造が形成され、変形され、破壊されるような完結しえない無限のプロセスのことである〉ということではなく、〈あらゆるプロセスや構造は、モナド的現実性のバリエーションであるにすぎない〉ということである。自己存在だけに妥当することは、「あらゆるものはそれによって述べられるが、それ自体は他の何によっても述べられることはない」ということなのである〔「これらすべてが実体と言われるが、そのわけは、これらが他のいかなる基体〔主語〕の述語〔属性〕でもなくてかえって他の物事がこれらの述語であるところの〔基体的な〕ものだからである。」〕（アリストテレス『形而上学』一〇一七b一四）。そしてライプニッツは、非常に正当にも、〈あらゆる自己存在のうちに全宇宙が代理表象されている〉と言った。その限りで、あらゆる自己存在はコンテクストをもたない。行為することでそのような自己存在に関わることは、全システム構造や自然のプロセスを超越することである。なぜなら、〈全体〉の意味は、われわれにとって十全な意味で現実的なものとなるすべての個人の内で表現されるものであるからだ。道徳的経験のうちに、したがって仁愛の無条件性のうちに、行為をあらゆる自然現象から区別し、行為の自己理解をあらゆるシステム機能的解釈より上回るものとするための基礎が存在するのである。

まだこのような仕方では、どんな実践的な問いにも直接答えたことにならない。そして、出てきた答えは、行為の構造的な結びつきやそれに由来する責任性というものをあっさりと度外視する〈直接性の倫理学〉にとっては、おそらく最終弁論的性格をもたないだろう。逆に、そもそも責任性というものが構造的‐機能的結合から生じるということこそが、システム機能性が行為理論的に再現可能であり、道徳的責任へと変形可能であることを証明している、というわけである。だがそれは、代理表象の思想のうちにしか基礎をもちえないモナド的無条件性を前提している。責任は、制度的媒介に関わり合わなければならない。たった一人の人間としか関わりをもたない人など誰もいない。そして、たとえある種の観点に立てば個人は比類ないものであるとしても、それでもわれわれは、自らの有限な行為との関連においては、個人を比較しうるものにするほかない。とりわけわれわれは、人間がその内に存する多様なシステム連関を階層化することができる。なぜならわれわれは、その内で代理表象される利害関心・欲求・確信の重要性と緊急性にそのつどしたがって、それらの連関を自己存在に関係づけることができ、またそこからその連関を責任の序列的秩序へもたらすことができるからである。もちろん、どんな行為をする場合でも、一人一人の行為者には、前もってかたどられたシステム構造を直接的につかみ、人格的責任の観点のもとでそれを変形することはできない。しかし、個人は他者とともに影響し合い、そのようなシステム構造を政治的な問題にもたらすことができる。

政治的なものの空間とは、高度に独立した現代社会の圧倒的なシステム構造に直面して、行為の根源的自己理解が主張される空間である。政治化することとは、いわゆる客観情勢による強制すべての基礎にある決定を主題化すること、もしくは、自然発生的な先所与性を決断の対象へと変化させることである。ただし、自由空間を拡大するという目標からみれば、そのような政治化は両義的である。主題化することが可能であるのは、つねに、自明性という主題化されない地平に基づいてでしかなく、行為することが可能であるのは、それ自体は問いに付されることのない規範性という背景があるからでしかない。人間の行為がもつすべての構造的先所与を永続的な討議によって正当化しようとする思想は、人間行為の原初的な前提の一つを見誤っている。それでもやはり、自明性と規範性というこの枠組みが、本当の自明性や規範性を内容としていることと、実は不合理なものや異常なものを内容としていることとは異なる。場合によっては、ここにある違いが討議によって証明されなくてはならないこともある。その場合には、証明は次のことをめぐってなされる。すなわち、行為者自らはその行為において暗黙のうちにこの枠組みを肯定しているのか、つまり、行為の意味はいわば非主題的ではあっても前もって与えられている意味連関にまで延びているのか、それとも、行為の意味はこの枠組みと矛盾した状態にあるのか、という点に関してである。後者の場合には、行為者は、そもそも行為しうるために否応なしに（nolens volens）その枠組みを受け入れているのだから、自分自身と不一致の状態にあることになる。一方、前者の場合には、行為者は自分自身との親和関係を問題にすることなく、自分の行為がもつ、非主題的にシステムを安定させるという機能を肯定しえている。しかしながら、ここでは逆の結論は妥当性をもたない。つまり、誤った枠組み内の正しい行為などありえず、行為者が意志に反して安定化させているような条件のもとでの行為は不可避的に間違ったものになってしまうので、そのような状況においては、革命的な行為だけが自由な行為として承認されうる、という結論である。このような結論は、むしろ、すべての全体論（ホーリズム）に特徴的なものである。

全体論的な思考の特徴を最もよく表わしているのは、行為者の意図を度外視し、あらゆる行為を機能から、つまり、特定の枠組みシステム——そのシステムが安定化されるべきであるにせよ、壊されるべきであるにせよ——に関係づけられた機能から定義する点である。そしてまた、一つの行為、例えば、家族的活動、学問的活動、芸術的活動などが、可視的な仕方でシステムとの関係をもっていない場合には、それらはその不在によって定義される点である。つまり、たとえそのような場合でも、行為者はよりよい何か、すなわちシステムにとって有意味なことを為さねばならなかったというわけである。存在するのはたった一つの意味だけであり、そして、その意味はある特定の枠組みシステムあるいは特定の歴史解釈と合致したものである、というわけだ。これに対して、トマス・アクィナスが犯罪者の妻の義務に裁判官の義務を対置するとき、それは、行為を見るさいの非全体論的な見方の一例となっている。すべての行為が同一の枠組みシステムの中で動かなければならないというわけではない。裁判官は「市民的善」（bonum civitatis）を配慮しなければならず、犯罪者の妻は「家族の私的善」（bonum privatum familiae）を配慮しなければならない。クレーオンがアンティゴネーの、国家的理由を顧みずに彼女の兄を埋葬する権利に異議を唱えてはならなかったのと同じように、裁判官は妻の善に異議を唱えてはならなかった。そうでなければ、裁判官は、「自分が望むようにと神が望むもの」を望むと言う代わりに、神と同じ場所に自分を立たせることになるだろう。しかし、「自分が望むようにと神が望むもの」は、いつものように境界づけられた、ある責任範囲によって輪郭づけられている。「君は自分に関わることの中で正しいことをしていさえすればよい」という文章は、道徳的無条件性一般のようなものがそもそも存在しうるための必然的前提として妥当性を保つのである。

なるほど、われわれの実存がもつ枠組み的条件についての内省に参加することは、近代的な政治的生の一契機となっているため、それを完全に断つ場合には正当化の義務が伴う。しかし、それに参加することの方もまた、道徳的なものとしては、責任を基礎づけかつ具体化する同一の格率のもとにある。「情報を与えられていること」、たんに「口をはさむこと」、あるいは「狼狽」の熱心な表現は、具体的な責任を知覚することと同じではない。道徳的な能力をもってそれらを知覚した者は、もはや、自分の参加の意味を出発点に存したものにとどめておくことができないはずである。道徳的行為はいつでも意味の全体性の現前によって成り立っている。

しかしながら、宗教的含意なしに、この考えをしっかり保持することは難しい。トマス・アクィナスが次のことから出発したのは特徴的である。つまり、神はまさに「普遍的善」(bonum universi) を配慮するのであるから、「われわれが望むべきものを望む」神と、物事の経過に対する全体的な責任からわれわれを解放する神は同一の神である、と。フィヒテは、誠実と世界浄福との収斂に対する究極的信頼の必然性のうちに、それがなければ人間のあらゆる道徳性が崩壊するにちがいないような「神の世界統治を信じる根拠」を見ていた。そして、ジャン＝ポール・サルトルは『倫理学ノート』の中で、無神論者は実際に〈目的は手段を正当化する〉から出発しなければならないと述べて〔こう続けて〕いる。行為者にとって重要性をもつのが物事の経過ではなく自分自身の誠実であるような道徳が、エゴイズム以外のものであるのは、信仰者にとってだけである。なぜなら、信仰者だけが、その意味が決して自分の自由になることはないものとしての自分の実存に対して責任を負わねばならないからである、と。

実際には、システムの指示作用すべてを超越する無条件性は、すでに前もって下された形而上学的あるいは宗教的な決断の結果であるわけではない。むしろ逆に、そのような決断こそが、われわれの原初的な道徳的直観を偏見なしに反省することから生じる帰結である。その点でカントは正しくも、無条件的なものの思想のもとでなければ、行為の概念がシステム理論の介入から救われえない、という考えをしっかり保持していた。

第12章　規範性（ノモス）と自然性（ピュシス）

I　ピュシス論から機械論へ

近世思想、少なくとも十六世紀以後の思想はピュシス概念（自然概念）を排して、代わりに機械概念を導入しようと試みてきた。ピュシスはギリシア哲学の文脈では受動的質料の純粋な客観性を意味していたのではなく、人間による自己経験との類比において考えられた自己存在を意味していたからである。ピュシスが自己存在であるのは、自然的存在もまた他の生命システムから――われわれの今日の用語で言うならば「環境世界」から――自分自身を固有の衝動に基づいて能動的に隔絶し、こうして自己保存と自己実現を行なうとされたからである。すなわちアリストテレスによれば、「ピュシス」とは「運動の始まり」という原理を自分自身の内に宿すすべてのものの本質なのだ。ピュシスをこのように理解するならば、それがもともと区別の基準となるべき概念であったことは明らかである。ピュシスは『ヒポクラテス全集』の中において、正常体としての健康体を異常体としての病人から区別する基準とされている。注意すべきは、ここでの「正常体」は統計上の概念ではないということである。全人類の九割が頭痛持ちだと仮定したら、このとき彼らこそが健康体であり、残りの一割は彼らに合わせて頭痛をもつべきなのであろうか。そんなわけはない。むしろ逆であろう。自己維持や健康状態への衝動はすべての生命体が等しく有するものだが、頭痛はこのような自然的衝動に反するからである。人間の社会体制としてのノモスや慣習もまた、このような基本的自然的衝動に沿うものであったり反するものであったりする。だからこそアルケラオス、アンティポン、ヒッピアスといったソフィストたちは自然（ピュシス）と習慣（ノモス）とを相対立するものとみなすことができたのである。このとき彼らは独裁体制というノモスを「非自然的」だとして批判したのだ。また、「『自然本性上正当なものごと』という概念〔自然法概念〕は人間の文化と慣習の多様性に対する素朴な無知に基づくものにすぎない」という声が多く聞かれるが、これは誤解である。パスカルの著作にさえこの誤解は見られるが、正しくは逆である。すなわち人間の文化や慣習の多様性を知ることをもって、「自然本性上正当なものごと」〔自然法〕という概念が生まれたのである。文化や慣習の多様性に直面することによって、「われわれは果たしてよい慣習とわるい慣習を区別すべき基準を手にしているのだろうか」という問いが生じたからである。「拷問はあってはならない」と言う人は、「私は拷問を受けたくないし、拷問は私の住む文明社会においては異物だ」ということを述べているに留まらず、拷問が異物では「ない」文明社会を同時に批判している。アリストテレスが「自由市民から構成されるポリスは彼らにとって自然な生活方式だ」と述べたのは、アリストテレスにとっては自由と自然がほとんど同義語だったからなのだ。生命体の自由な運動とは、とりもなおさず自然に適った運動をいう。強制された運動とは、そのものの自然本性に反して外部から課せられた運動をいう。われわれもまた、ある人が老衰で死んだときには「彼は自然な死を遂げた」と言い、外部からの暴力によって死んだときにはそうは言わないではないか。このように考えれば、樹木が生長するのは自然的な運動であり、嵐や木こりによって倒されるのは暴力的な運動なのである。ライオンが羚羊を襲うとき、それはライオンにとっては自然的な運動であり、食べられてしまう羚羊にとっては暴力的な運動なのである。

　このようにして物理学は近世に至って自然を内的な運動原理として理解することを止め、自然的な運動と強制された運動という区別を非生命体の領域から排除した。あらゆる運動はいまや慣性の法則と諸力の平行四辺形からの受動的結果にすぎない。これに対してライプニッツはいわば近世物理学を鏡に反転させたような形而上学を作り、あらゆる運動はただ内部からのみ生ずるとしたが、自然と強制の区別は同じく認めなかった。事故や強制など、モナドにとって敵対的に作用するものは、モナド自身の定義にすでに含まれているのである。「君を動かすものは何もない。君自身が、自らで休むことなく動き続ける輪なのである」[1]というアンゲルス・シレジウスの言葉はモナドにこそ当てはまる。しかしながらライプニッツ形而上学は自然科学にとって何の益ももたらさなかったどころか――これはおそらくその功績の一つであろう――、行為理論における物理学的還元主義に抗するための有効な対抗策もまた一切もたらさなかった。ライプニッツ形而上学は衝動目的の達成も失敗も共に本質に合致したものとみなすので、失敗という経験を概念的に理解することができないのである。

ところで、古人は「自然の誤り」(harmatia tes physeōs, peccatum naturae) という概念を知っていた。これはどのように理解すればよいのだろうか。というのも「自然の誤り」という概念で考えられていたものとは、内部から生起したものでありながら間違っているもの、すなわち非自然的なものだからである。しかも「自然の誤り」はあらゆる高等生命体に起こりうるとされる。しかしこれはどのようにして起こるのだろうか。

実際に「自然の誤り」は起こりうる。なぜならライプニッツの窓なきモナドとは異なり、〈内部 - 外部〉の境目は非浸透的な壁ではなく、そこでは周囲の自然環境との物質交替が絶え間なく行なわれているからである。この物質交替は力学的法則のみに従うのではない。生命体の自発性という契機がむしろ主導的な役割をそこでは担っているのである。生命体は力学的作用に受動的に身を任しているのではない。生命体は反応しているのだ、しかも「解釈済み」の世界に対して。ニクラス・ルーマンが述べたように、生命体はまず外部の複雑性を内部の複雑性へと翻訳するが、生命体はこの翻訳過程の中でときに欺かれたり、自分を欺いたりするのである[2]。衝動目的の達成は一般的に暴力や詐欺によって妨げられるから、欺きは自然的な過程よりも暴力的な過程において生じるのが普通ではあるのだが、いずれにせよ、自分と周囲の自然環境との間に解釈を挟み込むタイプのあらゆる高等生命体には、誤った解釈や行動を犯してしまう可能性があるのだ。彼らはこうして自分の内的衝動に従いながらもその衝動の意味を見誤ってしまう。人間の行為もまたこのような可能性を免れない。

例を出そう。のどの渇いた人が一杯のレモネードを飲んだ。しかしこれには毒が入っていた。このとき「彼はしたかったことをした」とは言えないであろう。彼がしたかったこととは毒を飲むことではなかったのだから。では、もう一歩踏み込んでみよう。彼はレモネードに毒が入っていることを知っていた。しかし耐え難いほどにのどが渇いていたので、毒入りにもかかわらずレモネードを飲んだ。彼はしたいことをしたのではなかろうか。のどを潤したいという衝動を直接的に満たしたし、こうしてのどの渇きは治まったのだから。しかし「のどの渇き」の客観的機能は自己保存にこそ存するのだから、のどの渇きを癒すことで生命が破壊されるとしたら、「彼は自分のしたいことをしたのだ」と単純に言うことはできない。また「彼の行為は自然的だ」と言うこともできない。二番目の例においては、彼はいわば自己欺瞞に基づいて行為していたからである。衝動は自己解釈しないのである。彼がたまらずグラスに手を伸ばしたとき、彼による衝動の解釈は不十分だったのだ。彼は解釈のことなど知らないままでいたいと思った。彼は本来的な意味で行為したのではなく、ただ衝動に身を任せたのである。彼は自分のしたいことをしたのではない。彼はしたいと思うこととそのことを放棄していたのである。もちろん彼も毒の知識は持っていたが、それは頭の中だけの知識にすぎず、衝動の力には遠く及ばなかった。

衝動はわれわれの外的知覚の中にそのまま与えられるわけではない。衝動は内部である。生命体は衝動に閉じこもることで世界から己を隔絶する。人間固有の自己存在は〈……へと駆り立てられていること〉によって構成されている。いまわれわれが生命体の振る舞いを外部から観察して、人間固有の〈……へと駆り立てられていること〉

との類比で解釈すれば、それは「衝動によるもの」とのみ理解されるであろう。この理解は正当である。なぜならわれわれは自分たちの〈……へと駆り立てられていること〉を、すべての自己意識ならびに意識的目的設定の根底に存するもの、「自然的なもの」として経験しているからである。だからこそわれわれの「のどの渇き」という体験と、犬の「早く水たまりに口をつけたい」という衝動とを全く別物とみなす根拠はないのである。

Ⅱ　衝動・理性・ピュシスの目的

われわれの行為と衝動の関係は〈「ある」-「べし」〉図式によっては表現できないような関係である。というのも、人間の行為はたんなる衝動的生起ではないからである。自分自身の衝動と向き合い、衝動にそのまま身を委ねるのを止めてから、ようやくわれわれの行為は始まる。いくら空腹でも、食べなければならないわけではない。食べない理由を持つことができるからだ。何か緊急の用事があるとか、断食療法の最中とか、ハンストの実行中とか、あるいは断食期間だからとか。食欲は必ずしもわれわれを食事へと駆り立てるわけではない。

しかしながらまた他方で、食欲は行為の理由となるためのさらなる前提を必要とするような中立的事象ではないとも言える。「食欲を感じるとき、他の重要用件が存しない限り私は食事をすべきである」というような上位命題は不要である。この格率に対して、「いや、そもそもなぜ君は食事をしなければならないのだろうか」とすぐさま問い返すこともできるだろう。衝動が他の事象と決定的に異なる点は、衝動はそれだけですでにベクトル的性格を有しているという点である。衝動は駆り立て、傾向性（inclinatio）を形成する。すなわち衝動はそれだけでその充足の理由なのである。もしもわれわれが完全に自由な存在者として、純粋な事実（matters of fact）からのみ構成される世界に住まうとすれば、われわれは事実事象の中には行為理由を見つけることができないであろう。このとき、行為を指示するなんらかの格率を事実事象とは別に作り出さなければならない理由もまた見つけられないであろう。われわれはただ自然的な存在者としてのみ、すなわちつねに何かに〈駆り立てられている〉衝動的存在としてのみ、外的な事実事象を行為の動機に変えることができるのである。

それでは衝動は行為の必要十分な理由なのであろうか。食欲は食事の必要十分な理由なのだろうか。そうである場合もある。つまり、食事をしない理由がない場合である。しかし何が食事をしない理由となりうるのかは特に決まっていない。衝動に左右されないことを自分自身に証明したいということだけでも、食事をしない理由になりうる。自由な存在者の抱く願望には、自分の自由を自覚したいという自由衝動があるとフィヒテも述べている。すなわち衝動そのものがその充足を意図した行為の必要十分な理由となるのは、われわれが衝動をそのような理由へと仕立て上げ、衝動のベクトル的性格をわれわれの自由に取りこむときにほかならない。衝動の意味をたんなる裸の事実（factum brutum）とはみなさずに、それを意味「として」知覚し、解釈によって接近可能なものとして、いわばある種の言葉として取り扱うことでこれは初めて可能となるのである。

衝動の解釈はひとりでに起こるのではない。衝動の解釈は自然物ではない。それはわれわれが理性と呼んでいるものである。理性によって自然は自然「として」現れる。動物も食欲を感じるが、自己保存という食欲の自然本性上の目的は知らない。動物はまた性的衝動の自然本性上の目的が種の保存であることも知らない。衝動がその直接的で決定的な力を失い、言語によって翻訳可能なものとして理解されて初めて、衝動の意味は明らかになるのである。食欲のない動物は餌を食べようとしない。食欲を満たす必要がないからである。しかしわれわれは動物とは異なり、食欲が自己維持の自然的シグナルという機能をもつと認識している。われわれも動物と同じく食欲を満たすために食べるのだが、慢性的な食欲不振はかえってわれわれの心配の種である。食欲こそが自己維持という目的のための手段であり、食事は栄養補給を意味しているからである。

このように、自由な存在者による自己保存は強力な衝動によっておおまかに保証されているものの、飲食という随意的行為に結びつけられている。これは呼吸のように「ひとりでに」起こるのではない。「傾向性」は「必然性」ではないのだ。これはどういうことであろうか。スコラ哲学者はアリストテレスに倣って、自由な行為を「人間的行為」と呼んだ。飲食はいまや自由な行為として文化的連関の内にある。飲食は陶冶され、文化によってかたちを変える。レヴィ＝ストロースが言ったように、多くの文化においては食事の準備こそが文化の範型をなしている。飲食は三度の食事から、家族との団らんに、友人との会食に、結婚式の宴料理へとかたちを変える。宗教において、飲食は秘跡であり、永遠の生命ですら天上の結婚式として表象される。栄養摂取という基本的な自然目的（finis primarius）は、こうして飲食がさまざまな仕方で文化的に変形されて新たな機能を付加されることによって、ほとんど見えなくなってしまう。なぜならばこうして栄養摂取という自然目的はいわば「ひとりでに」満たされてしまうからである。われわれは飲食から栄養摂取という機能のみをシステム的に切り離すことはできない。飲食はもともと自由な人格の物理的自己保存を「ひとりでに」保証する基本的行為だからこそ、その本来的な社会的機能を獲得しているのである。何重もの機能を担うことで、飲食はようやく人間的な意味を帯びるのだ。

かつて後期ローマ人は満腹になっても嘔吐してまで食べ続けて宴をやめなかったが、このとき、食事の文化的機能はその自然的機能から解放されていたといえる。こうして食事はより高次の人間的な段階へと移行したか。否である。むしろ食事はより低次の段階へと格下げされた。不毛な享楽が自然的機能としての栄養補給に取って代わったからである。このように、人間は衝動の自然的機能を「知っているから」こそ、それを排除することもできる。動物は衝動の自然的機能を「知らないから」こそ、原則としてそれを満たすのである。知られていないということのような潜在性こそが自然的機能の充足を保証している。自然的機能は明らかにされてしまえばその充足の保証を失うのだ。排除される可能性が発生するからである。〔自然的〕客観的善からそれに伴う快の獲得をこのように切り離すことはすでにプラトン『国家篇』における主要なテーマの一つであったが、食事というものは本質上、自然的機能を満たすからこそ楽しいのである。いま、未来の人類もまた太古からの欲求に従って仲間と共に飲食を楽しんでいると仮定しよう。しかしその「飲食」とは、美味だが消化不可能なものを一緒に噛んだり吸ったりすることであって、それとは別に毎日の点滴で栄養摂取をしているとしたらどうであろうか。このとき飲食は存在しないというべきであろう。彼らの「飲食」も、点滴による栄養摂取も、ともに飲食の名に値しないからである。人間の文化の中心的要素はその本質的かつ自然的な機能とは切り離せないはずなのだが、ここでは切り離され、排除されてしまっている。文化とはもともと農業の謂いである。文化は人間化された自然のことであって、排除された自然では断じてない。

人間性と自然性とは、セクシュアリティと種の保存の関係においても同じく切り離しえない。種の保存が性的衝動の充足から切り離されてしまったとしたら、人類という種はこの先も存続するのであろうか。現時点では誰も何も言えないが、私が見る限り人類の存続はありそうもない。セクシュアリティは基本的自然要素だが、そのかたちはいまや人間的なもの、個人的なものに変わっており、個人的関係の中にすでに組み込まれている。人間においてはセクシュアリティの強度は増し、その意味は過剰となったのである。しかしながら、トマス・アクィナスは、エデンの園のアダム、つまり完全に人間的な人間こそが最大の性的快楽を味わったと述べた(3)。なぜなら完全性には感受性の完全性もまた含まれるからである。このように考えたとき、人類の生命の存続という自然的機能連関から性的快楽だけをシステム的に切り離すことは、異性間の愛から人間に特有の次元を剝奪することに等しいことが理解されるであろう。唯心論と自然主義はこうしてそれぞれのやり方で、本来的な意味における人間的なものを消滅させたのである。ホルクハイマーが「ピルと引き替えに、われわれはその代償としてエロス的な愛情の死を甘受しなければならない」と述べたとき、彼は人間性と自然性との不可分な関係を念頭に置いていたのだ。

しかしこれは実はことがらの一面にすぎない。人間という種の存続は将来、国家のために、試験管ベイビーという方法で保証されるとも考えられるからである（ゲーテの『ファウスト』中のワーグナーのことばはあろうことかアクチュアリティをすでに得ている――「いままでの子づくりのやり方は、ただの茶番だったのですよ[4]」）。とはいえ、試験管による人間再生は合目的的行為、すなわちポイエーシスであって、この点において生殖とは全く異なるものだということをここではっきりさせておかねばならない。それは人間同士の交際の自然的な帰結ではない。ゴットフリート・ベンの言葉で言えばこうだ――「うぬぼれるなよ、彼女と一緒にいたときに生まれてくるおまえたちのことを考えていただなんて。愛し合っているときのあいつの目は実に美しかった[5]」。ポイエーシスによって誕生させられた、いわばつくられた子供は、両親、医者、国家による被造物であり、「自然」のおかげで存在している子供とは質の上で全く異なる基準のもとにある。いつの日か彼は、自分を存在せしめた人たちに向かって、どう責任をとってくれるつもりかと迫るかもしれない。そのとき彼にはどう答えればよいのか。誰ひとりとして他人の生と死の責任はとれないではないか。子供をつくりたくない必要十分な理由ならばありうるが、子供をつくる必要十分な理由などないからである。自己存在の現実存在とは、あらゆる理由の最終根拠としての存在者が存在することにほかならない。自己存在は別の主体によってさらに根拠づけられはしないのである。現時点でわれわれは決疑論に陥ることなく、人間の自然的出自と人間の尊厳は不可分的一体をなしており、自然衝動の人間化は自然の脱自然化に存するのではなく、自然衝動を人間的社会的生活連関の中へと意識的に統合することにこそ存するとまとめることができるであろう。

「自然本性上正当なものごと」、「自然法」という概念に対するかつての批判には、人間は「自然本性上」理性的存在者なのだから理性こそが人間の行為基準であり、自然はそうではないというものがあった。つまり語られるべきは理性法であって、自然法ではないというのである。しかし筆者が先ほど示そうと試みたように、自然は理性となることで自分自身に到達する。「自然本性上正当なものごと」とは決して人間以外の自然を模倣することに存するのではない。なぜならば、実際に人間以外の自然の中には多種多様な寄生的行動、同一グループ内における仲間の搾取、衝動の倒錯が見られるからである。肉食獣にとって獲物は衝動対象でしかなく、その獲物もまた固有の衝動を有する一つの中心だということは全く隠されたままではないか。とはいえ、ここで断っておきたいのだが、私の試みを突き詰めて解釈して、「自然的なものという概念は理性的行為において完全に消滅する」としてはならない。理性は単純に自然に取って代わるのではないからである。人間理性は受動的であり、理性それ自身はたんなる形式である。だからこそ理性的命法はたんなる形式にすぎないとこれまでにたびたび批判されてきたのだ。このような批判を再批判するために自己目的という人間の性格を公式として持ち出しても何の役にもたたない。この公式そのものがすでに空虚だからである。しかしカントはこの公式を役立つものに仕立て上げ、そこから実に具体的で内容豊かな多くの帰結を引き出したのであった。カントがこれをなしえたのは、人間は自然本性を有すること、しかも自分が意のままに利用してよい道具としてではなく、自分の人格を「現象界」に描出するものとしてそれを有することを暗黙のうちに前提としていたからである。人間が尊敬されるとしたら、このような意味における自然本性において尊敬されるのでなければならない。人間は自然本性のうちにあり、その尊厳が傷つけられるのもまた自然本性のうちにおいてなのである。例えば、相手の顔に唾を吐きつけた上で、「人格としての君を傷つけたくはなかったのだ」と言うことはできない。また、拷問は人格としての人間の尊敬とは決定的に相容れない。たとえそれが第三者への傷害行為の予防という必要性から行なわれたものであっても、拷問はこれを超えて、ひとから自由主体の地位を剝奪し、ただの動物存在へと引きずりおろし、反応することしかできない人間以下の種へと貶めようとするからである。人間の身体への介入とは、人間への介入にほかならない。

III　人格が実現するとき

人間は没世界的主観性ではないから、自然的諸器官を意のままに利用することはできない。人間の身体は人間自身なのだ。自然本性と人格を対立させる見方は、有限的人格そのものが自然本性をもち、自然本性の中に現象すること、人格は自然本性のおかげで人格として見られ触れられることを正しく認識していない。有機体としての人間の物理的自己維持は飲食という自由な行為に依存するものとなってはいるが、自由な行為にはそれ相応の道徳的禁止が伴っているのである。やめてくれという明確な意思表示に逆らって強制的に栄養補給を行ない、ひとりの人間の物理的自己維持を外的強制の一対象にしてしまうことは、彼という人間を自由主体として尊敬することとは相容れない。物理的自己維持はその自然本性上、自由な行為の結果でなければならない。ここで問題になっている「自然本性」とは「理性的存在者の自然本性」のことであり、理性的存在者の自然本性を傷つけるということはすなわち、人間の尊厳を傷つけることにほかならないからである。

自然本性を欠くならば、人間の実践理性は完全に形式的なものに留まるであろう。理性は事実の集積に留まり、行為の方向づけにはならないであろう。理性の形式的格率はどんな内容によってもそのつど満たされるであろう。自然は自分自身から「べし」を生み出すことはしない。自然には傾向性しかないからである。フィヒテも言っているように、自然の生産性は衝動を生み出すことに尽きる。衝動と自然は、反省を行なう理性的で自由な存在者に対してのみ衝動と自然「として」露わになる。自然は反省によって距離を置かれてはじめて、自由においても承認され、しかも道徳的洞察の根源となる可能性をもちはじめるのである。「自然本性上正当なこと」とは自然的存在者の自己存在を承認することだが、これは自然に生じるわけではない。あらゆる自然的存在者は、その本性上から言えば、環境世界と遭遇するのみである。動物は自分を世界の中心にして生きるものである。われわれ人間もまた純粋にみれば物理的存在者であるから、自分を世界の中心にして生きている。しかしながらわれわれは理性的存在者でもあるから、他の人間がそれぞれの世界の中心であることを知っている。この事実を知っているというそのことによって、われわれは自分という中心からすでに抜け出ている。こうして人間は自分自身を、誰かにとっては大切な人かもしれないが、その他のひとにとってはそうではないひとりの人間と見なすことができるのである。

体験の中心に居座る自分自身からこうして抜け出すことによって、自然性は消滅するどころかはじめて露わになるのである。自分自身の自然性と併せて他人の自然性もまたこのとき同時に現象する。他人を人格として尊敬するということは、他人をその自然性において肯定することにほかならない。カントが、他人の幸福の促進こそが道徳性の原初的な現れであり、他人の道徳性の促進はそうではないと述べたのはこの理由による。

以上の考察より二つの問いが帰結する。一つは、自然的存在者が尊敬すべき人格と見なされるようになる時点はいつか、そしてそれはいかなる基準によって決定されるのかという疑問であり、もう一つは、人間本性の利用可能性という問題である。はじめの疑問に対しては、「ホモ・サピエンス」という種に属したときだという答えがまっさきに思い浮かぶが、この答えは生物学主義に立脚しているように思われる。人間に対する尊敬が同種同士の生物学的連帯感にほかならないのだとすれば、この答えで十分であろう。しかし「生物学的種的連帯感」がもしあるとしても、それはただの生物学的事実としてあるのみではないのか。それ以外の「生物学的種的連帯感」は存在しないのではなかろうか。少なくとも、「生物学的種的連帯」から離脱したいと思っているひとに、動物界では連帯が当たり前なのだと説き伏せても何の役にも立たないであろうことは明白である。人間に対してわれわれが負っている特別な道徳的尊敬は、人類という種に向けられているのではなく、ひとりの人格に向けられているのだ。自由な自己決定能力を有し、道徳的となりうる可能性を持ったひとりの理性的存在者に。自分自身を引っ込め、自分という中心を超えた視座を受け入れ、帰責可能性を認めるような存在者に。このような存在者は、こうして逆に、自分自身を主体として認め、ただの客体として扱わないでくれと要求することができるのである。さて、それではこのような意味における人間とはいったい誰のことなのであろうか。ある存在者が実際に人格であることをわれわれはどこから知るのであろうか。その存在者が理性的自己決定をなしうることからであろうか。しかしそのことですらまた何か証拠を必要とするのではないだろうか。理性的自己決定をなしうるという証拠を、その存在者がわれわれと相互的象徴的コミュニケーションをとりうるということに求めれば問いは終わるのであろうか。しかしこれでもまだ不十分ではないのか。なぜなら、いかなる種類のコミュニケーションであってもいいわけではないだろうから。そもそも私は愛犬とだってコミュニケーションをとれるではないか。しかも愛犬とのコミュニケーションはおそらく、重度障碍者や生まれたての赤ん坊とのそれよりも強度の高いものであろう。人間が人格となる境目は一体誰が決定するのだろうか。

この答えはアリストテレス的伝統のうちにそのまま見つけられる。その伝統は、或る種が「大抵の場合に」見せる姿を基に、その種の本質的なすがたを導出した。健康な成人を見れば、「あらゆる」人間の本質を読みとることができるのである。本質的なものを一切表していない人間の本質ですら。本質とは、大抵のひとにおいては見られるが、一部のひとにおいては見られないものなのだ。「魂」とはこのような人間の本質を指した呼び名である。魂は魂である限り尊敬されなければならない。魂がいまだ表に現れていない人間の魂であっても例外ではない。もちろんこの答えは多くの理論的な前提の上に成り立つものである。例えば唯名論的な前提の上では矛盾をきたしてしまうであろう。しかし、以下のような超越論的－語用論的な考察もまたアリストテレス的伝統と同じ方向へとわれわれを導くのである。いま、人権は絶対になくてはならないものなのだと仮定しよう。このとき人権は、誰がその権利主体であり誰がそうでないのかを判断する権利を誰ひとりとして持たないという前提のもとでのみ可能なのである。人権思想の主張とは、人間はあれこれの属性によって人間社会の一員として選ばれるのではなく、人権という自らの権利によってその一員となるというものであるから。しかし、「自らの権利によって」というのは、「自らがホモ・サピエンスという種に生物学上属しているから」ということでしかありえない。もしもそれ以外の人権の基準を設けるならば、ひとがひとを裁くことになってしまうだろう。すると人間社会は「クローズド・ショップ」となり、人権思想はその根底から否定されてしまうであろう。人間が「自然本性上そうであるから」という理由によって人格として承認されるときにのみ、人格の承認は人間そのものの承認になるのである。このとき人間は、別の誰かによって課せられた、人格として承認されるための基準を満たしているが故に人格として承認されているのではない。このことから、人間を人間として承認するあらゆる時間的はじまりは、たんに習慣的なものでしかないことが容易に知られるであろう。あらゆる習慣的境界線は、それが基本的人権にかかわるものである限りつねに独裁的である。

このように考えたとき、人間の遺伝子操作についてどのように判断すればよいのかという基準もまたすでに明らかである。人間の遺伝子利用を可能にするために、「人間が今日こうやって生存しているのは自然に基づく進化の結果であって、宇宙線による予測不能の突然変異に比べれば人間による計画的な活動が人類の質の低下を招くことはありえない」と言われている。どうして「人間的人間」は「自然的人間」よりも劣っていなければならないのかというわけである。この問題に対する答えもまた超越論的‐語用論的な答えでしかありえない。「人間は、肉体を潜在的に改良可能な道具として利用することが許されているような超越論的主体ではない」というのがその答えである。そもそも「改良」と言うが、いったい何のための「改良」なのであろうか。さまざまな人間的目的のためであろうか。もしそうだとしても、何が人間的目的なのかは人間本性から明らかになるのではないのか。人間本性は常に偶然的なものではあるけれども。われわれの非偶然的部分を、その他の好きなように改変してもよい偶然的部分から切り離して、「人格」、あるいは「主体」と名付けるための基準は存在しないのである。さらにいえば、どのような目的のためであれば改変してもよいのだろうか。改変することで当の目的もまた変わってしまうのではなかろうか。例えば、人間本性を宇宙空間での滞在により適したかたちに変えることは、将来の人間を現代の医療技師の目的を満たすための手段へと貶めることにほかならない。彼らのクリエイティブな幻想や、これこそが人間の幸福だという思いこみを満たすための手段へと。人間の尊厳は人間の自然的出自から切り離しえない。なるほど、人間本性は偶然的なものである。しかし人間本性の意識的かつ計画的な改変によって、その偶然性が低められるどころかむしろ耐え難いほどに高められるであろうということは確実である。

人間に対して援助の手を差し伸べるということは、いまの姿の自然的存在者に援助の手を差し伸べるということにほかならない。いまの姿から別の姿に変えるということではないのだ。したがって、天使のような完全な理性的存在者には援助の手を差し伸べる必要はないのである。こちらが助けてもらいたいならば別だが。天使を手なずけようと望むのは馬鹿げている。

〔注〕

（1）アンゲルス・シレジウス（Angelus Silesius〔Johannes Scheffler〕, 1624-1677）。ドイツの神秘主義詩人。

（2）他者によって欺かれる（getauscht werden）、自分自身を欺く〔自己欺瞞〕（sich tauschen）という表現は、物質交替（Austausch）と呼応している。人間も、自分を取り巻く環境世界に対して物質交替という形式で反応するのだが、その交替は時として「欺く」「欺かれる」「自分自身を欺く」という形式を取る。付言すれば、詐欺（Täuschung）が交換（Tausch）と語源的親類関係にあるのは、詐欺においてはまさしく「入れ替え」が行なわれているからである。いんちき茶葉商人を卑近な例としてこれを考えてみよう。彼は客に対して、自分の商品が良質の茶葉であることを試飲によって示した後で、代金と引き換えに、その茶葉「の代わりに」別の茶葉を詰めた商品を手渡すのである。このとき、実際に売っているものとしての商品（内容）と、仮定的に売ると約束したものを示すラベル（形式）とは一致していない。形式と内容の不一致こそが詐欺の本質である。したがって自己欺瞞とは、自分が形式的に望んでいることがらが、実際に自分の望んでいることそのものと一致していないことにこそ存する。他人を欺くことは意図的に行なわれるのが普通であるが、自己欺瞞は意図的に行なわれないのが常であろう。筆者はこのような非意図的な詐欺をこそ、「自然の誤り」と呼ぶのである。

（3）トマス・アクィナス『神学大全』第一部第九八問題第二項。

（4）ゲーテ『ファウスト第二部』第六八三八段・第六八三九段。

（5）Gottfried Benn, Die Stimme hinter dem Vorhang（1951）, in: *Szenen und Schriften in der Fassung der Erstdrucke*, hrsg., von Bruno Hillebrand, Frankfurt a. M.: Fischer, 1990, S. 127-150, S. 146.

第4部　現代倫理思想の課題

第13章　責　任

I　責任ある関わり合いとはどのようなものか

仁愛というものは、「……せよ」型の命法からは演繹できない。それどころか、仁愛はどんな命法にも先立っているのであって、逆に命法を基礎づけるものでさえある。とはいえ、道徳的義務や倫理的規範ならどんなものであっても、主体的、非合理的かつ無根拠な「選択」によって基礎づけられる、というわけでもない。仁愛は、無根拠な選択などに帰せられるものではないのである。むしろ、仁愛はある知覚の直接の帰結なのである。その知覚とは、「自分の存在の現実性に気づくこと」である。この知覚の担い手は、次のように独特で逆説的な状況下にある。

一方で、たとえそれが自分の行なう知覚ではあっても、その知覚の根拠は自分にあるわけではなく、しかもそのことを把握している。まるで、どんな倫理的決定もこの知覚によって基礎づけられているにもかかわらず、なにか倫理的決定のようなものが自らの知覚に先んじているかのようだ。この知覚は外からの贈り物として理解されるほかない。この贈り物がないと、人間は自分が人間だということに目覚めることができないし、そのままだと何もかもを他人に任せきってしまう。会話する動物である人間は、相手に知覚されたいという欲望を携えて相手に出会う動物なのである。

だが他方で、自分がかつて現実性に気づいていなかったという事実を自身の過ちとして認識することは、目覚めの特徴でもあるのだ。カントにおいて、もののわかった人間は、過去に過ごしてきた未熟な時代をおのれの過ちとして知覚する。だが、もしその知覚が外からの贈り物なのだとしたら、ここで矛盾が生ずることになるだろう。この矛盾はここでは解けない。アウグスティヌスの時代から近代序盤の宗教戦争期に至るまで、この矛盾はヨーロッパにおいて才気ある人びとの心を占めてきたのだった。その果てにこの矛盾が一件落着とされたのは、それがカントの挙げる難問に数え入れられたときであった。その難問とは、「人間理性」が必然的に提起しても解決不能な問いのことである。ともあれ、過ちに責任を取る（内的な）目覚めの可能性なり、善のもつ（外的な）贈与という性格なり、どちらかを犠牲にした解法では、道徳的現象の記述としてはいずれも誤りであり、失敗を免れないのである。現実がほんとうに現実性をもっているということにわれわれが気づく、ということは、たんにそれがわれわれの事柄であるばかりでなく、われわれに課される要請でもあるのだ。つまり、われわれは、この要請に適っているかどうかについての責任を負っているのだ。われわれの行為が正しいとか間違っているとか言われるのは、行為がこの水準における責任に達しているかどうかを指してのことなのである。

　ところで、われわれがここで「関わり合い」と呼んできた行為の様式において、行為者は独りよがりに自己目的化したり、あるいは勝手に目的を立てて追求したりするわけではない。「関わり合い」において行為者は他の物と相互関係を取り結んでおり、物はそれ固有の目的論のうちで用いられることで、それ自身としての姿を見せるのである。関わり合いによって、われわれが関わり合う物の現実性が顕わになるのだ。理性とは現実性への目覚めのことであり、またその担い手が、現実をほんとうの現実として思いやるということであるが、この理性は関わり合いにおいて到来し、関わり合いとの関連を保つものである。したがって、関わり合いは理性よりも根源的である。

　この点で、動物の生活は夢の中での関わり合いのようなものだ。動物の生活においては、他の物が他の物として自分とは違うというその差異が立ち現われてこない。この面で、動物はすっかり自己の外側、つまり世界の側にいると言える。しかし反面、これと全く同じ理由で、動物にとって他の物は、ほかならぬそれ自身として立ち現われるということがなく、たんに環境の構成要素としての意味づけしかなされないということでもある。物が「そこに」あるのは、すでに現前している想像と情動の図式のうちに見出される限りにおいてでしかない。したがって、動物において母性愛が身代わりにまで至ることがあるとはいっても、母性愛の有効期間は、母親の本能図式のうちに子どもが場を占めている間にすぎないのだ。この図式が消滅して二日も経てば、子どもは母親の視界からすっかり消えうせてしまう。

人間同士の関わり合いも、通常はこのような図式のもとにある。しかし、人間同士の関わり合いは言語による媒介を経ているため、潜在的には常に「かけがえのない存在としての自己存在」として他人を考慮していると言える。他人の自己存在が意識にのぼるのは責任という様態においてである。責任とは、欲望に基づく自己保存への固執を超えたところでの「気遣い」である。つまり、「顧慮（相手に対する気遣い）」である。顧慮において関わる相手とは、私が関わり合う相手や、私の個人的あるいは集団的な行為の結果に関わることになる相手、そしてとりわけ、そうした行為をきちんと行なわなかったことの結果に関係する相手、そうした相手の自己存在である。というのも、現実性への気づきに由来する顧慮の義務は、行為の義務もまた基礎づけるからである。責任や顧慮は、目的論的構成によって与えられ、行為の結果によって何らかの個別的事情が生ずる、そのような存在者についてのみ語ることができる。たんなる道具的存在へと還元される存在者に手を差し伸べることなど不可能である。道具的存在者は、ただ存在するだけで、それ以上でもそれ以下でもないからである。この意味においてたんに存在するのみの存在者には、われわれは善をなすことも悪をなすこともできない。もちろん、非モナド的な意味での個別的全体性の概念は、総じて初めから目的論的な要素を含みこんでいる。そうした全体性が、容易に離合集散するたんなる寄せ集めと区別されるのは、われわれがそれらを諸部分の相互行為の目的＝終極（telos）と見なすことができるからである。だからこそ、そうした全体性は、うまくいくこともいかないこともあるし、保持されたり瓦解したりもする。こうした「投企《プロジェクト》」としての全体性の観念を考えることができるときにのみ、責任を語る意味がある。というのも、責任を語ることに意味があるのは、「出来事としての世界」への自己の介入が、自分自身の関心やたんなる偶然とは別の何かによって指示されているときだけだからである。したがって、責任を語ることに意味があるのは、目的にかなった行為とそうでない行為、行為者にとって利がある行為とそうでない行為という区別だけではなく、倫理的な行為とそうでない行為もまた区別できるときに限られるのである。

Ⅱ　動物に対する責任は人間が負う——責任の対象物と責任の受取人

この「責任ある関わり」は、何かに適していること、つまり「個別的事情」をもつものにだけ適用されるわけではない。「責任ある関わり」は、ものと関わる人にとって、直接的・具体的な使用の次元にかかわらず「何か適している」ことがあるようなものに関しても適用される。もっとも、これらはいずれも大切に扱ったり、ときには助けたりするに値するものである。責任の「何に関して」と「誰を前にして」とは、ここでは一致しない。「誰を前にして」の「誰」とは、なんらかの点で適しているそのものを大切に扱うことへの説明責任をわれわれが負う相手のことだが、その相手となりうるのは、自分にとっての個別的事情をもっていて、したがってそのものがよかったり悪かったりするような体験の中心となりうる、そのようなあらゆる人たちである。

無生物に関しても、それらへの説明責任はそれらを使用し享受し観察する人全員を前にした責任であることになる。つまり、無生物がほんとうに実在性を帯び、自己存在のうちになんらかの位置を占めるに至るのは、生きられる体験を通してなのである。われわれは自己存在にとってなんらかの個別的事情をもつものすべてについて責任を有する。「不特定の誰かに対する責任」の「誰か」とは、実際には、個別事情を求め、自己知を有し、したがって説明責任を求めることのできるあらゆる存在のことなのである。本来、われわれは「なぜ？」とか「どんな権利で？」という問いを立てることのできるあらゆる人に関して説明責任を負っている。またわれわれは、その人たちにとって何らかの価値がありうるようなものすべてについても、説明責任を負っているのである。世界の富は万人共通の世襲財産であり、使用権のある人がその遺産の譲渡のときまで使用できる、そのような資本の利益の総和であるようにみえる。ところが、このイメージは混乱を招きかねない。なぜなら、この世界内のあらゆる存在者は、人間的使用にとって可能な素材としてだけあるのではなくて、他のどんなことにも先んじて、われわれとともに「その場に」あるものとして与えられているのであって、世界の富に属しているのはむしろそのことによってなのである。カントの格率「あなたがあなたの人格における人間性を、それぞれの他人の人格におけるように、けっしてたんなる手段としてではなく、常に同時に目的として用いるように行為せよ」は拡張を要する。人間だけではなく現実性をもつどんなものであっても、個別の目的へのたんなる手段に還元されてはならないのであって、その存在自体からして、そのような機能にはとどまりえないものなのである。

責任の「何に対して」と「誰を前にして」の区別、つまりは責任の対象物と責任の受取人との区別は、無生物の自然だの家庭用品だの芸術品の世界であれば容易に立てられる。だが、固有の存在あるいは固有の種として生の形式を持っていると捉えるほかないようなものについては、事情が違ってくる。つまり、なんらかの個別事情が立てられるような生の形式のことであり、端的には動植物のことである。動植物が固有の現実存在であることがわれわれに最も鋭く突きつけられるのは、それらが生きていることが理解されるときである。この理解は、高等生物の場合、動植物の健康状態を外から表面的に観察するだけではなく、立ち居振る舞いからも判断してやらなければならないことを知覚することにあたる。健康は主観的な状態のよさとして、あるいは健康の欠如、病気、痛みや苦しみとして経験される。痛みや苦しみは実定的で世界内に現前する対象だというわけではない。苦しみは否定的概念を用いなければ記述できない。生命への脅威のシグナルとして、苦しみはあるまじき何かを直接指示している。だが、否定性は何らかの対象物としてあるのではなく、本質的に主観的なものである。したがって、われわれが他人の痛みを知覚するためには、痛んでいる人が、われわれにとってのたんなる対象物ではなくなって、われわれにとって固有の自己存在として現実的なものとなる必要があるのだ（この考えは、ショーペンハウアーが倫理の中心に憐れみを据えたときに、まさに参照されたものであった。とはいえ、彼における憐れみは反主知主義的先入見を伴っており、そこでの理性は自己主張の道具にすぎず、現実性への目覚めを意味してはいない。ゆえに、他者がわれわれにとって、他者として現実性を帯びることはけっしてない。なぜなら、この、「われわれにとって現実的なものとなる」という事態は、他性の除去、つまり、痛んでいる人との無媒介的かつ同情的な自己同一化においてのみ、生起するものだからである）。

したがって、痛みを現実に知覚することは、たんなる中立的な観察ではけっしてありえないのである。痛みの現実的知覚は、特定の立場を取ることと常に結びついている。特定の立場とは、一方では苦痛を軽減したり除去したりして痛んでいる人を手助けしようとする傾向であり、他方では反対に、そうしようとしない傾向である。純粋に中立的な認識をとることは、理性的な仁愛に反した行為である。コガネムシが仰向けにひっくり返ってもがいているのを目にすることと、それを再び脚で地面に立たせてやることとは、仁愛の心ある人にとっては一連で単一の事柄なのであって、これら二つの行為の統一性を分解するには、その正当化のためのよほどの根拠が求められるであろう。確かに、コガネムシを助けてやる程度の行為は、世界全体にとっては些細なことである。また、もがいているコガネムシのうちのどの個体が仁愛のある人に出会うかなど、まったくの偶然である。しかし、これらのことは反駁の糸口にならない。確かに、人間は動物界の無数の痛みに関して責任を持つわけではない。なぜなら人間は、動物界の創造主でも支配者でもないのだから。また、人間には、生命機能としての痛みそのものや、生命への脅威（これが痛みの原因である）を除去しようと欲することはできない。なぜなら、ある個体の生命を保存することは、別の生命への脅威と必ず結びついているからである。有限性を性《さが》とする理性的存在者にとって、それぞれ特異な生を生きる存在者の自己存在を逐一知覚することもまた不可能である。コガネムシの例で言いたかったのはただ次のことだけである。「知覚すること」と「特定の立場をとること」、この二つは、他者経験について言う限り、切り離すことはできない。また、両者の統一性を、個別事例の無意味さや偶然的知覚にうったえて分離するなどというのは詭弁である。結局、真理は、個体を考慮に入れずして「全体」など存在しえない、ということに尽きる。主体性、否定性、複数主体の苦しみ、これらは加算不可能である。体験の本質は、それが自己内に閉じた全体性であるがゆえに、加算可能な事物の世界の全体性と対立するということにある。一方の存在者の痛みが他方の痛みより大きい、ということはありうる。だが、二人の痛んでいる存在者の痛みが、一人の痛みより「大きい」ということはない。対象物は加算可能だが、主体とその苦しみは、それが他の主体によってもまた客観的な相貌をもっているのでない限り、加算不可能である。また、痛みを現実的なものとせしめるものである主体存在のうちでは、痛みは数えられるものの範疇とは別の側にある。

動物は責任の対象ではあっても、責任の受け取り手ではないということは、すでに見た。われわれは、動物を前にしてではなく、われわれ自身を前にして動物への責任をとらねばならないのである。とはいえ、古代文化に見られる獲物に赦しを請う儀礼的な身振りは、ある深い意味を持っている。この身振りのうちには、動物そのものの存在と、その死を正当化する必要性との、象徴的な認識が現われている。だからこそ、われわれは動物に、その文法が相手には理解できないわれわれの言語で話しかけもするし、動物を物扱いする者よりもうまく真理を表現することもできるのである。人間の言語に固有のアナロジーは、人間以外の生命を知覚することを可能ならしめる唯一の様態である。

では、そのような人間以外の生命について正しく責任を負う際に、われわれは誰を前にそうすればよいのだろうか。答えは単純で、われわれ自身である。行為は、意図的に自分を見失えば人間的行為（actus humanus）ではなくなってしまう。人間の尊厳は、人間が自己中心的位置を脱却するということにおいて基礎づけられる。中心の位置に立っている人間にとっては、出会うすべての物が「環境」にすぎず、そうした環境は人間の自己肯定にとっての意味をもつ限りにおいて生じるのみである。自分以外の者の内面性を知覚することは、人間を条件づけられぬものの表象とすることである。この点で、動物の内面性は、あくまで人間が知覚するものであって、条件づけられぬものという性格をもつものではない。なぜなら、動物の内面性は、それ固有の独自性において相対化されるわけではないからである。したがって、動物の内面性は、自分自身の外側つまり人間によって相対化される。どんな動物のどんな苦しみも、人間の注意を惹くことはできない。しかし、責任は常に具体的な知覚から生じる。それはいわば「眼のなかの眼（動物の眼を通じて人間が感じ取る動物の「心」）」との出会いであり、この出会いによって、おそらくはまったくの偶然によって、人間はある動物と「最も身近なもの」という状況に置かれるのである。

さらに、人間がペットとして所有する動物については、原理的に人間が責任を負う。ペットは自然な生態環境のうちで生きているわけではなく、すでに人間が加工し、人間に依存するように仕向けた環境のうちに生きている。人間は自分自身を尊重し、自らを動物に優越した存在とみなす覚悟をもっているのだから、そうしたペットをたんなる物のように扱ってはならない。

自然への干渉の帰結として生ずる動物の苦痛についても同様のことが言える。最も重大な干渉は選別という手法である。これはある動物たちを飼い馴らすことによって、「自然に」生きているというだけですでにそれらに苦痛を与えていることになる手法のことである。こうした干渉は、恥じらいのない、「恥知らずな」行ないであり、ギリシア以来、道徳性の類義語であった恥じらい、おそれ、つまりアイドース（aidōs）を欠いている。人間の苦痛をどの程度減らすために動物の苦痛をどの程度加えることが正当化されるか、という問いは、決疑法を要請することになる。この問いは必要なものではあるが、本書の対象とするところではない。だがそれでも、次のことは言える。第一に、人間の安泰に適う利益がどんなに小さくなるからといって、そのことをもって動物の大きな苦痛を正当化することはできない。第二に、苦痛には、いかなる根拠をもってしても、人間が動物に課してはならない限度というものがある。そして、その限度を決定するためには、動物の生の持続と様態に応じて苦しみの程度を斟酌しなければならない。ある種の動物飼育は、雄牛が長年の自由な放牧――これが牛にとって楽しいものかどうかは別として――の後に闘牛として死ぬことよりも、間違いなく残酷である。人間が正当化についての議論を人間同士で練り上げていかなければならないのは、人間が動物たちについて負っている責任について動物と討論することなどできないからである。また、こうした正当化の議論が誠実なものであるかどうかは、ある人々が飼育者や科学者として、動物たちの生命を奪う必要に避けがたく迫られたときに、自分たちで判断することを自発的に断念し、第三者が自分たちの活動を統制することを受け容れ、それに従うことができるかどうか、この点に係っている。

逆説的なことではあるが、動物たちに対する人間の責任が最も損なわれないのは、彼らを殺す場合である。殺すというこの行為は、それが必然性なしに、あるいは正しい理由なしになされるときには、無責任である。しかし、動物は刹那的に生きている。なぜなら、動物の内面性は、人間にとって尊重すべきものであるとはいえ、自伝的統一へと集成されてゆくわけではないからである。したがって、動物が生きている期間は、それ自体として何ら価値をもちえないのである。動物は自らの現実性に目覚めてはいない。つまり、動物はかけがえのない自己の存在へと目覚めてはいないのだ。動物は自分の存在と相手の存在の別を知るのみで、存在と非存在の区別を知ることはない。このようにして、動物たちへの責任は、彼らの生の様態に関わるものであって、それぞれの個体に固有な実存に関わるものではない。

動物の実存が意味をもつのは、それが種としての実存、あるいは生の形式としての実存である限りにおいてである。生の形式は現実の富を構成し、世襲財産（Patrimonium）に属するものであり、人間はそれを享受しているのであるが、同時に大切に扱わなければならないものである。この点は世襲財産としての植物についても同様である。この富に関する責任が、富それ自身（植物）のためのものなのか、人間のためのものなのか、という問いは、問いの立て方が間違っている。当然のことながら、人間は植物を前にして責任を負っているわけではない。植物が正当化の議論の受け取り手でないのは、動物よりなおさらだ。こうした議論の受け取り手はわれわれ人間自身である。しかし、だからといって、植物には人間にとっての存在意義においてしか、守られるべき価値がないというのだろうか。とすれば、植物は人間にとってどんな存在意義をもっているだろうか。とりあえず食糧、薬品、そして酸素の供給源としての意義を除外してみよう。もし植物にこれらの意義しかないのだとすれば、おそらく植物種の多様性の激しい縮減は正当化可能であることになるだろう。しかし、人間は植物の多様性を楽しんでいるではないか。植物種の大幅な減少は、話に聞くだけでもわれわれを悲しませ、これと同じことが動物種の多様性についても言える。こうした多様性に対してもっている人間の関心とは、どのようなものなのだろうか。それは「理性の関心」とでも呼ぶべきものであり、いわば欲求のような何かに帰することができない関心である。問題となっているのは人間と存在するものと間の初歩的な関係であり、これを「感性論的」と呼ぶこともできる。だが、人間はその関心をもって何を得るというのだろうか。カントは美的快楽を「無関心な快さ」として語った。[1]「無関心」が言わんとしているのは、欲求へと帰せられず、「利己的ではない」ということである。こうした関心、具体的には喜びや悲しみに基づいて何かを大切に扱うことは、「人間のために」大切に扱うということではない。それはむしろ、自分に何も利益をもたらさないものに対しても関心をもつことができるという、理性的存在の特性なのである。「人間の魂は、あるしかたでは、すべてなのである」とアリストテレスは書いた[2]。つまり、本性において再生産も再構成もできないものは「すべて」責任の領域へと入ってくるのである。

Ⅲ　「固有性の秩序」と間人格性

すでに述べたように、責任は「誰を前にしての責任なのか」つまり責任の受け取り手がいることを前提とする。責任の受け取り手とは、釈明を求められれば釈明することができ、根拠へとアクセスすることができる、そうした者のことである。釈明を求めることができると思われる唯一の存在は人間である。さらに、それは他人事ではなく、われわれ自身のことでもあるのだ。われわれのうちには、自己内の葛藤において責任を求め、それを値切ることを拒む、そうした審級があって、それは良心と呼ばれている。しかし、良心は他人への釈明義務からわれわれを解放するような、モノローグ的な審級のことではない。むしろその逆である。われわれの行為が及ぶあらゆる人々に釈明する覚悟を原理的に備えているということによってのみ、その人の良心に信頼性が賦与されるのであり、独善や私的なイデオロギーから区別されうるのである。

われわれ人間は、原理上あらゆる人間を前にして責任を負っているわけだが、同じようにあらゆる人間に対しても責任を負っているのだろうか。また、ここでの「人間に対して責任を負う」とは、実のところ何を意味しうるのだろうか。責任の対象と責任の受け取り手とが直接的一致をみるということがありうるだろうか。それはありえないことだ。それはなぜか。すでにみたように、責任の内容とは、目的論的なしかたで構成された存在者への手助けであり、とりわけ、生きている存在者が存在できるようにしてやるということである。そして、そうした相手との関わり合いにおいて、大切にするということである。これに対して、責任の受け取り手の方は、自由の主体であり行為者であるところの人間である。

ところが、先にみたことだが、行為は現実と直接的ではない関係をとり結ぶという点において、あらゆる自然現象から区別されるのである。行為はすでに、それ自体が「手を差し伸べること」の技法なのであって、人間が助ける相手としての「自然」という概念を前提としているのである。「人間的行為」としての食の行為は、動物が喰らうことと同じではない。人間的行為としての食は、たんにそれ自体を満足させようとする欲求ではなく、欲求（ここでは空腹）とのあいだの関係を前提している。この関係が味わうという目的を立てるのであるが、行為者たる人間は、まずもって食をこの目的に適ったものとしなければならず、本能的欲求を満たすのはその後なのである。

したがって、人間を助けることは動物を助けることとは別である。つまり、前者だけが「自ら助くる者を助く」のである。われわれは、助ける相手の人間自身を前にして、われわれの行なう助けを正当化しなければならない。われわれには、自然的存在者として人助けする場合であっても、その人の自由な主体性を無視する権利はないのである。

例として、栄養を強制的に与えるというケースを考えてみよう。ある人Aに意識がなく、行為の主体としての地位を引き受けられない場合には、栄養の強制補給も正当化されうるだろう。この場合、われわれは、Aが仮に理性を保っていたならば有していたであろう関心を仮定して、いわばAの名において、知覚することができるだろう。しかし、Aには食事のような行為が可能であるにもかかわらず、何らかの理由から、自らの空腹を満たそうともせず、自らの生命を維持しようともしないときには、誰にもAの自由を無視して生命をコントロールしようとする権利はないのである。責任を負うのは、あくまでAなのであって、われわれが責任を負うのは、Aがわれわれの助けを必要としている限りにおいてである。

このように、他人の自然本性との関係は間接的なものであるわけだが、このことから帰結するのは、具体的な各人に関して第一義的かつ無条件に適用される責任は、あくまで消極的なものにとどまるということである。つまり、相手を人格として尊重しなければその人に対して行為することを断念することである。およそ積極的な義務は条件的である。つまり、積極的な義務は、特定の限定された状況においてのみ価値をもち、また特定の状況によって定義された限定を伴って初めて価値をもつのである。そうした個別的状況によらず無条件的に価値をもつ義務があるとすれば、それは、たんなる自然扱いし、人格としては無視する、そのようなしかたで他人に干渉することによって、その人の自由の圏域を踏みにじることをしてはならない、という義務である。

とはいえ、当然のことながら、他人が第三者に害を及ぼすのを、身体的物理的抵抗をもって制しなければならない場合はある。この場合、他人がある種の自由を行使するのを妨害していることになるが、だからといってそれがその人の人間としての尊厳を損なうことにはならない。むしろ、他人が何の権利ももっていない相手に害が及ばないよう、その両者を遠ざけているだけのことである。

これとは逆に、理性的に強制させることのできない行為を強制させるという目的で——もちろん〔医療行為のように〕その人の命を救うという理由からではなしに——他人に耐え難い苦痛を与える、というケースもある。こうした拷問は、常に、どんな状況下であっても、拷問される人間を貶める行為である。拷問によってしか翻意させられないようなことについては、むしろ避けることができないのだと考えるべきであって、その人を翻意させられないということから生ずる帰結については、誰も責任を負わなくてよいのである。

人々を前にして、また人々に対してわれわれが負う責任は、それぞれの人間を、たんなる対象としてのみならず、かけがえのない自己を備えた存在としても知覚すべきであるという要請に基づく。この要請は、任意の人間Ａが任意の人間Ｂについて満たすことのできる要請ではない。このことは人間の有限性に由来しており、われわれが伝統的表現に則って名づけた合理的表現で言えば「愛の秩序」（ordo amoris）である。これに対して、可能的に任意のＡが任意のＢを隣人とする状況下にあるということは、次のことを意味している。それはすなわち、知覚の機能としてのわれわれの理性が普遍的なものだということであり、また、自分の同類を助けることで、自らの本性を自由な主体つまり人格として実現するべく、万人へとある原理が割り当てられているということである。『創世記』において、これは二種類の原罪の問題であった。第一は楽園におけるものであり、第二はカインの弟殺しである。神は前者において「お前はどこにいるのか」と、また後者において「お前の弟はどこか」と、それぞれ問うた。カインの応答は「すると、私は弟の護衛なのですか」というものだったが、これはもはや弟殺しに基づく態度表明以外の何ものでもない。

人間は、それぞれが自由な自足的存在としてあるのではない。自足的な（autarkē）主体とは、自分自身に対しては主体的でありながら、相互に無関心な主体たちのことである。人間はそのようなものではなく、むしろ二重のしかたで相互に依存しあう関係にあるのだ。一方で、自分だけの、他人にアクセス不可能な自己展開の圏域など、誰も持ち合わせてはいない。しかし他方、われわれ誰にでも共通の圏域があって、それが自然本性である。われわれはこの自然本性において、行為によって、たえず相互に影響を及ぼしあい、それゆえ、行為の結果に関して相互に責任を負うのである。

つまり、このような意味での責任を構成するのが「固有性の秩序」である。これにおいて、それぞれの人間が、別の人間へと規定され画定された圏域から相互に排除されることになるのである。しかし、だからといって、この圏域には間接的に、個別的存在者の観点での助けになるようにだけはたらきかければよいというわけではなく、むしろ、それぞれの個別的存在者にはより大きな責任が伴うのである。なぜなら、他人を助けることも害することもできる、より大きな行為可能性が、彼らには委ねられているからである。さらに、固有性の秩序は常にかりそめのものでもある。固有性の秩序は、必要があれば、たんなる慣習的なものとして、他人の身体的維持の要請に場を譲らなければならない。

他人の自由に対して譲歩できない境界は、人間の身体だけである。しかし同時に、人間の身体は他人と同種の助けを必要とする代物でもある。われわれ一人一人が相互に割り当てられているのは、われわれがそこで生きる共通の地球が、ただ一つのかけがえのないものだという限りにおいてだけではない。自分自身が自由な存在として現実のものとなるためにもまた、われわれはお互いを必要としているのである。間人格性を備えていない人格などないのである。この意味で、幼い子どもが真に言葉を語る存在となり、自己を規定できるようになるのは、周りの大人から責任を課されるようになって初めてのことである、とも言えるだろう。この「責任を課すこと」は、原理や教訓にではなく、知覚に基づいている。子どもが現にそこにいて母親を必要としているからこそ、いかなる媒介的原理も介在することなしに、子どもにとって母親がそこにいると言えるのである。

Ⅳ　条件なき責任としての人間的行為

責任の本性を、その根底において理解するためには、二つの限界例をみるべきである。すなわち、自分自身に対する責任と、全くの他人に対する責任である。

自然本性的関心に応じて行為する場合には、自分自身に対する責任は常に知覚されている。また同様に、目的論的に構成された存在として他人を知覚することから生ずる要請に従って関心を満足させるときにもまた、自分自身に対する責任は知覚されている。なぜなら、このような要請への従属においてのみ、われわれの人間としての尊厳は構成されるからである。しかし、以上のようにはっきりと主観的要請のかたちで表われるのとは別の関心、例えば自分の健康のために必要とされることや、自分の力や能力を発展させることについて、自分自身に対する責任は常に知覚されていると言えるだろうか。自分の健康維持や能力の発展は、要請によって導かれるというよりはむしろ、より優れた性質への新たな要請を生ぜしめるものである。自分自身がもっぱら欲求の対象として与えられているばかりで、主体として知覚されていないような人は、自身の能力の伸長を義務として自覚することはないであろう。このような人は、自分がそのような責任を誰を前にして負うべきであるのか、理解できないであろう。それでは、自分自身に対する義務と呼ばれるものの引き取り手は誰なのだろうか。自分自身に対する責任を語ることには、どのような意味があるだろうか。ここでは、責任の受け取り手と責任対象とが、つまり、「誰を前にしての責任なのか」ということと「誰に対する責任なのか」ということ、この両者が一致するように思われる。すると、ここでは責任について語ることがたんなる語り方にすぎないようにも思われる。なぜなら、このことは、自分自身にしか課すことのできない責任を自らに課すかどうか次第で決まることにすぎないからである。

　そのような責任について語ることに意味があるかどうかは、ほんらい形而上学的なことである。それをわれわれ自身がどう理解するか次第である。「倫理的経験」とは、ある独特なしかたで無条件的な経験であり、真理体験に似ている。この倫理的経験は、直ちに誤解や幻像として現れるのでない限りは、種としてのホモ・サピエンスの一サンプルが実存するという偶然的事実などには還元できない経験である。倫理的経験というこの現象は、社会学的、心理学的あるいは生物学的な還元を経てしまえば崩壊してしまうも同然である。有限な主体性が、無条件なものの現われの場として、つまり無条件的なものの像あるいは表象として、したがって主体性が存在しないものとして理解されるという前提のもとでのみ、われわれは自分自身に対して、かつ自分自身を前にして、責任の観念を考えることができるのである。

　確かに、自分自身に対する責任の中には、他の人間、つまり、自分の実存、力や能力に何らかの点で依存している人たちを前にして負うべき責任というものもまた、ありうるだろう。だが、その責任それ自体が、無条件性という観念から切り離すことのできないものなのだ。他の人々を前にして、決まった行為や不作為を義務づけられるのは、理性的存在者の相互行為の本性からすればもっともらしいことである。しかし、このもっともらしさは、理性と行為可能性の限定を受けた主体が現実に存在するのだということを、常に前提しているのである。そうした主体が、他人に対して、自分の存在の個別性に関して義務を有するというテーゼは、義務らしきものを構成するかもしれないものに先立つ条件であるように思われる。固有性にも社会的義務があるというのはもっともらしいことである。

しかし逆に、社会的義務を満足できるために人は固有性をもっていなければならない、という義務の方は、もっともらしいと言えるだろうか。すくなくとも、自分を他人の足かせにならないようにすべきだという義務は、もっともらしいものだろう。だが、無条件的なものの観念を欠いては、この義務そのものも問題含みとなる。なぜなら、このとき次のテーゼもまた成り立ちうるからである。それはすなわち、「私は自分自身に対する自分の行為・不作為については、誰の助けも求めない限り、誰に配慮しなくてもよい。他人が自発的に助けてくれる場合は、それは私ではなくその人の側の個別事情によるものである」というものだ。ところが、私が、私の生命を重要だと思ってくれる人が現実に存在するのだと知覚した瞬間に、状況は一転する。その瞬間――これこそ仁愛の瞬間なのであるが――私は自分自身にとってたんなる欲求の対象であることをやめ、「私が他人のためにある」ということが、自分自身よりも重要となるのだ。

では、ここから帰結することは何か。自分がよくありたいと願わせしめてくれる他人にとっての私の存在意義は、どんな点において、私自身にとっての私の存在意義より重要なのか。確かに、他人の世界の一部としての自分自身に対する気遣いは、他人に対する仁愛の一部である。しかし、そうした気遣いは、自分が自分自身に対して負う義務を超えて他人に負うべきことではない。自分にしろ他人にしろ、一般的な「ある人」に対して責任を負うという考えは、この責任の受け取り手が象徴的にそのつど理解される場合にのみ、したがって、経験的実存としてのその人自身にはとどまらない「ある無条件的なものの現われ」として把握される場合にのみ、現実のものとなりうるのである。

われわれが責任について語るときにその枢要を理解させてくれるもう一つの限界例は、誰にとっても利害関係のない人物の生命に対する責任、というケースである。このような人物の生命を尊重することは、人間の生の「価値」を言うためには、誰かにとって価値を持っているということに訴える必要がなく、そうした相対的な個別事情とは独立に、端的に尊重しなければならないということを前提している。つまり、このことは狭義の倫理に由来する概念では説明がつかないのであって、「絶対的なものの理論」に属する事柄なのである。この境位においてしか、責任の理論は基礎づけられない。また、この境位においてしか、人間の責任が何らかのしかたで常に限定されることの理由を理解することはできない。したがって、責任現象の無条件的次元は、その射程に限りがあることとも、またその対象が世界の最善化では明らかにありえないこととも、相容れがたいようにみえる。また、この無条件の責任という次元は、行為と不作為の区別を維持することとも相容れがたいようにみえるし、また、ある種の行為はいつでも非道徳的で、そうした行為を拒否しても、そのことに由来する帰結に対して責任を負わなくてよいのに対して、ある種の振る舞い方が道徳的なものかどうかは常に状況依存的である、という観点とも相容れがたいようにみえる。だが、以上のことはすべて、この無条件の責任の主体と、無条件の責任が絶対的に「誰を前にしたものであるか」、この両者が象徴的なしかたでのみ一致するということ、そして、有限な存在の責任は、行為によって変化する（であろう）世界の未来の出来事の総体に対する責任では絶対にないこと、これらを意識すれば理解できる。そして、責任を可能な帰結の偶然的無限性にまで拡散させてしまうことこそが、無条件的な責任の次元を瓦解させるのであって、この条件なき責任の次元は、条件づけられぬものとしての善を象徴的に現前させるのは現実の人間的行為である、という考えに基づいているのである。

〔注〕

（1）カント『判断力批判』第一節。

（2）アリストテレス『魂について』四三一b。

第14章　赦し——他者との共生

「現実性へと目覚めること」は、たんなるメタファーにはとどまらない。夢から目覚めた意識への運動は、実存的理性としての仁愛が生起することにおいて繰り返され、そして成就するに至るのである。だが、目覚めた意識への目覚めは、本当に成就されるものなのであろうか。真理へと達する人間の本質的運動を説明するために「目覚め」というイメージを用いるのは、ゴータマ・ブッダに由来するものである。また、ブッダのように目覚めを考える者は、同じようにしてその成就を考えることもできる。なぜなら、目覚めの成就とは、ここでは滅却のことだからなのである。自己あるいは「衆生」の本質は欲求にあるとされる。欲求の完全なる滅却は、自己の滅却であり衆生の滅却である。完全に目覚めた者であるブッダは、死ぬことによって、真に根源的なしかたで終末へと至った者である。というのも、死はすでに滅却されたもの、すなわち仮象の一掃でしかないからである。ブッダは「崇高なる者」である。なぜならブッダは自己中心的次元、生ける者すべてがもつ自身のパースペクティブ、そうしたものを乗り越えた者だからである。神々や人間がブッダの周りへと集うのは、このためである。ブッダは中心となったが、それはこの中心に真理が、つまりは無が、現前しているからである。死せるブッダは彼を煽ろうと彼の前に侍する僧を厳しく叱正する。それは、僧が邪魔で、成就せるブッダが神々から見えなくなってしまうからである。

I　有限な存在を赦すこと——存在論的な赦し

無への目覚めが成就するのは無へと達したときである。だが、無への目覚めは現実性への目覚めであるだろうか。現実性への目覚めもまた、無への目覚めと同じように成就するだろうか。現実性への目覚めは、本質的に欲望をとどめてはいないだろうか。実践理性の達成のために生ける者の自己中心性を脱するということが、自己の生命や欲求、ひいては自己の中心性やパースペクティヴの崩壊につながるというのではなく、むしろそれらの発見や肯定につながるのだとしたら、ここには矛盾が立ち現われてくるように思われる。「最も深く考えた者が最も生き生きと愛することができる」、ヘルダーリンはソクラテスのアルキビアデスに対する愛をこう注釈した。だが、仮にソクラテスがアルキビアデスのようであったなら、ソクラテスはもはやソクラテスではないであろう。また、ソクラテスがアルキビアデスにおいて愛したところのものは、ソクラテスがかく生きるべしと教えた通りにアルキビアデスが生きてはいないという事実と切り離して考えることができない。

仁愛の心からの愛（amor benevolentiae）という意味での愛が、「私にとって他人が現実的なものとなること」であるとすると、「私が他人になりおおせない限り、他人を現実に理解することはできない。しかし、私が他人になりきってしまえば、もはや私は私ではなく、私が他人を理解するということは不可能となる」という矛盾は残ったままとなる。エマニュエル・レヴィナスは、他人との形而上学的関係を欲望（désir）と定式化したが、それは、この「欲望」という語で、肯定することには踏み越すことのできない有限性があるということを表現したのだった[1]。他人に対して自分自身を同定することは、私も他人も同じように何ものでもないという前提なしには不可能である。しかし、他人の苦しみは、一般的には、自分自身の苦しみよりも現実性が薄いものである。また、われわれは、理性へと目覚めている限りにおいて、他人の苦しみを自分のそれより軽く見たことを過ち＝負い目として経験しなければならないのでもある。他人の現実性に関して、恥じらいもなく無関心の度合いを認めることは、犬儒派の特徴である。ここで問題となっている過ちは、倫理的なものに特有の過ち、つまり他人の要請に基づく義務の侵犯のことではない。愛の秩序（ordo amoris）は、われわれの有限性の諸条件と折り合いのつくしかたで、われわれのさまざまな義務を制限している。ところが、われわれが現実性へと目覚めはじめると、われわれはもはや、そうした諸条件のうちで安らいでいることができなくなる。アナクシマンドロスが、諸存在が相互に負債を負っている不正(2)について述べるとき、その考えの根本にあったのは今述べたような意味での安らぎの欠如のことだったのである。また、われわれが自らを「目覚めた」存在、ものを考える存在として示すときには、ものと違ってわれわれは動かし動かされるだけでは満足せず、われわれ自身が動かすこと・動かされることを関係づけ、したがって、自分が動かされる側にいる場合であっても動かす側に自らを覚えているように仕向け、また、（アナクシマンドロスの用法に従えば）「正義」の均衡の維持のプロセスとして、こうした動かし動かされる過程の全体を理解し肯定するのである。

われわれにとって不利益になるときにさえもこうした均衡を理解し肯定するために、われわれは理性的存在として、自分自身のいわば傍観者となっているように思われる。われわれは、われわれが存在するありのままにとどまっているのである。われわれは他人に影響を与え、迷惑をかけながら生きているわけだが、最終的には場をクリアにしなければならないということに対しては、異論を唱えるものではない。この態度にとどまる限り、理性は仁愛として生そのものの形態をとりはじめることはできない。しかし、理性が生そのものの形態をとることなど、はたして可能なのだろうか。すでに見たことだが、理性が生命をすっかり変えてしまうことなどできないのは明らかなことである。自己中心性を欠いた生命はありえないし、他人の生命のコストを度外視した生命もありえない。

しかし、このことをわれわれに教えてくれる視点は中立的な視点ではない。この視点は後悔を伴ったものなのだ。

そしてとりわけ、この視点は、他人に負担を強いるようなわれわれの行動によって、相手の眼にわれわれがたんなる物や彼らの敵に映ることがないようにとの願いを伴っているのである。このときわれわれが希望すること、それが赦しである。原始人は、木を切る前に、その木に赦しを請う。この請いの背後には、彼らに木を切らしめるのは生命の必然であるという前提があった。自分自身の目的を達するために、他人に何らかの些細な物理的な不便をかけるとき、人は言語において赦しを請う。だが、それはせいぜい礼儀上の決まり文句にすぎない。こうした決まり文句は、自らの行為に対する悔恨の念を表現するには至っておらず、状況が自分の利益を他人の不利益と結びつけてしまうことを残念がっていることの表明にとどまる。確かに、その場合には赦してもらうまでの必要はないのかもしれない。たやすく発せられる「すみません」という言葉は、実際のところ、われわれが他人よりも自分のことを優先しているという事実の表明である。われわれが表明するのは、その事実を知っているし、感じとってもいるということ、また、たとえ迷惑をかけるとしても、迷惑をかける相手は、われわれの行為から見られるよりも、実際にはわれわれにとって現実的な存在としてあるということである。われわれは他人を、何らかのしかたで自分の利益のために押しのけながらも認識する。われわれは自分と他人との関係がそれ以外でありえないことを知っているけれども、他人の側にも自身の観点というものがあるという事実に依存してもいるのである。というのも、他人がわれわれの有限性をわれわれに対して赦してくれず、われわれが自らの平安を得られないという事態にしても、他人がわれわれにとって現実的な存在である限りにおいてのことだからである。

先に見たように、他人の現実性の認識、つまりこれが仁愛の心からの愛なのだが、これは他人を自然本性を備えた生命体として認識すること、つまり、他人の自己中心性を認識すること、これを措いてほかにはない。ところが、この認識の根拠は、他人が常にすでに自らの自己中心性を超越しているという事実のうちにしかないのである。だが、この超越にしても、そのポテンシャルは生命体の自己中心性にある。とはいえ、この中心性自身は認識や仁愛の根拠ではなく、あくまでそれらの対象にすぎない。これを言い換えれば、有限な存在者の認識にあって形式と内容とは一致しない、ということになる。こういうわけで、他者認識には常に、誰も自らの存在が期待させるとおりに行動することなどできないという事実に対する赦しの契機が含まれることになるのである。逆に言えば、あらゆる存在は隠された輝きを宿しているというわけである。

　だが、この赦し――いわば倫理以前の、存在論的な意味における赦し――は認識でもあるのだ。というのも、われわれは有限な自然本性を赦さざるをえないわけだが、この自然本性は赦しを受け取る者の存在でもあるのであって、したがって自己超越の根拠でもあるからだ。われわれをして存在者を思いやらせるその輝きは、この自己超越に存する。根底的で前倫理的な赦しが意味するのは、われわれが他人に関して正当になり、また他人をその尊厳において尊敬するのは、われわれが他人を完全に真面目に受け止めてしまってはいないときに限られる、ということだ。というのも、「人を完全に真面目に受け止める」ということは、われわれのもてる力を超えたことであり、その人を無とすることに等しいからである。われわれが他人のことだけでいっぱいになってしまうことはありえないということをわれわれに認識させる次元があって、それを理性が開くのである。誰も完全に悟りきることはできないのだ。自然本性は無意識である。「彼らは自分たちのしていることが分からないのです[3]」という言葉は、どんな人間的行為も純粋表現としての愛ではありえないということの注釈となっているし、これは「彼らを赦せ」という願いに関する議論においても同様である。ミラノのアンブロシウス[4]は、「なぜ神は天使の堕落の後に人間を創造したのか」という問いに対して、「神は赦すことのできる存在と関わりをもってみたかったのだ」と答えている。

　ここで問題となっている赦しを「存在論的」と呼ぶのは、その対象がわれわれの存在だからである。つまり、われわれのあるがままの存在のありようが問題となっているからである。こうしたありように対して道徳的言語を用いて表現してしまっては、それは誤謬もしくは隠喩となるように思われる。というのも、われわれは自ら自分自身へと作り上げたわけではないのだから、われわれのあるがままの存在のありように対する責任は、われわれ自身に関することではないのである。

それでは、赦しの受け取り手はどこにいるのか。一方、仮に私が自ら自分自身へと作り上げられたのだとしたら、私は自然を度外視して、つまり、赦しを可能とする「情状酌量」を度外視して、自分のことを自らの創造者とみなさなければならないことになる。しかし他方、仮に私が自分を自然とみなしたならば、私はもはや赦しの受け取り手とはならないであろう。なぜならそこには赦すべきものなど何もないからである。私は私のあるがままの存在に対して責任を取る必要はないのである。このように定式化された二者択一は、われわれ人間に特有の経験を欠いている。人間の経験のうちには、自然と自由が分かちがたく結びついているのである。したがって、われわれは自他相互に、またわれわれ自身にも、われわれのあるがままの存在に対する責任を負わせるのである。

ここで、自他関係を基礎づけるものについての記述に戻ることにしよう。問題となっていたのは、「自然であること」とは、ひとたび理性の地平が開かれたあとではそこにとどまることへの充足理由とはなりえない、ということであった。自然のうちにとどまりつづけることは不誠実や悪になる。しかし、自然であることはあらゆる善の恒常的条件でもあるのだから、このときわれわれは両義的状況に留め置かれたままである。自分や他人の動機の方向について、最終的に判断することは誰にもできない。というのも、われわれには、仁愛の心のある最も高潔な動機からさえ、そうした動機をもち、そうした行為を行なうことのできる人間であることの満足感を自己中心性と秤にかけ、後者へと逆戻りすることができてしまうからである。『コリント人への手紙』にある、自らの肉体を焼いて捧げ、全財産を貧者に配ってもなお愛をもたぬ人についての一節[5]は、このことを示している。他人が、その人自身の行為や、その行為の由来でもある「他ではなくそのように存在している」ということについて責任を負うことができるかどうか、決定的な判断を下すことはもはや誰にもできない。なぜなら、「責任を負うこと」や「責任を負わせられること」が言わんとすることを正しく理解することは、われわれにはできないからである。「自然のうちにとどまる」ということにおける「自然」とはなんだろうか。一方で、他人を自由な主体として認めるのなら、「自然のうちにとどまること」を人格としての他人に認めなければならない。だが他方、他人を自由な主体として尊重しつづけるのなら、自然のうちにとどまるよう他人に強要することなどできない。この両義的状況を倫理的に一貫したものにすること、そして、責任を帰すことと帰さないことを統一すること、それが赦しである。「存在論的な」赦しのおかげで、われわれは他人が理性的存在者として存在しているという約束を他人が完璧に果たせないことを許容することができるのである。われわれは他人が有限な「愛の秩序」のパースペクティブをもつことを許容する。「愛の秩序」においては、他人のことは自分の経験することより現実性が薄い。したがって、愛の秩序においては、他人が自らの有限性とパースペクティブを知っており、それらを認め、さらに、愛の秩序が仁愛という別の秩序と共存することの諸条件に向かって自らを取り戻すときに限って、他人の経験は自分の経験との一致をみるのである。

Ⅱ　人格の目覚め——倫理的な赦し

しかし、そうでないときはどうだろうか。倫理に固有の意味での赦しが問題となるのは、まさにこの地点からである。とはいえ、最初は存在論的な意味での赦しについて語らなければならなかった。というのも、不正や悪に対する赦しの倫理的形式というものは、現在に至るまで問いでありつづけている赦し、すなわち、「自然本性」の有限性を熟慮のうえ赦すこととしての赦し、その基礎をめぐる議論を蓄積したうえでのみ可能だからである。しかしながら、この「赦し」は相互性の秩序であるために、人間的なものであるその真意は隠されたままである。また、この「赦し」は自然主義的観点からも同様に、自然本性以外の何物でもなく、また別物になろうともしない有限な存在に共通であるような生の体系構造として、解釈される。したがって、赦しの議論は、想像的なものである超‐構造についての、想像による構築の作業にほかならない。人間に固有な意味での赦しが明瞭に表われるのは、個人の領域侵犯が相互性の秩序を乱すときであり、同じことになるが、他人の存在の現実性の実現のために要請されること、すなわち相手から期待される仁愛から引き退いてしまうときである。赦しとは、何が起こる事態なのであろうか。赦す人は他人の存在の現実性に気づいている。他人の存在の現実性とは、行為やその欠如のうちに示されるにすぎない「個別事例的存在」を超えて、その人が「かけがえのない存在としての自己（自己存在）」であることの謂いであり、このことのおかげで、赦す人は相手とその行為とを距離をとって考えることができるのである。

このとき赦す人は、デイヴィッド・ヒューム以来、人格の同一性の概念を伴うことで赦しの観念が不可能となるように思わされてしまう、次のような見かけのディレンマに陥ることはない。一方で、行為は行為者が存在することとの直接の帰結であるから、行為者に責任を帰すことはできないし、行為を行為者から分離することもできない。この場合、行為者とはそのように行為する者のことを言うにすぎない。ここにおいて、赦しは何の意味ももちえない。他方で、行為は自然本性との連関に基づかない自由に由来する。行為はそのたびごとの自己決定の帰結以外の何物でもないのだから、あらゆる自由な行為を超えた持続的自己同一性として行為の責任を課すべき主体は存在しない。ここにはもはや帰責主体もなければ、赦しの名宛人も欠けているというわけである。一方で、赦すためには、行為の責任を負う主体がいなければならない。つまり、赦すためには、行為において自己呈示する誰かがいなければならないのだ。ところが他方、赦すためには、主体と行為の結びつきが、あるしかたで解消されうるのでなければならない。つまり、行為者は行為において生じた個別事例的存在から、自分が行為者でありえたし実際に行為者であったという事実に対する責任を放棄することなく、自分を取り戻さなければならないのである。

それでは、この「自分を取り戻すこと」の可能性は何に基礎づけられているのだろうか。これが可能になるのは、しばしば問題にしてきた「現実性への目覚め」の道を踏まえた発展的なステップによってである。ひとは現実性への目覚めによって、以前から存在していたものを新たなパースペクティブのもとに見始める。以前の視点からは必然的に起こるはずだったことが、もはや必然的なものとしての現われを持たなくなるが、その必然性が以前の視点において定位されるのは、その人の過ちによるのである。過ちを過ちとして、距離をとって捉えることを可能にする前述の発展的なステップは、誰も一人で踏むことができない。「過ち＝責めある存在であろうとすること」に関するハイデガーのヒロイックな定式[6]は、語り方（façon de parler）の段階にとどまっている。この定式は、『存在と時間』において認められるような、現存在の原理的単独性に由来するものである。しかし、ここで保存されようとしている過ち＝責めは、正確には現実のものとして了解されているわけではないのである。「過ち＝責め」のような概念は、理性の光によってしか形成されえないものであるのだが、それを可能にする理性は、意に反して気遣い——ここに自己の存在可能性が賭けられている——の中心へと送り返されてしまう。理性は、理性固有の要請を展開することもできなければ、理性固有の次元を開くこともできない。過ちを——たんに過失可能性としてではなく——現実として受け止めることは、それを克服しようと努めることである。そのうえ、この克服は他人の助けなしでは不可能である。自分の過ちを固持することは、過ちから自分を引き離そうとするのと同様に、「このような存在が私である」とする自己肯定の悪循環である。そのうえ他人を「そのような存在が君である」と対置してしまえば、自由の道は閉ざされるばかりである。責めある者たちは赦しを必要としている。真理への帰還の第一歩はこの必要性に気づくことであって、「私はあのことで自分を決して赦さない」と繰り返す者の自己告発ではない。この自己告発の言明のうちには、自分を赦すことのできない行為におけるのと同じ傲慢が含まれている。もちろん、誰も自分を赦すことなどできない。できるのは、赦してもらうことと赦しを受け入れることだけだ。他人からもたらされた結果に対しては感謝しなければならない。感謝は傲慢の隠された危険から解放されるための最も純粋な仁愛の形式である。

他人が個別事例的存在に引きこもったりそれを超え出たりすることを許容するものである赦しは、自分を赦してしまう危険ほどには、傲慢の危険から無縁ではない。赦す者が、他人による制限の手の届かない理性的存在者として——自分の目にさえも——現われることを好む、そのような赦しがある。実際に他人から不可侵であるわけではない。なぜなら他人は自分の同類として、現実性を持ったものとして現われるのではないのだから。ここでは赦しが、結局のところ他人が現実性をもった存在でないということを言うための、たんなる方便にすぎないものへと成り下がっている。赦しは「満足感を与える」程度のものではない。現実の赦しは現実の傷を伴う。赦しには治療という性格があるのだ。赦しがもつ、倫理に特有の意味作用は、赦しが一種の創造だという点にある。他人の主体性の第一認識とは違って、赦しは認識する相手を現実的なものとして立ち現われさせることに貢献するのである。赦しの果たすこの貢献は、「このような存在が私である」という自己肯定を打ち破って、かけがえのない存在としての自己自身を解放するが、この解放は赦しの行為において「いや、君はそのようなものではない」と発語する他人の助けがあってはじめて可能なのである。

とはいえ、いまの記述ではまだ不十分だ。なぜなら、いまのままでは、赦しにおいて再構成される仁愛が、あくまで他人の偶然的な個別事例的存在にとって価値を持つのであって、具体的個別性をもったしかたで規定される自然本性にとって価値を持つのではないかのようだからである。しかし、すでに見てきたように、他人の個別事例的存在に関する仁愛は、具体的個別性を持ったものである他人の自然本性、活力＝生命性《バイタリティ》、自然本性的決定に関する仁愛としてしか実現されない。とはいえ、赦しは「具体的個別性として定められたこと」から距離をとる限りにおいて、その人にとって価値をもつものであるようにも思える。してみれば、この「距離をとること」についての二元論的な誤解を改めて斥ける必要があるだろう。人格は、古代哲学が人間理性として具体的個別性をもった感覚的な自然本性に対置したもののことではない。この対置においては、個別的な特異性つまり個体性は、克服されるべき非理性の側に陥ってしまった。その逆で、人格性とは理性的個体性のことなのである。人格をめぐる議論は、自然としての人間本性が実現するのは人格が「目覚める」ときであり、人格が自己中心性を超越するときである、という考えから始まる。より正確に言い換えるなら、それは自分にとって本質的である自己超越を意識して捉え、「折り返し」をたんなる本能的な自己肯定の道具としては捉えないということである。このような折り返しとしての「自分自身への屈曲（culvatio in seipsum）[7]」は悪である。つまり、自然本性的な個別事例的存在のことではなく、こうした存在様態の自然本性的な方向感覚に反して行なわれる、個別事例的存在の固定化のことである。つまり、赦しが必要となるのは、誰かが個別事例的にそのような状況下にあることによってではなく、むしろ「このような存在が私である」と誰かが言ったり、誰かの行為に対してそのような説明を行なったりして開き直ることによってなのである。したがって、赦しにおいて、他人の抽象的な（in abstracto）「かけがえのない自己としての存在」は、同じ他人の具体的な「個別事例的存在」すなわち自然本性から分離されるものではない。それどころか、現実の赦しは他人の自然本性を肯定し、人間的な目的論のうちでそれを修復するのである。赦しは、否定されるべき行為においてさえも、その行為においては転倒されてしまっている肯定的な可能性を発見する。赦しは他人に、その人固有の自然本性において自身を軽蔑するよう求めたりはしない。むしろ、自身を発見するよう求めるのだ。また、赦しは常に弁護の契機を含んでいる。弁護とは、「君は君がしたことを現実としては知っていなかったのだ」と、誤りを明らかにすることである。この「知らないこと」の両義性についてはすでに語ったところだが、これは「意図せざること」の両義性であり、この両義性は、外側からは「知らないということ」を「自然本性」として了解し弁護することができる一方、内側からは、行為者が「知らないということ」を過ちとして認め、赦しに自らを委ねることによって克服されるのである。

「知らないということ」の両義性、そして、自由と自然を別々の二契機へと分離することの不可能性、これこそが赦しの徴候をもたらしうるのである。このとき、行為者Aは行為の源泉である自らの存在の個別事例性から距離をとることをしない。私はこの行為者Aの眼で世界を見ることができない。たとえ私がAの死んだ目線を見ることがあっても、それは自分の目線ではない。また、たとえ誤っているのがAであると私が確信していても、それはAが私にとってたんなる自然本性として提示されているにすぎないということを意味しない。私はAに責任を帰すこともできるし、「よい自然本性」つまり目覚めに向かう自然本性の目的論的姿勢をAに要求することもできるのである。私はAから自分を守ることができるし、そうしなければならない。もしかしたら、Aとともに理性的コミュニケーションの場を形成することは不可能であるのかもしれない。しかし、Aを軽蔑するためには、つまりAのかけがえのない自己存在を個別事例的存在という様態によって定義するためには、私がAも、そして私自身をも認識していないしかたでAを認識しなければならないのかもしれない。あらゆる現実の赦しのうちにある治療ということが不可能であるならば、判断保留は依然として可能である、ただし、留保できるのは振る舞い方についての判断ではなく、行為者についての判断であるのだが。この「行為者についての判断のリアリティ」は、私とAの関係のリアリティとしてあるものだが、これはいかなる客観化においても十分な説明がつかない。判断保留に際して、間違いを犯した相手やそれを証言する立場にある人は、悪の「感染」に直面するリアリティへと自身が超越するのを認める。判断保留は仁愛のミニマルな形態であり、自分の他の誰にも取って代わることのできないものである。

Ⅲ　復讐としての報いから癒しとしての報いへ——有罪者をいかに赦すか

かけがえのない自己自身としての人間を癒すというのが、ここでわれわれが赦しを考える際の観点であったわけだが、これは赦しの対立物と目される刑罰を哲学が考える際に常に採る観点でもある。「犯罪者の治療」としての刑罰という定式は、ヘーゲル法哲学のものであり、おびただしい批判に曝されてきたものである。この考え方はすでにプラトンの『ゴルギアス』にも登場する。プラトンはソクラテスの口を借りて、不正を犯した者は「魂の解放」であるところの刑罰に服さねばならぬと述べた。刑罰はいつでも、秩序あるいは正義の平等の治療と理解されてきた。また、この点は、損害を引き起こした者は損害を蒙った者の「損害を帳消しにし」なければならないというだけにはとどまらない。消去されるべきはむしろ、個人に引き起こされた損害を飛び越えて、秩序に参与する者全員へと引き起こされた損害だとされる。そしてこの消去は、損害を引き起こした者に課される損害によって、「報い」として生じる。損害を引き起こした者は、カントが言うように、「その行為に値する報いを蒙る」[8]のでなければならない。この古典的な考え方においては、刑罰は確かに治療であるけれども、悪人の治療ではない。悪人の治療は、魂の解放を問題にしたプラトンにおいてそうであるように、刑罰の目的ではないのである。プラトンにおいて、魂の解放は社会復帰を意味しない。プラトンの言わんとしたのは、魂は不正を認めただけではまだ治癒しないということだった。人間が毀損した秩序は人間の魂の秩序でもあり、秩序の治療のために行なわれなければならないことは、自分自身の治療にも役立つのである。秩序はひとりでに治療されるわけではない。秩序は赦しを必要としているのである。ここでは、刑罰が赦しに先行する行ないとして考えられている。

この考え方のうちには、刑罰に関して報いであるとする理論と、改善あるいは抑止であるとする理論との間の、一世紀以上も続いてきた論争を調停しうる深い直観がある。報いという観念のうちには、怒れる神との和解のための犠牲という神話論的な考えが潜んでいる。カントはこの考えを、解散しようとする市民社会は、なお存命の殺人者を死刑に処してからにしなければならない、なぜならば、そうでなければ流血の犯罪が報われぬままとなってしまうだろうから[9]、と述べて明確に主張した。この考えにおいて真理であるとされることは、ここでは論証不可能である。キリスト教は、「すべての人間の罪に対する報いとしてのキリストの死」という教説を通じて、この考えの真理性を決定的に確証づけた。これによって神話は完成し、その実践的射程も定まったのである。この限りにおいては、カントの命題は後退である。トマス・アクィナスはもっぱら社会的功利性の観点から、国家による刑罰を考察した。

しかしながら、報いの観点を完全に排除することは致命的な誤りであろう。というのも、この排除は、罪なき人すらも等しく恒常的に社会的功利性に基づいた処置に従わせしめるという帰結を伴うからである。確かに、何ら罪を科されない市民の自由は、報いという観点を維持することではじめて維持されるものである。しかし、報いという考えは復讐法あるいは「復讐」という考え方とは完全に切り離されていなければならない。報いの合理的意味は、有罪者の治療へと向けられるものであるが、理性的存在として、有罪者は不正を犯すことによって、自分の権利を自ら否定することでそれを失っているというものでしかありえない。そうでなければ、有罪者は責任を負わない者とみなされることになってしまう。有罪者の行為が人間的なものであるとすれば、それはその行為が言語と理性の媒介によって解釈可能である場合に限られる。有罪者がこれらの媒介を完全に逸脱しており、有機的自然本性としての自己中心性からしか行為できないとしたら、もはやこの者を人間として認識することは不可能だろう。しかし、有罪者が権利を主張した途端に、この者は自らが理性的普遍性の媒介のもとに存在しており、自らの行為が普遍化可能な構造をもつものであることを認めたことになるのである。こういうわけで、この有罪者は自分で否定した権利を喪失しているというのである。しかし、このことは、ある観点をとるならば、有罪者は自らの行為によって、自分を物あるいはたんなる自然本性の塊へと還元してしまったということでもある。しかし、有罪者をたんなる自然本性や物として扱うということは、この者を真理ならざるものへと従属させることであるだろう。なぜなら、有罪者は自らが犯した不正によって作り出したものより以上のものだからである。社会的功利性の観点からは欠くことのできない処置――補償や社会の保護や犯罪者の社会復帰――のために、有罪者を自由に扱えるようにすること。

報いはまさしくここに存するのである。もっぱら報いのためだけに課される処置などない。報いは有罪者の部分的な客観化に存する。しかし有罪者は、その客観化が報いとして課されるときの処置においては、同時に人格ともみなされるのである。というのは、ここでいっているのは、有罪者自身が狼狽していない限り、公益が要求する事柄について彼が中立的に決定しなければならないと仮定した場合、彼自身が求めなければならない、まさにそうした処置のことだからである。報いとは、有罪者の利益が公益の定義へと同等には集約されないことにあるのであり、有罪者が処置の対象であり顧慮の対象であるということに存するのである。このような意味での報いを受け入れることで、有罪者は自身の主体としての地位を回復することができる。

一個人による赦しにおいては、複数の個人の利害に関わる集合的な損害を消去しなければならない状況にはない。個人的な補償に固執することもできるばかりか、それを断念することもできる。ここでの一個人の寛容には、いかなる限界も設定されていない。だが、何にもまして、どんな一個人も判事ではなく、それどころか自分の方が「君はそのようなものだ」というレッテル張りから解放してくれるような赦しを待望する立場に置かれうる人間なのである。確かに、小規模な共同体においては大規模なものにおいてありうるよりは劇的なしかたで、補償が公益の秩序から排除された人物の治療の契機となりうる。レヴィ＝ストロースが紹介するところによると、あるインディアン部族では、殺人犯は家と全財産の破壊によって罰せられ、その後部族の他の成員たちによって新たに養われるのだという[10]。この殺人犯は、他人の慈悲によって、返済義務のない負債者となって、いわば新たに生き直すのである。こうした事例と比較することで、われわれの有する刑罰体系の原始的性格は動揺させられることになる。

Ⅳ　自己の有限性――自分自身に対する赦し

最後に残っている問題は、自分自身への赦しとでもいうべきものはありうるかどうか、という問題である。他人に対して過ちを犯している場合にそれが不可能であることは明白である。だが、自分の存在にのみ関わる喪失や失敗の場合はどうだろうか。自分自身への赦しという問題の前には、自分に対する義務というものがあるのかどうか、それに背いてよいのかどうか、という問題が常に先に立っている。現代倫理学が自分に対する義務というものを一般に認めないのは、「形而上学なき倫理」を実践することで、倫理から宗教の次元を排除することに決めてしまったことの帰結である。「自分自身に対する義務」は、術語としては適切でないように思われる。私が他人に対して、私自身に対する義務を免除してやることは可能である。しかし、その他人が、私に対する義務を自分で免除することはできない。義務を免除することのできる者が、その同じ義務を負う者と同一になってしまったら、義務という概念は消滅してしまう。なぜなら、義務の遂行が、その履行者の仁愛に依存するものとなってしまえば、義務はもはや義務ではないからである。だが、自分に対する義務のすべてを他人から免除することなど、人間にできることであろうか。市民法にはすでに「反道徳的契約」の考え方がある。これは、ある個人が他人から最低限の義務——例えば通常の労働に対しては搾取せず給料を払う義務——を免除する自由を制限するという考え方である。しかし、こうした義務が自分に対するものでないとすれば、ひとは誰に対する義務を持てるというのだろうか。また、もし自分自身に対するものでないとすれば、他人は最低限の義務についての免除を受けないという義務を、誰に対するものとしてもちうるだろうか。

自分に対する義務という考えのもつ矛盾を避けるためには、自分に対する責任について述べるのが得策である。そして、人生におけるある特定の状況において感じられ、あるいは、自らをいかに遇すかという問いが立てられるときに感じられるのは、まさにこの「自分自身に対する責任」である。われわれは自らに対する責任、あるいはわれわれの生きるべき人生に対して責任があるという感じをもっている。とはいえ、ここで感じられているものについて考えるには、人間を無条件的なものの似像あるいは代理表象として、つまり自分自身に属するものならざるものとして、考えなければならない。自分が自分に帰属するという考えは、自分自身への義務という逆説よりも重大な逆説を担わされている。なぜなら所有は所有者を前提しており、所有者は自分自身すなわち主体へと関係づけられた存在でしかありえないからである。だが、自己理解を所有関係と解してしまうと、無限反復を強いられることになってしまう。したがって、二者択一は「私は私に属するのか、それとも他人に属するのか」ではなく、「私は自分自身に対して責任を負っているのか、それとも私は、欲すれば誰でも所有できる誰のものでもないもの（res nullius）であるのか」に存するのである。

自分自身に対する責任という考えは、宗教的な考えであり、まさしく宗教から構築された考えである。確かに、責任の審級であるところの受取人については、実にさまざまなしかたで考えることができる。受取人が人格ならざるものとして、つまり絶対的なものが受け取り手として考えられないのだとすれば、この責任の審級を可能な赦しの主体として考えることはできなくなる。この場合、人間はもはや自分自身に対する無責任を赦せなくなり、自分自身に対する赦しが存在しなくなってしまうのである。しかし、すでに見てきたように、赦しが存在しなくなれば、過ちとして個別事例的存在から距離を置くことも不可能となってしまう。過ちから距離を置く可能性がないとすると、過ちについての言説は非本来的な「語り方」にすぎないものとなり、「存在を個別事例的なものとして認める」という宿命論の隠喩となり果ててしまうだろう。つまるところ、自分自身への責任という考えが持ち堪えるとしたら、それは可能な赦しが考えられ、したがってこの赦しの主体もまた考えられる場合に限られるのである。

［注］
（1）レヴィナス『全体性と無限』第一部「『同』と『他』」冒頭。
（2）アナクシマンドロス、断片一。

（3）『ルカによる福音書』第二三章三四節。
（4）ミラノのアンブロシウス（三三九頃—三九七）。ラテン教父で、『聖職者の責務』『秘跡』『秘儀』などの著作を残した。アウグスティヌスの師で、彼の『告白』にも登場する。
（5）『コリント人への手紙第一』第一三章三節。
（6）ハイデガー『存在と時間』第五八節。
（7）本書第3章を参照のこと。
（8）カント『人倫の形而上学』第四九節E。
（9）同書。
（10）レヴィ＝ストロース『悲しき熱帯』第三八章。

解題1　シュペーマンの哲学思想――その全体像

山脇直司

本稿は、本書『幸福と仁愛』を補完すべく、シュペーマンの哲学思想を紹介したい。

一　現代ドイツ哲学界における最後で最強の形而上学者

二〇一二年春、八十五歳という高齢ながら、インタビュー形式で展開されたローベルト・シュペーマンの知的自伝 *Über Gott und Welt—Eine Autobiographie in Gespräch*（『神と世界について――対話による自伝』Klett-Cotta）がドイツで出版され、大きな話題を呼んだ。刊行直後に、フランクフルター・アルゲマイネ、南ドイツ新聞、ディ・ヴェルト、ディ・ツァイトなど、ドイツの有名な全国紙はかなりのスペースを割いてこの書を取り上げ解説し、どちらかといえば保守的な哲学者として名高いシュペーマンが、ナチ時代から現代まで首尾一貫した思想を保持していることが明らかになったと賞賛している(1)。

顧みれば、一九八〇年代初めにシュペーマンを「古き保守主義者 alter Konservatism」の潮流に位置づけたのは、ドイツの哲学者として知名度ナンバーワンのユルゲン・ハーバーマスであった。フランクフルト学派の批判的社会理論を出自としつつ、近代啓蒙主義を「未完のプロジェクト」とみなしつつ、そのプロジェクトを市民の討議的理性で成し遂げようとするハーバーマスにとって、伝統的形而上学の観点から近代を批判するシュペーマンの営みは、レオ・シュトラウスやハンス・ヨナスと同じ類の保守主義に範疇化せざるを得なかったであろう[2]。実際、すでにこの両者は、一九七〇年代終わりに、政治的支配の正当性をめぐって論争を交わしていた。支配関係なき市民間の討議によって政治を動かそうとするハーバーマスと、その思想を知識人中心の理想主義（観念論）とみなし、リアルな政治状況の中で、庶民の声を救いあげる良き政治的リーダーシップの醸成がより重要と説くシュペーマンとの論争は、戦後ドイツ政治哲学の一つの出来事として今も広く共有されている[3]。本書『幸福と仁愛』でのシュペーマンの「討議の限界」の箇所（第10章Ⅲ）は、そのような論争を背景として読まれなければならないだろう。

とはいえ、そのハーバーマスにとっても、シュペーマンは、学識の広さと深さ、思索の鋭さ、現代の公共的諸問題に次々とコミットし発言する姿勢などの点で一目置く哲学者であり、折にふれてそのことを明言していた。そして、二〇一二年秋に刊行されたハーバーマスの最新著 *Nachmetaphysisches Denken II*（『ポスト形而上学的思考Ⅱ』Suhrkamp）の序言で彼は、古典的な源泉で現代の問題に立ち向かう超然とした形而上学者としてシュペーマンを位置づけている[4]。二〇〇〇年代以降に突如として宗教の重要性を論じ始め、シュペーマンの友人でもあるラッツィンガー枢機卿（後のローマ教皇ベネディクト十六世）との対話まで行ったハーバーマスではあるが[5]、宗教をどこまでも形而上学ではなく討議倫理学や言語哲学的地平で論じることに固執する彼にとって、シュペーマン哲学は「敬遠すべき一級品の形而上学」と映っているようだ。

現にシュペーマンは、上述の知的自伝に先立つ二年間に、六十年間にわたる彼の形而上学的な諸論文や諸講演を集めた二冊本 *Schritte über uns hinaus*（『我々を超えて数歩』Klett-Cotta, 2010, 2011）を刊行しており、その内容はいずれも同時代の他の哲学者にはみられないユニークなものとなっている[6]。

その序論で彼は、近代の特質をベーコンに由来する自然支配と進歩主義、およびコントに由来する社会学的機能主義に求めると共に、宇宙論を欠いた超越論哲学や言語哲学も、哲学的反省を欠いた自然主義も、現代が直面しているエコロジカルな危機に対応できないことを強調する。すなわち、彼の同時代の有力な諸潮流であるところの、ニコライ・ルーマン流の機能主義、カール・オットー・アーペル流の超越論的言語哲学や先に述べたハーバーマス流の討議倫理学、後期クワイン流の自然主義、さらに（彼が敬意を抱くミュンヘン大学の元同僚）ディーター・ヘンリッヒ流の主観性の形而上学と明確に異なり、シュペーマンは、「自らの有限性を自覚しつつ、言語、宇宙、存在、他者などを含む世界のリアリティ全体を考えること」を哲学本来の営みとみなす。その上で彼は、存在論、生命論、人間論、自然論、芸術論、宗教論、現代哲学論（ホワイトヘッド、ヨナス、ヤスパース、ハイデガー、ハーバーマス、ルーマンなどに関する論考）が、彼の該博な古典哲学（プラトン、アリストテレス、トマス、ライプニッツなど）の知見とともに展開されているのだが、本稿ではこの二冊本の詳細に立ち入る余裕はない。

シュペーマンを理解する上で重要なポイントは、哲学を世界全体のリアリティを考えようとする彼の営みが、理論哲学以上に実践哲学的な、すなわち倫理学的な性質を帯びていることであろう。シュペーマンにとって他者理解は、世界のリアリティ全体を考える上で決定的に重要な事柄であり、まさに本書『幸福と仁愛』は一九八八年に記された彼の大著であった。この書の根本的な意図は、功利主義的な帰結主義への批判とともに、アリストテレス的な徳倫理とカント的な義務倫理の対立を、「他者への仁愛 Wohlwollen」という視点で乗り越えようとする点にある。この試みはまた、「私的な幸福」と「公共の福祉」という公私二元論を突破する試みであることは、本書を熟読すれば明らかであろう。

ともあれ、彼の倫理学は、現代が直面する公共的な諸問題への絶えざるコミットメントによって肉づけされており、まさにその意味で、彼を「形而上学的な公共哲学者」と呼んでよい。実際に彼は、若き一九五〇年代から公共的諸問題を論じる記事を多数寄稿しており、それらは、一冊の本（『諸限界――行為の倫理的諸次元』*Grenzen. Zu ethischen Dimension des Handelns*, Klett-Cotta, Stuttgart, 2001）に纏められている。その意味で、高度にアカデミックな本書は、シュペーマンの実践的な公共哲学ないし社会哲学の基礎づけとして読むことも十分可能なのだ。しかし残念ながら、現代ドイツの哲学界には、彼のような形而上学的な素養をもって現代にコミットする哲学者は見当たらない。その意味で、彼を最後で最強の形而上学者とみなしてよいように思われる。

二　機能主義批判・近代批判からエコロジカルな形而上学と人格論的生命倫理へ

このようなシュペーマンの独自性は、彼自身の生い立ちと切り離せないだろう。彼は一九二七年、ダンサーである母と芸術史家である父との間にベルリンで生まれた。両親は左翼の無神論者であったが、彼の父は母の死後、一九四二年にカトリックに改宗し修道士になった。そしてナチ時代の末期、若きシュペーマンは脱走兵として隠れ家で何とかナチの迫害を免れたが、ある時にユダヤ人をかくまって射殺されそうになったことを述懐している(7)。

こういう経験もあり、彼は同じドイツ人として、ユダヤ人へのナチの残虐行為を知らなかったとして免責を求めるドイツ人に対しては、彼は知らなかったのではなく、知ろうとしなかったのだ、と容赦ない批判を浴びせている。ナチズムの支配から解放された旧西ドイツで、シュペーマンは、カトリック教徒でありながらマルクスやルカーチを読みふけり、その限界を悟ってマルクス主義を卒業したと述べ、その当時の自分は「知的な過激派・アナキスト（Chaot）であった」とまで述べている(8)。

そうした中で、シュペーマンが大きな影響を受けたのは一九四七年に刊行されたアドルノとホルクハイマーの共著『啓蒙の弁証法』であり、彼らが展開した「人間による自然支配」という近代のプログラムが、なぜナチズムやアウシュヴィッツという野蛮に転化していったのかという問題設定と分析は、新左翼的な傾向を持つフランクフルト学派と一線を画し、カトリックに留まったシュペーマンの思索にも、大きな影を落としている(9)。

大学時代の彼は、アリストテレスとヘーゲルの専門家として名高いミュンスター大学のヨアヒム・リッターに師事し、フランスの反革命的な政治家・思想家であったボナール（一七五四―一八四〇）に関する博士論文（『社会学と復興の精神の起源：ボナールに関する諸研究』）で学位を得た。王政復興期（一八一四―一八三〇）に記されたボナールの著作を内在的に読みこなした上で、カトリック信者であったボナールが陥った「オーギュスト・コントに先立つ社会学的機能主義」と、ボナールの系譜を継ぐ国家主義的カトリック団体アクション・フランセーズを批判した点にこの論文の特徴があり、ここに近代主義的保守思想や国家主義的カトリックと根本から異なるシュペーマンの「近代批判のスタンス」が培われたと言ってよいだろう[10]。

博士論文刊行後、しばらく出版社の仕事に携わったシュペーマンは、ミュンスター大学に移って教授資格論文を提出する。その内容は、本書第7章でも言及される十七世紀のフランスの宗教思想家フェヌロンに関するものであった（『反省と自発性：フェヌロンに関する諸研究[11]』）。「純粋な愛」としての神への愛に関してフェヌロンとボシュエの論争を扱ったこの論文は、人間の自然本性を神に向かうものとして目的論的に捉えるトマス的な人間観がもはや理解されなくなり、人間の自然本性を利己的な存在として捉える思潮が支配したため、幸福と道徳が分裂し、フェヌロンの言う「神への純粋な愛」も「自己放棄」として理解されるほかなくなり、「仁愛 Wohlwollen」の意味も変遷したことを論じている。

さて、シュツットガルト工科大学とハイデルベルグ大学の教授を経て、一九七〇年代にミュンヘン大学教授となったシュペーマンは、一九八一年に彼の弟子であったラインハルト・レーヴとの共著『なぜという問い――目的論的思考の歴史と再発見』を著わし、エコロジカルな形而上学を提示した。思想史的に大きな射程を持つこの本で彼は、アリストテレス的な自然観が中世盛期のトマスで引き継がれたものの、近代のベーコンやデカルトらによって捨て去られることによって、人間が自然の支配者となり、エコロジカルな危機を生み出していることを系統発生的に論じ、「人間も自然の一員」であるという新たな目的論的な思考（形而上学）によって、近・現代の危機を乗り越えることを提唱した⑫。そしてまさにそれ故に、「ポスト形而上学」の立場を採るハーバーマスから「古き保守主義者・形而上学者」というレッテルが貼られることになるのだが、シュペーマンのエコロジカルな形而上学はこの時期に鮮明に打ち出された反原発思想とペアで理解されなければならない。

彼の反原発思想については次節で少し詳しく紹介することにして、ここでは本書『幸福と仁愛』に次ぐ彼の大著『諸人格』について、簡単に触れておきたい。一九九六年に刊行され、英訳も出たこの大著は、現代の英語圏の功利主義的思想家であるデレク・パーフィットやピーター・シンガーの人間論への対抗ヴィジョンとして企図されている。シュペーマンによれば、人格はロックが考えたように意識とともに生成するのではない。人格は受胎と同時に生成するのである。したがって中絶は殺人とみなされるべきであり、この意味で彼はいわゆる「プロライフ」派に与する。しかしシュペーマンは、中絶は倫理的に批判されるべきで、現代において必ずしも法律によって規制されるべきだとも主張してはいないように思われるが、安楽死を認める法律制定には、一貫して反対の態度を表明している⑬。

ここで、彼を復古的な思想家と決定的に分つのは、こうした彼の保守的生命倫理が彼の人権思想と密接に関連している点にあることを強調しておきたい。すなわち、胎児の権利も含めた人権の擁護こそが、シュペーマンのエコロジカルな形而上学と生命倫理の根底に存在し、それが人権を弾圧するいかなる政治体制も批判するという彼の政治思想に連なっていくのである。ちなみに彼は、「右翼と左翼という概念の存在論」という一九七九年の論文の中で、人間の自由を否定する右翼と人間の保存条件を無視して解放を叫ぶ左翼を共に批判し、二〇〇〇年の補遺では、エコロジー問題やアメリカのリベラル・コミュニタリアン論争などによって、公共生活の中でこの対立図式は時代遅れになったと述べている⑭。そして、こうした左右の二項対立を超えた彼の思想は、環境倫理という観点で、反原子力というラジカルな思想となって展開されている。

三　原子力（原爆と原発）批判と未来世代への責任

二〇一一年三月十一日の東日本大震災で起こった福島第一原発事故がドイツに大きな衝撃を与え、二分されていた世論の大半が反原発を支持するという転回が起こったことはよく知られている。そうした中で同年七月に、一九五〇年代から反核運動にコミットし、一九七九年には反原発の態度をはっきりと表明したシュペーマンの反原発論集『後は野となれ山となれでメルトダウン――原子力時代の驕り』（日本語訳はタイトルとサブタイトルが入れ替わっている）が刊行され、大きな話題を呼んだ⑮。シュペーマン自身は、若き頃から反核論者であり、その原点が日本への原爆投下であったことを、冒頭で紹介した知的自伝で明言している⑯。特に長崎への原爆投下は明らかに、アメリカが旧ソ連に対する示威として行った極めて犯罪的な行為であり許し難いと述べるシュペーマンは、一九五〇年代には彼の友人の著名な法哲学者ベッケンフェルデと共闘して、核兵器を容認するカトリックの神学者と論争した⑰。また実存哲学者カール・ヤスパースに敬意を払いつつも（ちなみにシュペーマンは二〇〇一年にカール・ヤスパース賞を受賞している）、中国の脅威に対して西側は原爆の使用も考えるべきというヤスパースの発言に幻滅したと述懐している⑱。とはいえ、彼は能天気な平和主義者にも与さず、時には政治的リアリストの観点で力の均衡論者となり、一九八一年にはサハロフ博士の見解に基づき、旧ソ連の軍事的脅威に対抗するための核弾頭搭載の中距離ミサイル「パージングⅡ」百機を旧西ドイツに配置することを容認する発言も、彼の友人であるノーベル賞受賞作家ハインリッヒ・ベル宛ての弁明の書簡という形で行った⑲。

このような政治的リアリストでもあるシュペーマンだが、原子力に対して倫理学的観点から反対する姿勢そのものは一貫して続いている。放射性廃棄物の最終処分場が決まっていない以上、また将来も決まる見通しがない以上、原発は稼働するべきでないと一九七九年に学際的な雑誌『岐路』に発表した論文で明言して以来、彼は一貫して原発の稼働に反対し続け、原子力（核）の平和利用という考えのまやかしをも指摘し、保守的なカトリック教会にも大きな影響を与えた[20]。

そうした彼の反原発論は翻訳された本を読んでいただくことにして、ここでは彼のそうした倫理が、エコロジカルな形而上学に基づく「未来世代への責任」という観点で、ハンス・ヨナスの『責任という原理』と親和性を持つことを強調しておきたい。周知のごとく、エルンスト・ブロッホ流の『希望の原理』に対抗して一九七九年に刊行されたヨナスの大著は、近代の科学技術の進歩による人類の福祉という近代の進歩思想に警鐘を鳴らし、将来世代の幸福を犠牲にするような現在の行為に歯止めをかける倫理思想を展開した[21]。シュペーマンの反原発論はほぼ同年に記されたが、そこでの論拠はやはり「未来世代への負荷の増大」に関する倫理的批判であった。ユダヤ教とカトリックの違いを超えて両者が通底し合うことは、ヨナスがミュンヘン大学でシュペーマンと交流し、一九八七年にドイツ出版平和賞を受賞した際にシュペーマンが賛辞のスピーチを行ったことによく表れている[22]。両者とも、近代文明の危機に知的にコミットする形而上学者であることに変わりなく、その点で皮肉にも、近代主義者ハーバーマスの両者へのレッテル貼りは、ハーバーマスの限界を露呈する形で当たっていると言わなければならないだろう。とはいえ、義務倫理的な色彩の強いヨナスの『責任という原理』に比して、アリストテレス的・トマス的伝統に立つシュペーマンにおいては、「将来世代の幸福と将来世代への仁愛」という徳倫理的な側面がより強調されているように思われる。

四　東日本大震災直後のインタビュー

最後にぜひ触れておきたいのは、二〇一一年三月十一日の東日本大震災の直後にドイツで二回にわたって行われたシュペーマンのインタビューである。それは、先に紹介した『後は野となれ山となれでメルトダウン――原子力時代の驕り』の第五章と第六章に収録されているが、簡単にその内容を紹介しておこう。

第一回目のインタビューは、大震災から二週間も経たない二〇一一年三月二十四日付で、ドイツの知識人向けの週刊新聞『ディ・ツァイト』の付録「キリスト教徒と世界」に「日本で神はどこにおられたのか」という挑発的なタイトルで掲載された。これは、大津波という自然災害で二万人近くの死者・行方不明者が出るという不条理を、カトリック教徒で且つ哲学者のシュペーマンが一体どう考えるのかという点で、大変興味深いものであるが、ここでシュペーマンは安易な神義論をきっぱりと退け、ヨブ記を援用しながら、こうした不条理に対して人間は神を恨むことも責めることもできるとし、そうした中でキリスト教ができるのは、被災者のために「支援する」ことと「祈る」ことだけだと述べている[23]。

第二回目のインタビューは、同じ三月に行われ、前掲書で初めて公表されたものであるが、その内容は「理性、原子力、信仰――野放図な科学、軽薄な成長政策、排除された残余リスク」というタイトルとサブタイトルが示すように、福島第一原発事故に遭遇して、シュペーマンの反原発思想が再確認されたものであった。ここで彼は、原発事故の人災と責任問題を明確に述べつつ、「原子力の平和利用」さえ容認できないという半世紀以上にもわたる彼の反原発論を改めて強調しており、最初に述べた「生活圏のすべてを住めなくしてしまうほど、大きな犯罪はありません」という彼の言葉は、原著の裏表紙に採用されているほど強烈なメセージになっている[24]。

このように、彼の「幸福と仁愛」思想は、現下の公共的問題への絶えざるコミットメントと結びついているのであり、その意味で彼は、現下のドイツでは珍しい厳密なアカデミックな思考への責任と公共的知識人の役割を兼ね備えた哲学者なのである。そして、ようやく最近になって、彼の業績の重要さは英語圏でも知られるようになった[25]。いずれにせよ、読者の方々には、以上紹介した包括的なシュペーマン哲学思想の全体像を踏まえて、『幸福と仁愛』の本文を再読し、つづく解題2を重ね読んでいただければ、様々な興味深い問題が浮き彫りになるであろうことを願って、この小論を終えることにしたい。

（1） R. Spaemann, *Über Gott und Welt—Eine Autobiographie in Gespräch*, Klett-Cotta, Stuttgart, 2012. このインタビュー形式の自伝が、政治的な右派と左派を問わず、ドイツのクォリティ・ペーパーすべてにわたり、かなりのスペースを割いて取り上げられたことは、アカデミズムを超えたシュペーマンの影響力と注目度の高さを物語っている。

（2） J. Habermas, Die Moderne—ein unvollendetes Projekt, in: *Kleine politische Schriften I-IV*, Suhrkamp, Frankfurt am Main, 1981, 463（ハーバーマス『近代——未完のプロジェクト』三島憲一編訳、岩波書店、二〇〇一、四一頁）。

（3） この論争は、R. Spaemann, *Zur Kritik der politischen Utopie*, Klett-Cotta, Stuttgart, 1977 に収められている。

（4） J. Habermas, *Nachmetaphysisches Denken II*, Suhrkamp, Berlin, 2012. 8.

（5） J. Habermas und J. Ratzinger, *Dialektik der Säkularisierung : Über Vernunft und Religion*, Herder, München, 2005（ユルゲン・ハーバーマス／ヨーゼフ・ラッツィンガー『ポスト世俗化時代の哲学と宗教』三島憲一訳、岩波書店、二〇〇七）。

（6） R. Spaemann, *Schritte über uns hinaus. Gesammelte Reden und Aufsätz I*, Klett-Cotta, Stuttgart, 2010. *Schritte über uns hinaus. Gesammelte Reden und Aufsätze II*, Klett-Cotta, 2011.

（7） シュペーマンのナチ時代の経験については、*Über Gott und Welt* の第一章一一—五二頁で述懐されている。

（8） 同書の九二頁や *Die Zeit* 二〇一二年五月三日のインタビュー *Ich war ein Chaot*（私は知的な過激派・アナキストであった）http://www.zeit.de/2012/19/Philosoph-Spaemann を参照のこと。

（9） Robert Spaemann, *Philosophishe Essays*, Erweiterte Ausgabe, Reclam, Stuttgart, 1994, 10-12.

（10） ボナールについての博士論文については、*Über Gott und Welt* 第三章九九—一一〇頁で述懐されている。

（11） R. Spaemann, *Reflexion und Spontaneität. Studeien über Fenelon*, Klett-Cotta, Stuttgart, 1963. この教授資格論文に関する述懐としては、*Über Gott und Welt* の第四章一三六—一六五頁参照。

（12） R. Spaemann und R. Löw, *Die Frage Wozu? Geschichte und Wiederentdeckung des teleologischen Denkens*, Pieper, München, 1981（シュペーマン／レーヴ『進化論の基盤を問う——目的論の歴史と復権』山脇直司・大橋容一郎・朝広謙次郎訳、東海大学出版会、一九八七）。この書は、二〇〇五年に、*Natürliche Ziele : Geschichte und Wiederentdeckung des teleologischen Denkens* というタイトルで、Klett-Cotta から出版されている。

(13) 彼の人格論に関しては、R. Spaemann, *Personen. Versuche über den Unterschied zwischen 〈etwas〉 und 〈jemand〉*, Klett-Cotta, Stuttgart, 1996（英訳 *Persons : The Difference between, ‘Someone’ and ‘Something’*, trans. O. O'Denovan, Oxford University Press, 2006）。また彼の安楽死問題などに関する論考は *Grenzen. Zur ethischen Dimension des Handelns*, Klett-Cotta, Stuttgart, 2001, 410f. を参照のこと。またつい最近のシュペーマンは、安楽死反対という立場から、*Die Zeit* 誌二〇一五年二月一二日号に寄稿している。http://www.zeit.de/2015/07/sterbehilfe-selbstmord-pflicht-robert-spaemann を参照のこと。

(14) R. Spaemann, Zur Ontologie der Begriffe 〈Rechts〉 und 〈Links〉, in : *Grenzen*, 260–269. 私見によれば、シュペーマンは、「仁愛」を強調する点では普遍主義的であるが、*Über Gott und Welt*, 268 で「愛の秩序」の「近さと遠さ」を重視し、仁愛にも諸段階があると指摘している点では、コミュニタリアン的と言えなくもない。しかし彼は同書二七〇頁で、「人権の普遍性」を擁護する点で自らがコミュニタリアンとは異なると明言している。

(15) R. Spaemann, *Nach uns die Kernschmelze. Hybris im atomaren Zeitalter*, Klett-Cotta, Stuttgart, 2011（シュペーマン『原子力時代の驕り：「後は野となれ山となれ」でメルトダウン』山脇直司・辻麻衣子訳、知泉書館、二〇一二）。

(16) *Über Gott und Welt*, 122–128 参照。

(17) *Grenzen*, 298–320.

(18) *Über Gott und Welt*, 125–126.

(19) この表明は、*Grenzen*, 320–323 に収められている。

(20) Technische Eingriffe in der Natur als Problem der politischen Ethik（1979）および Ethische Aspekte der Energiepolitik（1980）, in : *Nach uns die Kernschmelze*, 13–69（翻訳一一—七一頁）。

(21) H. Jonas, *Das Prinzip der Verantwortung : Versuch einer Ethik für die technologische Zivilization*, Insel, Frankfurt, 1979（ヨナス、加藤尚武監訳『責任という原理——科学技術文明のための倫理学の試み』東信堂、二〇〇〇）。

(22) R. Spaemann, Laudatio für Hans Jonas（1987）, in: *Schritte über uns hinaus I*, 201–212.

(23) Wo war Gott in Japan（2011）, in : *Nach uns die Kernschmelze*, 91–100（翻訳九七—一〇六頁）。

(24)　Die Vernunft, das Atom und der Glaube über entfesselte Wissnschaft, frivole Wachtumspolotik, und das verdrängte Restrisiko (2011), in: *Nach uns die Kernschmelze*, 101–107（翻訳一〇七―一一三頁）。

(25)　英語圏で『シュペーマン読本』D. C Schindler and Jeanne Heffernan Schindler (eds.), *A Robert Spaemann Reader: Philosophical Essays on Nature, God, and Human Person*, Oxford University Press, 2015. 11. 3 が刊行されることは、彼の哲学の重要性がようやく英語圏でも認識され始めた証しと言えるのだろう。他に、シュペーマン全体の哲学を論考した単行本として、英語の H. Zabrowski, *Robert Spaemann's Philosophy of the Human Person—Nature, Freedom, and the Critique of Modernity*, Oxford University Press, 2010 とドイツ語の S. Meisert, *Ethik, die sich einmischt. Eine Untersuchung der Moralphilosophie Robert Spaemanns*, Verlag Herder, Freiburg, Wien, 2014 が挙げられる。前者は英語圏であまり知られていない読者に対するシュペーマンの最初の紹介的研究として貴重であるが、彼の反原爆・反原発思想についてはほとんど触れておらず、もの足りない。後者は、シュペーマンを、ハイデガー、ヤスパース、ガダマー、ハーバーマスと同じくらい重要な二〇世紀の哲学者とみなしつつ（同書一九頁）、特に彼の倫理思想に焦点を合わせた包括的研究として役に立つ。

解題2　シュペーマン倫理学を貫くもの――存在・ペルソナ・協働態

宮本久雄

本書はシュペーマン倫理学の翻訳書である。ドイツ語原著は、色々な意味で難解である。まずドイツ語の用法が、シュペーマンの古典古代から現代に至る深い西洋哲学やキリスト教学の学識に裏打ちされているので、容易にその意味の深さを捉えきれない。次にシュペーマン自身の思考法が、仁愛による幸福の実現というテーマをめぐって、様々な倫理的思想を議論し媒介としながら展開しているので、その思索や論理の筋を捉えきれないのである。さらにシュペーマンの典型的な西欧的倫理思想が、日本の心性の歴史や社会文化的風土にどのように関連しうるかということも、われわれ日本人にとってはいささか問題になるであろうと思われる。そこで監訳者子は、読者の便宜を考えて、次の三点を解説したい。

第一に、原著ドイツ語と邦訳語の比較対照から始めて、訳語の由来と意味について解説したい。次にシュペーマンの倫理思想を、ヘブライ・キリスト教的背景の一点にしぼって解説したい。第三には、監訳者子も関心のある日本思想や文化に対して彼の思索がどのようなインパクトを与えるのかを考えてみたい。以上の解説や問題の考察が読者に裨益することを祈念しつつ。

一　原著ドイツ語と邦訳語の吟味から

①　**エウダイモニア（幸福）**　エウダイモニアとは、古典ギリシア以来、ダイモーン（神霊）の加護をうけたエウ（善い・幸福な）状態を指す。歴史家ヘシオドスによれば、人類の黄金期の祖たちがダイモーンになって子孫を導くという。あるいは人間自らがダイモーンになって幸福になるとされる（『コロノスのオイディプス』のオイディプスや哲学者エンペドクレスなど）。従って幸福は、ダイモーンと深刻な関係をもつのである。後代デーモニッシュ（ドイツ語）、デモニアック（英語）が、神霊さらに悪魔にとりつかれるという意味をもつようになるが、そうすると幸福とは、人間性の平穏な欲求というよりも、人間が狂気に陥って悪魔的になって求める、人間性の暗部にひそむ無限な欲望を指すともいえる。そうした幸福の恐るべき側面をふまえないと、幸福獲得のために人間が罪を犯し、戦争を起こすということも理解できない。

以上の点を理解してエウダイモニアについて解説してゆこう。まずさしあたって、エウダイモニアは、個人的幸福を意味する。だから個人によって幸福は、その内容も豊かであるが、また多様である（金銭、出世、異性、学問、権力、奉仕など）。加えて個々人は、他人を思わず自分の幸福だけを求める傾向をもつ。そこでシュペーマンは、カント的義務の道徳論をエウダイモニアと対比させる。すなわち、カントは個々人の幸福に左右されない、普遍的な道徳律を主張し、各人が自己愛を克服し、道徳律に従うよう説くのである。しかし、この道徳律（～すべし）は端的な命令であって、各人は自分の幸福観に左右されず、義務としてそれに従わなければならないとされる。だからその義務的命令は、幸福という内容を欠いた形式でしかない。そこでシュペーマンは、こうした幸福（エウダイモニア）と普遍的義務の倫理（カント）、内容と形式との分裂と対立を超克止揚する第三の倫理学を構想するわけである。その第三の倫理学は、本書第1章でいわれる"Ethik als Lehre von gelingenden Leben"（生の自己実現に関する思想としての倫理学）である。それではそれは何であるのか。

②　**生の自己実現に関する思想としての倫理学**　倫理学（Ethica）の語源は、ギリシア語のエートス・エトスに由来する。エートスは、慣れる（動詞エトー）の名詞として、住み慣れること、住み慣れた場を意味する。その場は、慣れ親しんだ自分の心や習慣であったり、あるいは住居さらにポリス（都市国家）などの協働態を意味する。

従って倫理学は、個人的モラルだけではなく、人間の協働とそこから誕生する協働態や公共性に関わる。その限り「生の自己実現」は個人的な幸福や自己実現で終息せず、他者との共生さらに相生をすでに含む表現である。[1]

ここで「自己実現」と訳された"gelingenden"は、分詞的形容詞なので、動態的「…しつつある」というダイナミズムを示す。だからそれは、幸福を実現・成就しつつある生あるいは生命（Leben）を意味するのである。

③　それでは、"Leben"とはどういうことだろうか。このLebenは、ギリシア語の自然（ピュシス）に由来し、それは生命や生と訳される。その意味の一つは、有機的生命を示し、その特徴は、自己中心性、自己保存にある。つまり、自分の内なる世界に棲んで、出くわすものすべてを自分の環境に変えて、それに意味・価値を与える。こうした剝き出しの生は、古典ギリシアでは、ほぼ「ゾーエー」という言葉で表現された。その二つ目の意味は、他者の地平を目指す理性を通して生命が生命として承認され、理性の力や内容になる場合を示す。例えば、食欲は理性によって文化となり、人間の生を養う共食や宴となる。この意味での生命は、協働態的な生の形式として「ビオス」とも呼ばれた。

④　このピュシスを開花変容さすVernunftは、本書では「理性」と訳されている。それには次の二つの意味がある。一つ目は、理性が自分から超出する脱自的（ekstatisch）な意味である。つまり、自分から出て他者の地平を抜き、自分の外から他者の目を通してまた再び自分を見るという性格を指す。二つ目は、ギリシア語のロゴスが「理性」のほかに「言葉」を意味するように、自分に対話相手があり、また自分も他者の対話相手になることを知

るという特徴を示す。こうして理性は、私的生や他者排除的な公を超えて、他者との公共・相生を実現する人格の根源的力となるのである。そこに人間の祝祭的幸福も語られうる。

以上の言葉の解釈と相互の関連をふまえて、いよいよシュペーマンの言うエウダイモニアとカント的普遍的道徳律の二つを止揚する第三の倫理学のアルケー（始原・根底）を考察したい。そのアルケーは「自己存在」（Selbstsein）の「知覚」（Wahrnehmen）である。

⑤　Wahrnehmen は、wahr（真なる）と nehmen（得る、つかむ）との合成語である。本書でも、一般的訳語「知覚する」が用いられているが、自己や他者の根拠である Selbstsein や、さらに Sein「存在」をも Wahrnehmen する。だからこの働きは根源的感受・受容なので、仏教的な「正覚を得る」に通ずる「覚得」が適当だと思われる。実際に知覚は、一般に「感覚器官を介して外界についての知識を獲得する活動を指す」（『岩波　哲学・思想事典』）以上、Sein にも及ぶ覚には不十分な訳語であり、ここで「覚得」を採用し、一般的訳語「知覚」の意義を深め高めて示しておきたい。

⑥　**「自己存在」（Selbstsein）**　それではその「覚得」がなされるところの「自己存在」（Selbstsein）とは何を意味するのだろうか。この語は、自己（Selbst）と存在（Sein）との合成語である。この「自己存在」という言葉はわかりづらい。それは「各人がもっている存在」のことで、各人を各人たらしめる根拠である。いいかえれば、人間各自のかけがえのない存在ともいえよう。だから、各人の他者性の根拠でもあるし、その限り、人間の認識によって対象化され、あるカテゴリー・概念に還元されないわけである。ところでこの「自己存在」は、先に述べたように、存在との合成語であり、シュペーマンはそれを根源的 Sein が顕現する場と語っているのであり、「自己存在」の根拠として「存在」を示している。それでは「存在」という言葉をどのように理解したらよいのだろうか。

⑦　**存在**　「自己存在」がかけがえのない各人の存在であり対象化されないならば、ましてや「存在」は何物か

の客観的性質として、実定的述語になるようなものではありえない。だからシュペーマンによれば、「存在はただ仁愛にだけ顕現する」のである。仁愛（Wohlwollen）については後に解説するが、それは他者の自己存在を覚得してその人の幸福実現を援け祈願する意志である。さらに、存在について、シュペーマンの言葉に傾聴しよう。「この存在の顕現は、あらゆる義務・命令に先立つ。それは贈りもの（Gabe）であって、課せられうるあらゆる任務・使命を支える」。シュペーマンは、この存在の顕現や仁愛において、幸福や生の完成を考えている。因みに西洋哲学には「存在」について様々な教説がある。最近では、ハイデガーのように存在を時間との関連で考えたり、E・レヴィナスのように対象化や論理化可能な本質として考えたりしているが[2]、シュペーマンの立場はトマスの現実存在（actus essendi）の理解に近いであろう。

⑧　ところでシュペーマンは、この存在をさらに"Das Unbedingte"（邦訳では、無条件的なもの）として捉え直している。それでは、「無条件的なもの」とは一体どういうことであろうか。このことを考察するためには、本書全体を貫く「無条件的な行為や働き」を通覧して理解する必要があろう。

まず存在は「自己存在」への贈与として現成する。つまりそれは、あらゆる義務や命令に先立つ、無償の、無条件的な贈り物である点に注目しよう。この自己贈与の現成は人間にあって、後述するように、赦し、仁愛、恩恵、他者への応答としての責任などの倫理的な行為として実現する。従ってシュペーマンは、存在は対象として理解されないが、上述の人間の無償的な倫理的行為において、その根拠として顕現すると考えている。この意味で、彼の存在理解は、ハイデガーの無記的、無価値論的、超倫理的な存在理解とは明らかに異なり、レヴィナスの善理解に近いのである。つまりレヴィナスは、人間が他者（顔）に応え責任をとる時、無限者（善）自体ではなく、彼の栄光が過ぎ超すと語っている。そして人間こそ、先にふれたようにこの存在の顕現の場、つまり「自己・存在」にほかならない。それは一体どういうことであろうか。

⑨　**「無条件的なもの」の似像**　それは人間が自己完結した総体ではないということである。つまり、無限な他者に向け理性を通して、生物的ゾーエー的な自己中心性を脱し、善き他者関係を築いてゆく存在だということである。その意味で、人間の自己存在は存在に根拠づけられているわけである。ところがシュペーマンは、この人間は「存在」「無条件的なもの」の似像《にすがた》（ラテン語イマゴ imago：ドイツ語で Bild：訳は像）であるとする。従って人間も「無条件的なもの」の似像として、無条件的な無償の行為をする存在にほかならない。すなわち、彼は他者に自己贈与をなす。法律やモラル的命令や義務以前に、仁愛を以て無条件に他者の要求に応え、赦しを与え、愛の協働態を実現するように招かれているのである。こうした人間像が、ペルソナ（人格）にほかならない。またその背景には、「人間は神の似像に向けて創られた」というキリスト教的メッセージが伏在している（「創世記」一章二六―二七節）。

⑩　**根源悪**　ところが、人間は一方でこのような無条件的なもの・人格でありながら、他方で「自己に自閉し」、存在を拒否し、従って自己と他者の「自己存在」、つまり人格性を否定する罪深い存在である。そこには愛の協働態の代わりに、戦争と憎悪に満ちた歴史と社会が支配するばかりとなる。この存在拒否が、いわゆる原罪なのである。カントは、根源悪（das radikale Böse）を、自分の幸福を求めることを最高の目的とした自己愛による「普遍的な道徳律」の無視と考えたが、シュペーマン的根源悪の理解の方が、より一層存在論的な深さに達しているといえよう。

⑪　この根源悪・原罪を超克しうる人間の愛が、ドイツ語で Wohlwollen（ラテン語で Amor benevolentiae. 訳は仁愛）であるとされる。ドイツ語もラテン語も、相手が幸福であること（wohl, bene）を望む（wollen, volentia）という意味である。それは他者の「自己存在」を自由に承認することであるという。いいかえれば仁愛とは、各人の「自己存在」において「存在」が顕われると自覚しつつ、各人が「無条件的なもの」として互いに認め合って生

きながら、その生・生命（の目的）を成就するよう（gelingend）援けることなのである。そこには、互いに他者を他者として実現するように援け働く相生の無限な地平が拓けている。それを人格的協働態と呼ぶことができよう。

⑫　**愛の秩序**（**Ordo Amoris ラテン語**）　ところでシュペーマンは、仁愛を施す人の施しが、限られた範囲でしか施されない点と彼が関わる相手にも限りがあるという点をふまえて、各人に可能な人間的愛の関係の網、つまり「愛の秩序」を設定する。例えば、母親は自分の子と他人の子が共に溺れかけている場合、彼女の愛の「近さ」から自分の子を先に救わざるをえない。従ってこの「近さ」には、血縁や友人関係、同一共同体への帰属などが含まれてこよう。これに対して仁愛は、全ての人にそれ自体でかけがえのなく値踏み不可能な存在として関わろうとする無限なダイナミズムなのである。そこに愛の秩序と、それを超えようとする仁愛との間にある種の緊張があるといえる。特に現代にあっては、地球的規模で倫理的責任とその働きの範囲が拡大しており、他民族・異文化に属する人々、さらに動物や自然にまで及んでくるので、愛の秩序に生きざるをえない有限的人間の倫理が深刻に問われてくる。

以上シュペーマン倫理学の重要な概念とその意味および訳語が本来孕んでいる意味について比較解説を試みた。そこで次に彼の倫理学について、その西欧的思想の背景の一大潮流をなしているヘブライ・キリスト教思想の観点から解説や批評を試みたい。

二　シュペーマン倫理学とヘブライ・キリスト教的背景

ここではシュペーマンの倫理学が示す次の諸点を、その背景も含めて簡単に考察したい。①存在論、②自己存在を中核におく人間論、③有限な人間が生きる協働態論（愛の秩序）、④その人間が孕む根源悪とその破壊性、⑤その根源悪を超克して有限な人間の仁愛が披く公共的幸福。以上の諸点、諸テーマである。

①　**存在論**　ヘブライ的存在論は、「出エジプト」物語りの解釈に拠る。この物語りは、前十三世紀にエジプト帝国からヤハウェ神が預言者モーセを通して奴隷を解放し、彼らとシナイ山で契約を結び（シナイ契約）、協働態形成へと導くという筋立てから成り立っている。この文脈において、ヤハウェ神の神名がヘブライ的存在の特徴を示すのである（三章七―一五節）。その神名は、語源的にヤハウェとも同根で「エヒイェ・アシェル・エヒイェ」として開示され、一人称単数未完了の存在動詞（エヒイェ）が、関係詞（アシェル）を挟む形となっている。ここでは紙幅の関係でヤハウェ神において示されるこの存在の性格を大略列挙してみたい。第一に、この存在は完結しない未完了形で、自己を超出する生成的特徴を示す。第二に、その生成的自己超出の場は、人間の歴史においてであり、第三にそこで向かう相手は弱者である奴隷であり、また助け人預言者である。つまり、脱在は他者に出会い、他者となるのである。第四に、この存在の他者への生成、つまり歴史的世界への参入は、奴隷や預言者と幸福な兄弟的協働態を形成する志向性に貫かれている。第五に、この協働態形成は、ヤハウェと人間の間の契約によって始動し、第六に、そのヤハウェの人間界への契約に拠る参与によって、カイロス（新たな歴史の結節点）が生ずるのである。第七に、以上のような無償な神の人間への恩恵的関わりと呼びかけに対する拒否こそ、人間の根源悪とされる。従って筆者は、エヒイェの翻訳語として静態的な「存在」よりも自己贈与的な「脱在」という表現を採用した。

ここで「脱在」の特徴をもう一つ語ると、それは言葉（ダーバール）を発するペルソナ的性格を帯びるということである。こうした人間的他者への言葉による関わりの極みは、新約において神の子キリストが、人間と関わろうとして大工の子イエスになった受肉に表現される。受肉は、脱在の自己無化（ケノーシス）的極みなのである[3]。

以上の脱在に対して、シュペーマンのいう存在は、自己存在が施す無条件的な自己贈与（赦し、仁愛、人間および動物、自然も含めた他者援助、責任など）の根拠として「無条件的なもの」であった。その限り「脱在」の他者に向けての自己贈与的働きをもつといえる。他方で、存在は受肉に至るほどには脱在的力動性はもたないが、それを背景としているのである。

②　**人間論**　シュペーマンにおいて、人間は「自己存在」と考えられた。その意味で、人間は「存在」が現出する場だとか、存在の似像といわれている。しかし、その現出の構造や歴史は明らかではない。だが他方で、人間は理性《ロゴス》的であり、理性に拠って生命の自己中心性から脱して他者の現実性に目覚める。これが回心（メタノイア）であって、そこに自他の相生が生ずるわけである。その回心に、人間における存在の顕現を洞察できよう。その意味で、ヘブライ思想にあっても、人間は脱在の似像（imago Dei）として脱在を体現して生きる。それが預言者であったり、カリスマ的人物であったりする。預言者は、人間の生の根拠が脱在的であることを告知し、人が脱在的に生きつつ契約協働態を形成し保つことを推進する。新約にあっては、脱在者キリストを体現するのがパウロやヨハネなどの弟子および使徒である。彼らはキリストの体現において後世に神学的徳と呼ばれる信望愛やキリスト教的徳とされる自己放下、貧、ケノーシス、謙遜、柔和などによって人間として形成される。それらの徳は、ギリシア的な卓越性としての徳を逆転するような「弱さにおける強さ」（コリント人への第二の手紙一二章九節）としての逆説なのである。

以上の意味で脱在の体現者が、ペルソナ（persona）と呼ばれる。つまり、脱在の言葉と他者志向のエネルギーが、その人を通して（per ペル）響き現出する（sonare ソナーレ）のがペルソナだからである。シュペーマンによる人間のペルソナ的理解も、以上を背景としているといえよう(4)。

③　**協働態論**　ヘブライ思想における根本的協働態は、男女（創世記神話では男女がアダムとエバとして固有名詞化されるが、本来はアダムが人間を、エバが生命を一般的集合体的に意味する）の相生である。しかも、「創世

記」第一章二七節では、男女が一体となって一つの神の像（imago Dei）を形成するとされている。その際、それでは神の像とはどういうことなのか。その元型たる創造神は言葉を語りながら、新しい善美なる歴史的時間を通して世界を創り、その生命にあふれる未来を祝福する。従ってその似像である男女も、言葉で対話しながら善美な協働態と世界を創造し、それによって幸福な相生的生を生き言祝ぐように招かれているのである。ただし、そうした幸福な生が可能なのは、あくまで男女が「脱在」に聴従し（同上、第一章二八節）、そのエネルギーを体現する限りである。

ヘブライ思想には、もう一つの協働態観が支配的である。それは前述のように神と人間の間の契約を通して誕生する契約協働態である。この協働態の典型は、シナイ契約に拠る協働態で、そこでは神がモーセを通して奴隷だった民に十誡を授け、民が十誡を守る限り、相互の契約関係が成立するとされる。その意味では双務的契約である。奴隷であった民は、この十の掟によって兄弟的社会秩序を得、構造化される。しかし、この十誡の最初をなす四つの誡は、人間がエヒイェを体現することの招きにほかならない[5]。聖書には、この双務的シナイ契約以外に、神の一方的な恵みによる片務的契約がまず物語られている。例えば、自然および人間社会の美しい秩序を保証するノア契約（創世記九章）や諸国民の和をアブラハムに拠って保証するアブラハム契約（同一五章）である。しかし人間協働態は神の恩恵と法律遵守を拒んだがゆえに破綻し滅亡する（バビロニア捕囚）。にも拘わらず、ヤハウェ神は新しい契約（エレミヤ三一章）の地平を人間に披き示すのである。後のキリスト教徒は、イエスの説く福音的協働態（後述するような神の国）の中に、新しい契約協働態の実現を見る。「使徒言行録」は初期キリスト教徒が心を一つにし財産を共有し相互に援け合って生きる原始共産制ともいえる協働態の姿を伝えている（四章三二―三六節）。

このような契約協働態は、ロックやホッブスやルソーなどが説く近代西洋の契約共同体と混同されてはなるまい。近代人は、理性的アトム的個として自然状態にあっては「人間は人間にとって狼である」（ホッブス）。だからその自己保存や個人の自由平等などの自然権を確保するために、相互に合意・契約して一定の権力や一般意志（ルソー）に支配を託し、契約的政治をいわば人工的に形成する。大略以上のような近代的契約協働態は、その奪うべからざる、生まれながらの諸権利や法の根拠として「自然」に対する信仰を前提としている（「国民国家の没落と人権の終焉」、H・アーレント『全体主義の起源』みすず書房、二〇〇三年（一二刷）所収）とされる。だから近代的アトム的個は、ペルソナとも異なり、自己完結的自律性をもつが、真の他者を知らず、いわば自然を神としてそこから自己保存などの権利と法を導き出し、契約的社会を作為形成する。これに対しペルソナは、エヒイェを根拠としてそこから相互の愛を通して人格的契約協働態を形成するのである。シュペーマンも、理性的人格が相互のかけがえのない「自己存在」の覚得から愛の秩序とそれを超える仁愛を通してさらに無限な他者との相生を創ってゆく地平を示している。だが人間的協働態の誕生に向けての営みは、ユートピアへの虹色の道行きではない。なぜなら、その道行きに根源悪が立ちふさがるからである。

④　**根源悪と罪業**　ヘブライ・キリスト教思想において根源悪とは、創世記に物語られているように人間が自力で「神のように全能になって全てを支配すること」にある（三章）。それは、エヒイェとその恵みの働きの拒否であり、意志の虚無的転倒とも（アウグスティヌス）、存在の拒否・自己自身の中に曲がり閉じること（シュペーマン）、権力欲ともいえる。しかしここでは根源悪を、広狭の意味を兼ねて自己全能化による全体主義的支配との意味にとろう。例えば、帝国主義化した資本主義は、他者を人的物的資源とみなして収奪し、奴隷や用材のように用いてひたすら利益を追求する。そして使えなくなると廃材として雇うことを止め、棄てる。今日では巨大原子力科学を核とする経済＝技術＝政治権力機構（エコノ＝テクノ＝ビューロクラシィ）がその典型であるといえる。われわれはまた、その極限的形態を「アウシュヴィッツ」の中に見出せよう。実に根源悪は、人間にとって死の檻であるアウシュヴィッツ強制収容所として、第二次大戦中にナチス・ドイツにおいて現実となった。というのも、そこでは人

間的ペルソナが全く無視せられ「生きるに価しないもの」とされ、生ける屍として人間的に生きることも死ぬこともできない地獄が日常化したからである。いわばそれは、人間（大多数はユダヤ人）を無意味無価値な廃材に加工してただ殺すことを自己目的にした空虚な機構であったといえよう。そしてアウシュヴィッツには、その底にエヒイェを拒絶して自ら全能の神となった人間の虚無的倒錯が潜み働いていたともいえる。その意味で、根源悪は極限的に「アウシュヴィッツ」に現象したと理解できよう。そしてわれわれは、シュペーマン倫理学といえども、悪を全体主義的虚無に拠る人格の破壊の力とまでは明示していない印象を受ける。(6)

⑤　相生と至福への道行き　それでは、今や倫理学がアウシュヴィッツのつきつける根源悪の問い・審問に面してどのような人間的相生の地平を披きうるのか、披きえないのかが問われてくる。われわれはここで、新約の「マタイ福音書」五章三―一〇節におけるイエスの「幸い」（マカリオス）の福音を手がかりとして考えてみたい。俗にいう「山上の垂訓」は「幸いなるかな、心の貧しい人々。天の国は彼らのものだから」で始まり、悲しむ人々、柔和な人々、義に飢え渇く人々、憐れみ深い人々、心の清い人々が各々、幸いなるかなと宣言され、最後に「幸いなるかな、義のために迫害されている人々。天の国は彼らのものだから」で締め括られている。このマカリオス文「天の国」に依る括り構造は、上述のような人々こそ神の国の構成員であることを示している。このような貧しく柔和で弱く、しかも義を求める人々は、根源悪が支配する強者の国では役に立たない廃材として処理されるのが落ちであろう。というのも、全体主義支配（独占的大企業、独裁国家、金融資本主義など）における用材は、道具的理性を用いて将来の有益なプロジェクトを作り、その実現に向けて自己決定し、利益を獲得できる人だからである（テクノクラートなど）。この大きなプロジェクトという支配的物語りが語られるところでは、イエスが宣言する神の国とそのマカリオスは、おとぎ話か妄想としかみなされないだろう。しかしこの神の国こそ、全体主義を密かにつき崩しうるエヒイェのダイナミズムを秘めているのである。それはどういうことか。

一方でエヒイェは、無限に自己を贈与し続ける。その自己贈与は、新約にあっては「ぶどう園の労働者の譬え」(マタイ二〇章一―一六節)によく表わされている。この譬えの筋は、ぶどう園の主人が忙しい収穫期のある夜明け、九時頃、十二時頃、午後三時頃に労働者を雇い入れ、日没近くの作業の終わりにも雇い、皆に等しい賃金を支払う、となっている。その譬えには、暑い日中に長時間働いた人と殆んど働かない人に対して同一賃金を支払うという不平等反正義が明らかに語られている。しかし最後に広場でぶらぶらして雇われずにいた人々は、病人か労働力を十分にもたない弱者であったろう。そうするとこの譬えは、働ける強者が弱者より一層報酬を得て富むというこの世の正義の論理に抗して、無力な弱者に無償に与えるという主人の自己贈与が強調されているとも解釈できよう。というのも、彼の贈与は彼の仁愛にのみ拠り、そこにこの世に対して贈与の国が現出するからである。もし神の国がエヒイェ的に無償に与え続ける動態ならば、他方で心貧しく柔和な人々は、全く受動的で頼りきるしかない無といわれよう。聖書は、イエスの許に来て平安を得る者を幼子(ネーピオス、マタイ一一章二五節以下)とか、天国にふさわしい者は子供(パイディオン、同一八章一四節)だとか語っている。すなわち、天の国は全く受動的に恩恵を待ち頼る幼子にこそ、ふさわしいのである。とすれば、神の国は「脱在」の無限の自己贈与と無に等しい幼子のような貧しき人々の貧との契合であるといえよう。これが古くから「恩恵」(グラティア)と呼びならされてきたことの原型なのである。それは世の全体主義のいう(強者の)正義に背反する異端であろう。あるいは、このような神の国とその成員は、この全体主義とその「存在」において無意味な過剰であり、そこに定住し共同できない異邦人であり、精神的な意味でも遊牧民である。このようなエヒイェ的人格の過剰性と異端性およびエヒイェ的神の国が、全体主義的世界の大きな物語や論理と時間と習俗にとって異であるからこそ、垂直的にこの世界に関わり、その物語りや論理を切断して新しく他者の物語りを語り直し、その時間に開闢的な間《あわい》を創り、その習俗倫理にマカリオス的相生と幸福の地平を拓きうる契機となりえよう(7)。

シュペーマン倫理学は、このような異邦的異性的な人間の脱在まで射程に入れてはいないにしても、その仁愛の無条件な働きは確かに反全体主義とマカリオス的相生の方位をとるといえる。

次にわれわれは、以上の仁愛の倫理学と幸福および相生に関わる思索をふまえて、シュペーマン倫理学が今日の日本的倫理思想に対してもちうる意義を簡単に述べてみたい。

三　シュペーマン倫理学の日本における意義

このセクションでは、まず「1　日本思想の特質」について、①存在論、②人間論、③協働態論、④悪について、⑤相生および幸福について、という順でテーマ別に考察を進めていきたい。ただし、日本思想の多彩な歴史的起源とその後の展開をたどったり、また相異なる教説の比較検討などにここでは立ち入れないので、各テーマについては大づかみな思想的性格にだけ言及することとしたい。それに引き続いて、「2　シュペーマン倫理学の日本における意義」についてふれたい。

1　日本思想の特質

①　存在論　日本の伝統的思想には、仏教的哲理をも含め厳密な意味での西欧的形而上学、つまり実体中心の存在論に対応するものはない。しかし「おのず（自）からなる」「おのずからある（生アレ、現アラハレ）」という自然の生成の働きに対する普遍的洞察が日本思想の核心にあると思われる。その働きは、『古事記』本文冒頭の三柱の神「天之御中主の神、高御産巣日の神、神御産巣日の神」が象徴する「産巣日（むすび）」「生《む》す・産す日《ひ》・霊」という根源的なおのずからなる生成力に発するとされる。そしてこのおのずからなる生成こそ、自然《おのずから》なのである。(8)

この自然はそれ自身の理や道《みち》に即して生成するが、その理や道は西欧哲学でいう客観的ロゴス的なものではなく、神代からの「ならわし（風俗）」であり、心情によってふれることのできる美知《みち》とされる（本居宣長）。人間はそのおのずからおかれた生に徹して生きるほかないし、その時「おのずから」に運は吉に転じてくる。逆にそうした楽観的自然観は、全ての生成を無常と受けとめ諦念に生きるというペシミズムと表裏の関係にある。

このような自然思想は、ヘブライ・キリスト教に発する自然＝被造物説と全く異なり、西欧において歴史的に生起したのとは異なり、そこからさらに自然＝客観的法則をもつ無機的物体という展開はしない。他方で仏教的存在論ともいうべき縁起説に注目したい。それによるとこの存在界は縁起によって関係的に生成し、いかなる実体も個別独立して存在しない。この仏教思想は、今日の西欧的な実体個体思想や個人主義の行き詰まりを超える相生の地平を披くものとして、将来世代にとって共生の重要な契機に成りうる。

以上簡単に日本思想や心性を支配する核心を「自然」として際立たせたわけであるが、この自然思想は続く諸テーマに大きな影響を与えている。その点を考察してゆこう。

②　**人間論**　国語学的に「おのずから」と「みずから」はあまり関係がないとしても、思想的には「自ら《みずか》」の生き方が「自《おの》ずから」である自然と本質的な関係をもつとされる。つまり、人間は「自ずから」に随順しきることによって「自ら」の生が「自ずから」生成してくるのである。その意味では、人間に起こる出来事はみな「自ずから」の働きに拠る以上、人は「自ずから」に頼って生きている。そして他の人間もそうである限り、自己の自らも他人の自らも、その根底に自然において連続し一体性をもってくる。この点を一応指摘している竹内整一を引用しよう。「そこには、〈みずから〉と〈おのずから〉、自己と自然、またひいては自己と他者との暗黙のうちでの同一性・連続性が前提されているのであって、そうしたあり方が、甘えとも無限抱擁とも、また『無責任の体系』とも、惰性化として働く『見えない制度』とも、さまざまに批判されてきたところのものであろう」と。(9)

われわれは、この日本的人間観を精神分析学の立場から「甘えの構造」としてあばいた土居健郎の診断を知っている。[10] さらに「甘え」の根底に「阿闍世コンプレックス」を見出した小此木啓吾の診断も了解している。[11] 彼は、師古沢平作が「仏典」を利用して阿闍世物語りをまとめ、日本的人間関係として解釈した分析を承けて、その関係の核心に母（韋提希《いだいけ》婦人）と息子（阿闍世）との母‐子関係をおいたのであった。その阿闍世物語りの荒筋は、以下の通りである。王妃韋提希が王の愛を失うのを恐れて王子を欲する。その時、ある仙人が死んで三年後に転生して彼女の胎に宿るとの予言を受けたが、待ち切れず仙人を殺してしまう。彼女はこの利己的な動機で妊娠した子が、怨念をもつ仙人なので、出産の時に殺そうとする。その後成長した王子阿闍世は、自分の出生の秘密を知り、母を殺そうとする。その殺意に対する罪悪感によって阿闍世は、腫瘍に苦しみ、身体全体がただれ、悪臭を放ち死ぬばかりであった。その時唯一献身的に看病したのが母であり、そこに母が殺意をいだいた子を、子が母への怨念を、互いに赦し解き、母子一体感を回復する。

この物語りから、小此木は次のような仕方で阿闍世コンプレックスが、一つの社会的規制原理として働くと考える、すなわちそれは「欧米の〈罪に対してそれを罰し、償わせる〉という父性原理（エディプス・コンプレックス）と対照的な〈罪をゆるし、ゆるされる〉という母性原理の形であらわれる。まさにそれは、自らに背き、逆らい、怨む相手をゆるし、そのゆるしを通してお互いの一体感を回復しようとする、日本的な母の心理を原型としている」[12]と。この母性的一体感からは、西欧的なペルソナやアトム的近代人の個は成立しないであろう。その母性は、砂漠と対比的な、日本の柔らかで優しい自然に象徴される「自然」と重なるといえよう。そこには、無限に抱擁する自然に「みずから」が解消されてしまい、親鸞の他力本願や悪人正機の教説にさえ、そのような傾向がみられなくもない。しかし竹内整一は、日本思想の中に、親鸞の「みずから」の努力は、「自ら然らしめるもの」という「自然法爾」や道元の「修証一等」にみられるように、絶対的他の働きとしての「みずから」が存在することを指摘している。[13] だが一般民衆のレヴェルでは、「みずから」はやはり自然と一如になり、他者と対比される人格的人間観は存在しないように思われる。但し、仏教が説くように、存在・自然界のみならず、人間界も縁起による相互的関係に貫かれているならば、そこに個人主義的分裂を超える絆、相生の地平が拓かれてくるといえよう。

③　**協働態あるいは共同体論**　われわれは日本的人間論においてすでに日本的共同体の性格にふれてきた。共同体が客観的な法や道理あるいは倫理的規範によって構造化されるためには、中国的理や西欧的ロゴスに拠らなければなるまい。ところが日本思想においては、仏教は別として、宣長的国学によると、美知は産巣日の神の御霊によって神代より成立し、今日まで行われてきた習俗にほかならない。従って中国でいう倫理的道、政治的支配における理に拠るのではなく、日本では究理せずに、言挙げせずに、神代よりの美知に随順するのが自然なのである。そしてこの美知は、天皇制によって具現されているのである。相良亨は次のように述べている。「普遍的な規範をもたず、習俗を基本的なよりどころとし、さらに〈持続〉そのものを善として存続してきた日本の共同体が、その共同体存立の象徴として天皇の存在を要請してきたといえないであろうか。権力が、この天皇によって認められる手続きによってはじめて、共同体に位置づけられたということも、この筋で理解される[14]」と。

この引用文にある「持続」は、日本的共同体にあっては「万世一系の天皇」によって具現化典型化されている。天皇権の宗教的な絶対的確立は、明治四（一八七一）年の前例なき東京での明治天皇の即位式、つまり大嘗祭において天皇の現人神（あらひとがみ）化が始まったことに拠る。天皇制の確立は当然、帝国憲法、皇室祭祀、日の丸・君が代、教育勅語の制定へと展開し、現人神中心の共同体を確固なものとする[15]。天皇は皇祖神アマテラスオホミカミと一体化され、また神武天皇以降の天皇の霊と一体化され、現人神となる。その現人神と日本国民との関係は、君臣的でありかつ親子関係であり、結局一大家族関係にほかならない。『臣民の道』では、「我が国の家は、祖孫一体の連繫と家長中心の結合とより成る。即ち親子の関係を主とし、家長を中心とするものであって、欧米諸国に於けるが如き夫婦中心の集合体とはその本質を異にする[16]」と述べられ、国即家であり、家の生活では敬神崇祖の精神が強調され、その「敬神の精神を一貫するものは神を通じて天皇に帰一し奉るところにある」とされている。

以上の思想を『国体の本義』を要約的に引用して確証してみよう。「我が国は、天照大神の御子孫であられる天皇を中心として成り立ってをり、我等の祖先及び我等は、その生命と活動の源を常に天皇に仰ぎ奉るのである。それ故に天皇に奉仕し、天皇の大御心を奉體することは、我等の歴史的生命を今に生かす所以であり、ここに国民のすべての道徳の根源がある」と述べられ、まず「国体の本義」が説かれ、続いて「臣民の道」、つまり滅私奉公的関係が明示される。「天皇と臣民との関係を、単に支配服従・権利義務の如き相対的関係と解する思想は、個人主義的思考に立脚して、すべてのものを対等な人格関係と見る合理主義的考え方である。個人は、その発生の根本たる国家・歴史に連なる存在であって、本来それと一体をなしている⑰」と。

以上のような天皇中心の国体論は、神代から持続する「産巣日」的自然における血統中心の家族的一心同体の極端な形態であるが、そこには日本的自然主義が伏在していることは明らかである。一八九〇年に発布された「教育勅語」も如上の国体的共同体の護持の道徳であった。この道徳は、ペルソナ的教育とは無縁である。但し、①、②に述べられたように、仏教的縁起的協働態思想は、分裂する現代に人間の絆の根幹を示す積極的意義をもつのである。

④　**悪について**　このように「おのずから」に「みずから」が同化融合され易い日本的自然主義において、悪もその自然主義的文脈で理解されよう。そこでわれわれは、悪や悪人の問題に仏教的空観において、つまり縁起的存在論において把握される「無明」の方向ではなく、天皇制との関係で大略ふれてみたい。予め言えば、天皇制との関係で悪の問題を考察するというのは、日本思想には「根源悪」とか形而上学的な絶対悪（例えばサタン論）の思索が欠如しているように思われるからである。そこで今は「南北朝正閏問題」に言及したい。それはどういうことか⑱。

まず「正閏」とは、「正」統的か「閏・非正」統的かを意味する。明治初期の国定教科書では、南北両朝の並立論が教えられていた。しかし、明治四四（一九一一）年に近世水戸学の南朝正統論に拠って、天皇家は万世一系の故に二王並立論が攻撃された。つまり、「神武創業」の精神を復古する「建武中興」を成就した後醍醐天皇の南朝こそが、唯一正統な天皇家だというのである。だが歴史学的にみれば、明治までの五百年間、天皇家は北朝系なのであるが、大衆や新聞の論調、右翼などに非難され、当時の桂内閣は教科書を書き直す方針をとった。以上が「南北朝正閏問題」のあらましである。しかし問題は、この南朝正統説の採用によって、後醍醐帝の味方で戦った楠木正成が、忠臣として祭神化され（湊川神社創建）、他方で後醍醐帝に反逆した足利尊氏が悪人、さらに逆臣とされたことである。楠公＝忠臣、尊氏＝逆臣は、天皇親政のパラダイムとして臣民教育に採用され、広く国民に教えられ、悪＝天皇への反逆という物語りが定着してゆく。

こうして「おのずから」の自然・惟神（かんながら）の道を血統によって象徴具現する天皇に、「みずから」は合体し幸福となるが、この天皇に反逆する者は、逆臣としての悪と断罪され不幸になる。これが日本思想における悪理解と、それに伴う幸福感の一典型であろう。

⑤　それでは次に、以上の諸テーマの考察をふまえて、日本的な幸福および共生・相生について簡単に言及したい。

すでに考察されたように、絶対化された天皇制、あるいはその時代時代の「お上」、現代であれば経済的権力の具現である大企業などに対する滅私奉公が、日本的一体感と幸福感をもたらすものであろう。またこの滅私奉公の縛りのない都会の生活人は、逆に公を無視して自分や家族だけの享楽を追求する滅公奉私に幸福を見出すであろう。それは同じことの表裏にしかすぎまい。

ところで「おのずから」なる自然への随順が「吉、幸福」をもたらすという原初的思想は、『古事記』のイザナキとイザナミによる国産みの物語りに窺われよう[19]。この男・女神の国産みの途中で、周知のようにイザナミは死んで汚れた黄泉の国に神避（かむさ）った。イザナキはイザナミを取り戻しに行くのだが、そこで蛆虫のわいた女神の死体を見てそこから脱出し、黄泉と地上の境に辿り着く。そこまで追撃してきたイザナミは怒りにふるえて、イザナキが「ひと日に」生む千人を殺すと呪う。これに対しイザナキは、「ひと日に」千五百人を生むと答える。ここには日本的「産巣日」・生産力が常に死滅を超え上まわる勢力であることが示されている。またイザナキが禊ぎ祓いをし、ナオビの神によって禍を直され陸続として神々を生み成していったことも、この自然の幸福、生産的吉を証していよう。従って日本的幸福は、この「おのずから」に直き赤き心を以て随順してゆくことで達成されるといえる。その随順がひいては惟神的美知の具現である天皇と、天皇によって認可されたお上、さらには世間への随順的滅私奉公的な道徳となる。であるから、随順なき滅公奉私も含めて、この自然主義からは、契約的協働態や人格的相生・共生の発想は生じえないであろう。

さてわれわれはこれまで日本思想を「おのずから」なる自然と「みずから」なる日本人とを枢軸として概観した。その際、仏教的哲理や儒教的理、さらに西欧哲学の観点が如上の日本的自然主義にどのように影響しているか、あるいはその逆のプロセスについては考察しなかった。そこで次にわれわれは、シュペーマン倫理学が日本的な思想や心性、さらに共同体論や倫理および幸福観にどのような意義を有しうるかを概観したい。

2　シュペーマン倫理学の日本における意義

①　**存在論**　シュペーマンのいう存在は、一方で自然やあらゆる現象に内在する質ではなく、超越的な性格を帯びている。その意味では、さらに諸存在者（現世、国家、血縁など）に解消・同化されない超越者である。この点で、日本思想のいう自然をも超える他者性をもち、例えば人間をお上に解消しようとする勢力に抗して、ある超越

や自由の地平を抜きうると思われる。しかし他方で存在は、あらゆる義務や命令に先行超越する自己贈与（Gabe）であった。その意味でそれは「無条件者」であり、人間のあらゆる贈与的行為の根拠である。従って存在は、人間関係のいかなる縛り（義理、義務、法律、地縁、血縁など）を超えつつ、無償に内在的に自由な人の間《あわい》を形成するし、「みずから」を縛り解消しない。この思想の背景に、他者に成るまでにラディカルなヘブライ的「脱在」を洞察できよう。

②　**人間論**　シュペーマンにおける人間は、かけがえのない「自己存在」であり、そこに「存在」が顕現する場であった。いいかえれば、存在「無条件者」の像として自・他を覚得し、倫理・道徳・法以前に「おのずから」かつ「みずから」、自己贈与の働きをなしうるよう招かれている。こうした仕方で他者を覚得しうるのは、彼が理性的存在であるからである。その場合の理性は、脱自的に他者の立場に立ち、そして対話する能力を指す。その意味で、彼は自然（生命、ピュシス）の自己中心性から脱自・回心（メタノイア）することが、他者への贈与の根拠となる。この意味での理性的人間が、人格（ペルソナ）と呼ばれる。従ってこの人格は、決して日本的自然やギリシア的自然に解消されず、基本的人権をもち、相互に対話し、平等かつ自由な存在として民主主義社会とそのルール創造に参画しうるのである。このシュペーマン的人格主義は、「おのずから」に解消され易い日本的人間論に自律的にインパクトを与えよう。

③　**協働態論**　人間論はすでに協働態論である。日本的母‐子の甘え関係や自然主義的共同体に対して人格的な協働態の提案は、客観的な道理としての倫理やそれを土台とする熟議的民主主義の地平を抜き、日本に一層民主主義の定着を促進しうると思われる。また日本的地縁・血縁関係とも一部異なる「愛の秩序」が、地球化時代にふさわしく仁愛によって超越されて、異文化・異民族などに拓かれる点も日本的内在的自然主義にとって一つのインパクトとなろう。ただしシュペーマンは、ヘブライ思想が協働態の根源とする男‐女という単位、いわゆる「無条件

者・神」の像にまではふれていない。日本思想史に人格として、また協働態論として男‐女の意義が深く考察されてこなかった以上、この点は課題として省察されるべきであろう[20]。

④　**悪について**　日本的自然主義においては、悪が西欧的罪や悪の思想とは疎遠な、「お上」への反逆として主に了解された。もし反逆者の「みずから」がお上の「おのずから」なる美知へ随順すれば、そこに解消融合され、反逆は跡形もなくなるわけである。その系譜で考えれば、仏教的な罪業深重も、弥陀の無限な慈悲に抱擁されて解消されてしまうのではないか。精神分析流な解説に拠れば、阿闍世コンプレックスの考察のところでみたように、母（お上、弥陀）‐子（反逆者、罪悪人）関係として、悪の問題が了解されるようである。そこには自ら全能的神と成って万物を支配するという恐るべきサタン・ルチフェルの傲慢や、アウシュヴィッツ的虚無を孕む全体主義的機構（例えばエコノ＝テクノ＝ビューロクラシィ）を理性的に計画し、作動するという合理的悪はほとんど見られない。つまり「自己存在」の他者性を滅尽さす悪への了解がみられないのである。そのことは逆に、人間関係にあって集団主義的に、便宜主義的に、上命下達的に罪悪をなし、その際人間のかけがえのない他者性の自覚、場合においては「おのずから」「みずから」をさえ超越する主体・人格の自覚に乏しいことを意味しよう。シュペーマンは悪を自己贈与的無条件者とその似像である他者の確信的拒否として示しているが、日本思想はこの点を学ぶことにおいてその「お上」主義・自然主義を反省し、幸福観を深化できるのではあるまいか。

⑤　**幸福と相生**　存在（自然《おのずから》）は、人間の在り方（みずから）と深く連関し、そこに人間が協働（共同）する生活の性格や特長も育まれてくる。この人間協働態（共同体）において幸福観とその具体が誕生するのである。しかし他方で、人間は自己中心的で他者を容認せず、逆に利益のために他者を抹殺までしてしまう。そうした人間の根源悪や罪業深重性、あるいは禍《まが》、気枯れを乗り越えなければ、真に人間的な共生さらに相生も現成しないし、それと連動する幸福は実現しないであろう。このように考えると、幸福はこれまでの諸テーマ（存在、人間、協働態、

または共同体、根源悪や気枯れ、さらに共生や相生）との関連で考究されねばなるまい。ここでは紙幅も限られているので、以上の諸テーマを含めて大略、幸福観を概説してみたい。

第一に、日本思想における自然主義的幸福が取り上げられよう。そこにおいては、禍よりも吉の勢力が上まわる自然に随順することにより、その自然と人間の「みずから」が合体し、産巣日的生命力の幸《さきわ》う「幸福」が現成する。そこでは個が自然全体に解消するのであるから、その自然がお上や世間として具現すると、お上の支配に従うことが「幸福」とされよう。明治絶対主義的天皇制はその極端な例であり、そこでは皇室に滅私奉公することが国体的共同体を形成する道徳となり、そこに臣民が皇室と共に一大家族としていや栄える幸福が実現すると説かれた。その説示が物語り化され、その物語りが「大東亜共栄圏」の大きな物語として語られたのであった。しかもこの発想は、戦後皇室の代わりに日本の資本主義・大企業に滅私奉公することに展開し、バブル期には最も富裕な日本共同体とその幸福を幻出したのであった。それもまた産巣日的自然主義の心性と人間関係の歴史の一コマであったといえよう。

第二に、これと対比的に近代西欧の社会契約説と、そこにおける人間の幸福が語られよう。契約社会においては明白に近代的自律的個が国家や共同体を作為し、そこに幸福を創造しようとする幸福意志が見られ、これは「おのずから」なき「みずから」ともいえよう。しかし社会契約説も、人間の自然権という仕方で「自然」を前提したが、その自然から権利や幸福を保証する法や体制を造るのはあくまで契約意志と理性の介入に拠る。その意味で日本的自然と異なる。

このように近代的個が構想した市民的幸福もやがて崩壊する。というのも、市民的で自由な競争社会は、産業革命を通した資本主義の発展の歴史において、階級的対立やヨーロッパ的帝国主義による他民族や自然の収奪を激化させ、相互に戦へ突入し、人々の市民的幸福を奪っていったからである。そこに福祉制や労働組合の認可などの修正資本主義的な手当てがなされたとしても、近代的個は自律して平等な良き社会を創成してゆく責任を最早負えなくなり、『孤独な群衆』（D・リースマン）と化し、強力な他人（独裁者、カリスマ的指導者など）に依存し、そこに全体主義が支配する社会が誕生したわけである。この全体主義支配との関係で、第三に、根源悪の問いがつきつけられる。われわれは、二十世紀においてこれまでの西欧的市民的幸福の実体的破綻を「アウシュヴィッツ」事件に洞察した。というのも、H・アーレントが解明したように、アウシュヴィッツとは「あたかも人が生まれてこなかったかのようにする」忘却の穴、人間の他者性の剝奪だからである。そうである以上、アドルノが語るように「アウシュヴィッツの後に人はなお生きうるのか」という問いが深刻に問われ[21]、あるいはE・レヴィナスが述べるようにアウシュヴィッツにおいて「人間の絆が決定的に断たれた」からである。

こうした他人の他者性の剝奪とそれによる自己喪失こそ、自己贈与をさえ虚無化する根源悪といえよう。この根源悪に直面してどのような幸福が語れるのであろうか。シュペーマンの幸福論がその手がかりを提供してくれるのであろうか。これこそ、アウシュヴィッツ的審問の核心といえる。

そこで第四に、この審問に直面してシュペーマンのいう倫理と、そこでの幸福の可能性とを検討してみたい。

シュペーマンは「自己存在」の覚得から始める。それは同時に「存在」の覚得であった。それはいいかえると、「自己存在」が「存在」顕現の場となることである。しかし彼はハイデガーの無記的存在と異なって、「存在」を「無条件的に自己を贈与する者」と了解する。だからといってこの存在は世界の内在的属性ではなく、超越者なのである。こうしてシュペーマンは、一方でアウシュヴィッツ的歴史的な審問に対して、その虚無的で人間の絆を切断する歴史的悲劇にも拘らず、それに拘束されない超越的存在の立場から出発するのである。シュペーマンによれば、この出発点において人間はこの「無条件者」の顕現する場として、彼の似像《イマゴ》として無条件的に他者へ自己贈与する。これが彼の仁愛の働きであり、それは愛敵をも含めて多数の人々に働きかけるように迫り上がるエネルギーである。シュペーマンは、この仁愛によってどのような協働態や組織が生ずるのか、その誕生はどのような歴史的プロセスと構造をとるのか、については積極的に論じていない。しかし彼は、既に指摘されたように、ここで「愛の秩序」を設定し、そこを仁愛の具体的な働きの場とするのである。そこは有限な人間の棲み慣れる場であって、血縁的地縁的近さが、さらにはアリストテレス倫理学のいう友愛（フィリア）の近さが交錯して隣人の基準になるような生活現場であり、社会である。このギリシア的友愛は、敵が現われた時、限界をもつ。だからシュペーマンは、敵への憎しみを超克し、敵と和解しようとキリスト教的仁愛を援用するが、そこに友愛と愛敵両者間の葛藤が生ずる。シュペーマンは、この葛藤を乗り越えようと人格が自然的自己中心性から理性を通して脱自してゆく動態を拡充し、その極みに地球市民的な地平を遠望しつつ、そこに和解と地球市民的幸福、つまり祝祭的空間の達成を希望しているようにみえる。その意味で彼の倫理学は、日々その達成に生きつつある（gelingend）生の思想であり、そうした生自体が、地球的幸福を先取りした幸福な生なのである。

　ところでシュペーマンにあっては、仁愛がどれほどポリス的隣人愛による秩序と幸福を地球的規模の友愛的連帯に拡充しようとしても、その基本的幸福は人格の空間的協働態のそれであり、定着民のロゴスに拠るのである。つまり、理想的な民主主義的な社会における幸福であるといえよう。

　それではシュペーマンのいう、こうした民主主義的市民社会の幸福と共生は、アウシュヴィッツ的審問に耐えられるだろうか。もしわれわれが如上の生と幸福を、根源悪とそれに由来する強力な征圧機構に対して護ろうとするなら、やはりおなじような権力（エコノ＝テクノ＝ビューロクラシイ）に頼らなければなるまい。そしていつか、自らも根源悪に巻き取られ、同じ姿にかえられてゆくのである。

　この論理的悪循環と人間的権力の運命を超克しようとする時、山上のイエスが語った「天の国」とその幸福（マカリオス）のメッセージが蘇ってくるのである。そこでわれわれは根源悪の審問に面して、第五に、「神の国」を手がかりとしたい。ここで繰り返しは省くが、「神の国」とはエヒイェ的自己贈与と無なる者によるその受容の契合であった。その契合がマカリオスなのであるが、その際、日本語訳の「神の国」の表現で留意すべきことは、その国はエヒイェが浸透してゆくカイロス時における人間との出会いのカイロス的動態であって、決して領土、国民、国家という三位一体によって界限された定着的空間ではないという点である。なぜなら「神の国」が示すこの動的カイロス性は、ギリシア的存在とは異なるヘブライ的脱在（エヒイェ）に由来するからである。従って「神の国」、エヒイェ的協働態においては、ポリスにおけるように友人相互が隣人「である」という仕方ではなく、常に隣人「に成ってゆく」のである。(22) それはエヒイェを体現し遊牧民的な精神に貫かれて、様々な意味で根源悪の構築する境界・国境・差別を越境してゆく具体的動態を帯びるのである。それはまた、いわば根源悪的自己同一性（レヴィナスのいう「自同性」）の中に間《あわい》を創成し、エヒイェのエネルギー・気を息吹かせつつ、密かにエヒイェの浸透の間をさらに披く営みにほかなるまい。この営みは、オデュッセウス的自己回帰におけるポリスの実体化的形成に向かうのではなく、遊牧的旅路における一期一会に隣人と成り、その物語りを結集してゆくのである。その結集は、他者の物語り群の創成であって、根源悪の自同的な大きな物語を内から崩しつつ、そこに物語り的間《あわい》の創成を目指す。その典型例は、イエスがかつてユダヤ教的神政体制の内部に間《あわい》を創った「譬え話」の創成であり、この譬えは今日に至るまで語り継がれ、解釈し直されて、不可見な物語り協働態を根源悪的機構の中に育み続けている。そこには常に、マカリオスのメッセージが響き、マカリオス的に相生かされ相生かし相生く相生が現成しているのである。

このマカリオスの相生的メッセージは今日、東アジアにも響いている。われわれはその一例を石牟礼道子文学のうちに聞く。それはどうしてか。

周知のように、石牟礼は幼児期から天草水俣地方の美しい方言と生命的な気を通して「たましい」（アニマ）を感受しつつ育った。アニマは存在の母層に生き、光と風と水と共に流れ、海面に、また海深く生命を育み、そして草や樹々やそこに住む小狐や鳥を通して彼女や地の人々に語りかけ、日々の定まった糧を与える。人は過剰に自然から奪うこともない。そこに自然と村人、殊に言葉も語れず、人に共鳴するだけのもだえ神さんが象徴するアニマ的協働態の現出があった。そのアニマは、西洋的宗教学の教えるアニミズムでも、天皇制の下に官幣化された神道の「たましい」でもなく、生きとし生きる者たちに生命的交流の相生の幸福をもたらしていたのである。そのアニマが、その幸いが、メチル水銀の毒牙に象徴される西欧「近代」の根源悪によって犯され、水俣病が人々から、自然からアニマを奪ったのであった。そこに生ずる自然の引き裂かれる悲鳴、患者たちの怒ることもできない「生ける屍」の有様。石牟礼はその悲劇を見聞き感受しただけでない。成仏できぬ自然と人々の怨念が彼女自身の体に吹き込まれたのである。そのハーン（怨念）を彼女は文学に取り集めつつ、ハーンを解いていったように思える。それは彼女に宿るアニマの生命力・気の力に拠るのでもあり、浄土真宗の仏教的赦しに拠るものでもあろう。こうしてハーンは、ハン（和と幸いの生命的根源）に変容した。もとより、このハンは東南アジアから韓国に伝わる幸福をもたらす生命的根源を意味するが、監訳者子は石牟礼文学のアニマに拠る創造的営みの中に、水俣病ハーンが普遍的なハンに変容するメッセージ（ヘブライ的ダーバール・言葉）と開闢的事件（ダーバール・事件）とを洞察したのである。その洞察からすると、日本の自然は「記紀神話」成立以前から、石牟礼のいうアニマ的存在の母層を秘めていたともいえよう[23]。

　われわれはこうしてハン的幸いとマカリオス的幸いの共鳴を、根源悪の審問に直面することを通して聞いたのである。そこに根源悪的諸暴力《ヒュブリス》の只中にさえおいても、そのヒュブリスがエヒイェによって差異化され、真の幸福とは何かを示す可能性を希望できないであろうか。

（1）エートスから倫理全体への展開については、拙論「身・こころ・愛」（井上忠他共著『倫理　愛の構造』東京大学出版会、一九八五年所収）を参照。また本論では、「共同体」を自閉的で他者を拒否する自同的実体的社会の意味で用い、「協働態」を人々が自律し協働して和す、他者に開放的な社会の意味で用いる。
（2）「前置き」（『存在の彼方』合田正人訳、講談社学術文庫、一九九九年所収）を参照。
（3）以上の脱在論については、拙著『他者の甦り　アウシュヴィッツからのエクソダス』創文社、二〇〇八年。宮本編著『ハヤトロギアとエヒイェロギア』教友社、二〇一五年。
（4）エヒイェのペルソナ的体現者の一例としてパウロが注目される。拙著『身体を張って生きた愚かしいパウロ――身体（ソーマ）と他者』新世社、二〇〇九年。
（5）十誡のエヒイェ的協働態的意義については拙著『存在の季節』知泉書館、二〇〇二年、一五四―一七一頁。
（6）根源悪については、前掲『他者の甦り』第一―第二章。
（7）マカリオス的な神の国・神支配については、拙論「幸福と苦難の彼方――マカリオス（幸いなるかな）の地平」（『イエス・キリストの「幸福《さいわい》」』光延一郎編著、サンパウロ、二〇〇八年所収）。
（8）「おのずから」と「みずから」については次の書を参照した。相良亨『日本の思想　理・自然・道・天・心・伝統』ぺりかん社、一九八九年。同『日本人の心』（UP選書）東京大学出版会、一九八四年。竹内整一『「おのずから」と「みずから」』春秋社、二〇〇四年。
（9）竹内、前掲書、一三頁。
（10）『「甘え」の構造』弘文堂、一九七一年。
（11）『日本人の阿闍世コンプレックス』中公文庫、一九八二年。
（12）同右、二四頁。
（13）竹内、前掲書、一四―一九頁。
（14）相良、前掲『日本人の心』一三一頁。
（15）天皇制を核とする国家神道的日本的共同体論については次著を参照されたし。村上重良『天皇の祭祀』『国家神道』岩波新書、『新宗教』岩波現代文庫。

(16)『臣民の道』（文部省編纂、解題　久松潜一、志田延義。注解　高須芳次郎）朝日新聞社、一九四一年、八二―八三頁。
(17)『国体の本義』（文部省編纂）内閣印刷局、一九三七年、三四―三五頁。
(18) 南北朝正閏問題については、次の論文に詳しい。中村生雄「〈悪人〉の物語――南北朝正閏問題と足利尊氏〈逆臣〉論の帰趨」（『シリーズ物語り論2　原初のことば』宮本久雄・金泰昌編、東京大学出版会、二〇〇七年所収）。
(19)『古事記「神代篇」』三浦佑之訳注、文春文庫。
(20) この男女愛の問題に関しては、伊藤整「近代日本における「愛」の虚偽」（『近代日本人の発想の形式』岩波文庫所収）、拙論「恋愛と一神教」（宮本久雄・大貫隆編著『一神教文明からの問いかけ』講談社、二〇〇三年所収）。
(21)『否定弁証法』木田元他訳、作品社、一九九六年、四三八―四五六頁。
(22) イエスの「善きサマリア人の譬え」が、このエヒイェ的「成る」を見事に示している。この点について、拙論「イエスの譬え話」（宮本他編著『聖書の言語を超えて』東京大学出版会、一九九七年所収）。
(23) 石牟礼文学における相生の諸相とハーン（怨恨）からハン（天・地・人一如）への転回変容の可能性を語った次のような拙論がある。「たましい（魂・アニマ）への旅」（『旅人の脱在論』創文社、二〇一一年所収）。"Possibility of 'Han' in Ishimure's Literature,"『共生学』第二号、二〇一〇年。

監訳者あとがき

宮本久雄

自然生命はその各々の姿かたち、在り方に従って開花・結実してゆきます。例えば、果樹はその結実した実を空に放ち子孫をふやし、人間や動物を養い、大地の肥料になりながら、いよいよ生命的交流の勢いを得てあふれ輝いてゆきます。

他方、生命である限り個体は自己保存を欲求し、密かに種の存続を目指し、他の生命を排したり食したりしています。それも冷厳な食物連鎖の事実でしょう。人間はどうでしょうか。人間的生命は理性的と言われてきました。そのことは一方で、人間が理性を用いることができるがゆえに、他の生命体よりも一層貪欲に自己保存をめぐって権謀術数をめぐらし、そのために他者を抑圧したり他集団を抹殺したりする能力をもち、実際に人間の歴史はそのような自己中心的な人間の姿を否応無しに示してきました。他方で、人間はその理性によって自己中心性を反省しそこから脱出しながら他者と出会い、互いに思い遣るよき協働態の形成や幸福（エウダイモニア）・自己実現へ向けて歩んでいるのも事実でしょう。さらに言えば、理性的生命体である人間の自己実現・幸福とは、人格と人格が互いに交わり、自然との交流も含めた協働態（愛の秩序）に極まると申せましょうか。このようにしてわたしたち一人ひとりが幸福に向かう根拠あるいは秘義は、人間が理性的で深く自然に根差した生命的な存在であるということに求められるでしょう。そしてそれこそが、本書で著者シュペーマンが言いたいことかと思われます。ですから、彼の幸福の実現に関する見方や思索方法は、西欧の哲学・人間論的な視点で言うと、人格主義の性格を帯びているわけです。

ところで、人間の幸福追求あるいは自己実現は理性や欲望に拠りますから、先述のようにさまざまな積極的ないし否定的な力や態度が働き、相互にからんで複雑な様相を呈します。つまり、人間性は、嘘をついたり、自己反省したり、他人を陥れたり、自殺したり、逆に他者と心から助け合ったりとさまざまに働くことができるのです。ですから、人間の自己や幸福の実現とは、決して自動的なプロセスをとるわけではありません。そういうわけでシュペーマンに拠れば、理性的生命が開花するに至るプロセスは、さまざまな重層的な媒介を経るとされます。その媒介とは、快楽や義務、徳性や価値、討論、教育、技術の利用、功利主義的計算、さらに仁愛、責任や赦しなどといったものです。その媒介を倫理や実践の観点で大略まとめれば、個人（あるいは集団）の具体的幸福を求めるギリシア的（アリストテレス的）幸福（エウダイモニア）主義と普遍的な規範・義務に基づこうとする（カントに代表される）普遍主義に分類できましょう。しかし、シュペーマンはそれらを超えて、諸媒介の中から特に「仁愛」を第三の幸福への道標としてゆきます。それは「人格」・他者に対する仁愛です。ところで、人格とは理性や技術によって対象化されたり、もの化されたり、道具化されえないかけがえのない各自の「存在」なのです。ですから、仁愛は他者さらに自己の存在への目覚め・自覚から生じ、逆にその自覚を「今・ここ」で現実化させる力働とも申せましょう。こうした仁愛・友情は、元来われわれがそこにおいてある生命的つながりの場から協働的な遠近法的な交流の世界、つまり「愛の秩序」を生み出し、そこに浸透し行きわたります。その秩序は、一期一会的な出会いの世界であり、異邦人・旅人などの遠さと家族・隣人などの近さのたたまり重なる重層的で奥行きのある交わりです。そこでこそ、責任や自由や赦しなどの倫理的言葉が活性化して用いられ、各人の唯一回的な存在の自覚が深まり、したがって幸福や自己実現が現成いたします。こう考えてゆくと、シュペーマンの言う幸福とは、倫理的社会的レヴェルに留まらずにその根拠としてそれをささえる自然や「存在」のレヴェル、実在的地平をも射程に入れていることが理解されるでしょう。これは現代の諸倫理学がもはや思索しない重要な点であり、そこでこそ人間の理性的脱自性、つまり他者に向けての自己超越性が生じてくる原点だと筆者には思われます。

ところで、シュペーマンは現代の技術文明や経済的効率主義の社会に対して警鐘を打ち鳴らします。というのも、一例をあげると現代の情報や運搬の技術とそのネットワークは、上述の愛の秩序を平均化し一様化させてしまい、出会いの深さを表面化し、その遠近法を消去するだけでなく、愛の秩序内の交わりの出来事を、その効率主義的な功利計算の尺度で測り、その唯一回的価値をその尺度に還元してしまうからです。

こうした技術文明や功利的産業社会に生きる私たちにとって、本書は、人間とは誰か、その自己実現の幸福とは何に存するのかという問いについて、西欧の精神文化が培ってきた思索を基に、将来世代の幸福実現への道標になっていると言えましょう。

ところで本書に一層深くアプローチする上で、私たちは現代の受難がかかえる次のような三つの難問に注目してみたいと思います。

一つは、アドルノがその『否定弁証法』において語るように「アウシュヴィッツ以後」には、人は一体詩を創作できるのか、さらにそもそも生存などできるのか、という問いがつきつけられているという点です。周知のように、第二次大戦下におけるユダヤ人抹殺の象徴・アウシュヴィッツ強制収容所は、同時に西欧の歴史が蓄積してきた倫理や理性的伝統、ヒューマニズム、啓蒙の理念、キリスト教的な価値観、民主主義社会、芸術などを根こそぎ破綻させるほどの悲劇的で終末的とも言える暴力《ヒュブリス》でした。ここではあまり立ち入ることはできませんが、現代の巨大科学、原子力エネルギー（プロメテウスの第二の火）の利用による暴力（原子爆弾、放射能汚染）は、これから人類が直面する暴力といわれます。このようなアウシュヴィッツ的暴力・原子力の暴力の前では、人格、エウダイモニア、仁愛、存在などの言葉が審問に付されるのではないでしょうか。もちろん、シュペーマンの反原発思想と実践を念頭におかなければなりませんが。

二つ目は、E・レヴィナスなどによるこのアウシュヴィッツを乗り越える新しい倫理の構築に向かうそのポスト「ポストモダン」的思索には、逆にもはや人格、エウダイモニア、自由、愛の秩序、存在などの系譜に属する倫理的言語や存在のレヴェルへの志向が著しく消失しているという点です。他方で一般世間での風潮としては、もはや快楽以外に幸福を考えないのではないでしょうか。

第三に、このような苦渋にみちた破局的状況にあって、「苦悩・受難における、あるいはそれを通しての他者との出会いや幸福」という視点がますます大切になってくるように思われます。言いかえると、そこに、現代の倫理的な言葉として、ケノーシス（自己無化）、死、苦、謙遜、貧、無国籍、希望、放下、ハイブリッド・アイデンティティ（複成的自己同一）などが取り上げられ再吟味され再生されうる場としての新しい思索が要請されるのではないでしょうか。ただ、シュペーマンの本書では、この問題はまだあまり追究されてはおりません。

以上が監訳者の問いでありコメントですが、「アウシュヴィッツ」「原子力のプロメテウス的火」をも含めた以上の考えは、今日「幸福」や「倫理」さらに共生に関するどんな思索にとっても避けて通るわけにはいかない最低限の問題点かと思われます。

その点をふまえた上で再度言えば、シュペーマンの思索は、以上のような問いを深める上で、また新しい倫理や幸福論の地平を望見する上で、貴重な「たたき台」となることに間違いありません。なぜならその思索は、通時的に言えば、古代ギリシア哲学（プラトン、アリストテレス）から中世的思索（アウグスティヌス、トマス・アクィナス）を経て、近・現代の哲学（カント、ヘーゲル、ハーバーマス、功利主義）や技術論、エコロジー、ポストモダン思想などを含み、共時的には先述したような諸媒介が非常に精緻に分析され調和的に布置された、一口で言えば極めて熟成した西欧幸福論のスタンダードになっているからです。

本書は、ローベルト・シュペーマン著『幸福と仁愛』（*Glück und Wohlwollen: Versuch über Ethik*）の抄訳であり、彼の思索のうねりと重層性をよく反映したものになっています。上述したように、彼は「幸福」「人格の自己実現」というテーマに向けて、「序言」でいう「目覚め」「覚得」を基に、複雑多層な概念や思想家たちの諸考察を汲み上げて思索していますから、本書を読み流すというよりも共に思索を深めてゆけば、われわれ読者にとって粘り強く精密な思索の態度が養われるでしょう。その意味で本書は絶好の教科書と言えます。あのソクラテスの問答法に似て。

最後に、かつてシュペーマンの許で学び今回「解題」の特別論稿を寄せてシュペーマン哲学を紹介された山脇直司教授と、本書の翻訳にたずさわった若手研究者の方々に読者と共に満腔の感謝を表したいと思います。また本書が説く「存在」から放たれ満てる仁愛・「愛の秩序」のヴィジョンが、実はその生命的深みにおいて東洋の思索家・道元の「梅華を開花さす老梅樹」のそれといかに感応道交するのかを紹介し、むすびといたします。「存在」と老梅樹の両者が共鳴する極みに傾聴しつつ。

老梅樹の忽開華のとき、華開世界起なり。華開世界起の時節、すなわち春到なり。この時節に、開五葉の一華あり。この一華時、よく三華四華五華あり。百華千華万華億華あり、乃至無数華あり。これらの華開、みな老梅樹の一枝両枝無数枝の不可誇なり（大意　老いた梅樹の華開くときは、そのまま春の世界の到来である。その時節には、まず「一華が五葉を開く」。それは無数の華の開きであり交流である。それも老梅樹の一枝、二枝、無数の枝の働きである。しかし、老梅樹はそれを誇ることはない）。……おほよそ一切の華開は、老梅樹の恩給なり。

（『正法眼蔵』「梅華」より）

著者略歴

ローベルト・シュペーマン

1927年ベルリン生まれ．シュツットガルト大学，ハイデルベルグ大学，ミュンヘン大学の教授を歴任．ドイツ語圏を代表し，国際的にも活躍する哲学者．現在でも生命倫理，環境問題，人権論などに関して，ドイツの大手メディアなどで発言を続けている．数多くの著作があるが，代表作は，本書『幸福と仁愛』の他に『諸人格』など．翻訳書に『進化論の基礎を問う：目的論の歴史と復権』（東海大学出版会），『原子力時代の奢り：「後は野となれ山となれ」でメルトダウン』（知泉書館）などがある．詳細は解題1を参照のこと．

監訳者略歴

宮本久雄

1945年生まれ．東京大学卒業後，カナダ，エルサレム，パリに遊学．東京大学教授，上智大学神学部教授を経て，現在，東京純心大学教授．神学マギステル，学術博士．専攻は，聖書思想，教父神学，哲学．

著作として，『他者との出会い』『原初のことば』『彼方からの声』（シリーズ物語り論，共編著，東京大学出版会，2007），『他者の甦り――アウシュヴィッツからのエクソダス』（創文社，2008），『ヘブライ的脱在論』（東京大学出版会，2011），『他者の風来――ルーアッハ・プネウマ・気をめぐる思索』（日本キリスト教団出版局，2012），『出会いの他者性――プロメテウスの火（暴力）から愛智の炎へ』（知泉書館，2014），『ハヤトロギアとエヒイェロギア――「アウシュヴィッツ」「FUKUSHIMA」以後の思想の可能性』（編著，教友社，2015）などがある．

山脇直司

1949年生まれ．星槎大学教授，東京大学名誉教授．ミュンヘン大学でシュペーマンの下に学び，学位論文 *Die Kontroverse zwischen kritischem Rationalismus und tranzendentaler Sprachpragmatik*（批判的合理主義と超越論的語用論の論争）（Anton Hain, 1983）で哲学博士号取得．専門は，西欧哲学，公共哲学，社会思想史．単著に，『ヨーロッパ社会思想史』（東京大学出版会，1992），『包括的社会哲学』（同，1993），『グローカル公共哲学』（同，2008），『新社会哲学宣言』（創文社，1999），『経済の倫理学』（丸善，2002），『公共哲学とは何か』（筑摩書房，2004），『社会思想史を学ぶ』（同，2009），『公共哲学からの応答』（同，2011），『社会とどうかかわるか』（岩波書店，2008），『社会福祉思想の革新』（川崎市民アカデミー出版部，2005）などが，編著に『公共哲学の古典と将来』（宮本久雄との共編著，東京大学出版会，2005），『科学・技術と社会倫理』（東京大学出版会，2015），*Japanese Philosophy Today, DIOGENES,* Number 227, Volume 57 Issue 3, Sage, 2011 などがある．

幸福と仁愛
生の自己実現と他者の地平

2015年9月11日　初　版

［検印廃止］

著　者　ローベルト・シュペーマン

監訳者　宮本久雄《みやもとひさお》・山脇直司《やまわきなおし》

発行所　一般財団法人　東京大学出版会

代表者　古田元夫

153-0041　東京都目黒区駒場4-5-29
http://www.utp.or.jp/
電話　03-6407-1069　Fax　03-6407-1991
振替　00160-6-59964

印刷所　株式会社三陽社
製本所　牧製本印刷株式会社

ISBN 978-4-13-010115-8　Printed in Japan